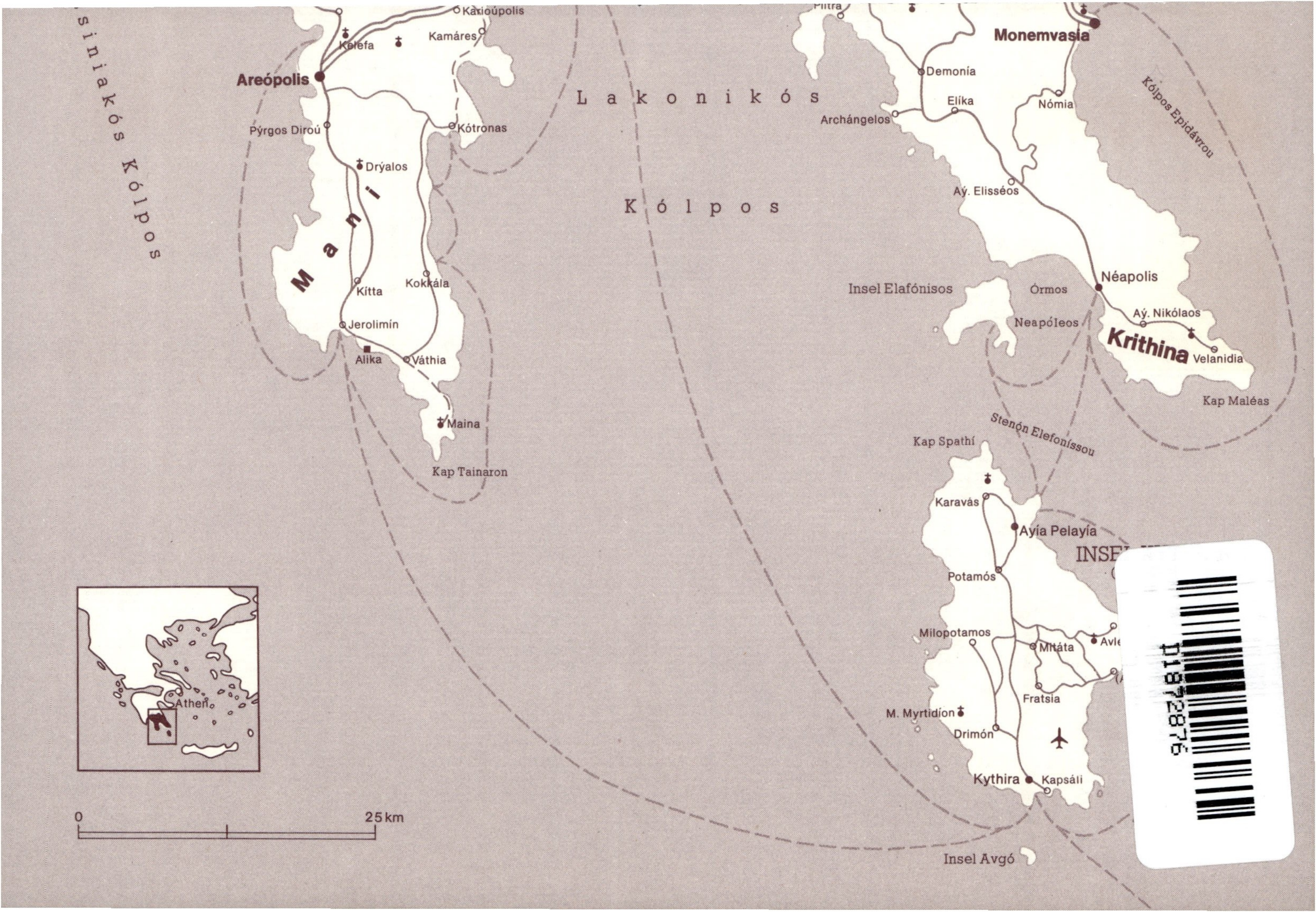
Areópolis
Kariúpolis
Kelefa
Kamáres
Pýrgos Diroú
Kótronas
Drýalos
Mani
Kítta
Kokkála
Jerolimín
Alika
Váthia
Maina
Kap Tainaron
Lakonikós Kólpos
Monemvasia
Demonía
Elíka
Nómia
Archángelos
Kólpos Epidávrou
Aý. Elisséos
Néapolis
Insel Elafónisos
Órmos
Neapóleos
Aý. Nikólaos
Krithina
Velanidia
Kap Maléas
Stenón Elefoníssou
Kap Spathí
Karavás
Ayía Pelayía
Potamós
Milopotamos
Mitáta
Fratsia
M. Myrtidíon
Drimón
Kythira
Kapsáli
Insel Avgó
Athen
0
25 km

Eleftheria Wollny-Pópota Lakonisches Reisebuch

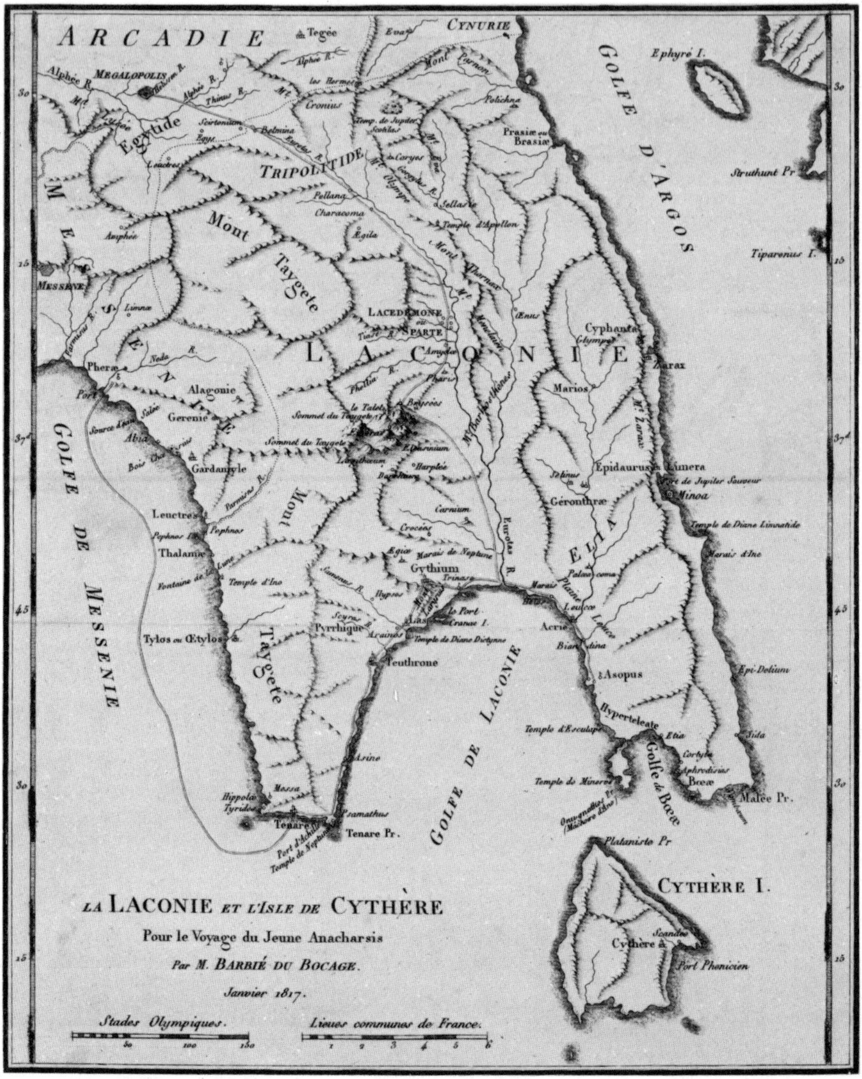
LA LACONIE ET L'ISLE DE CYTHÈRE
Pour le Voyage du Jeune Anacharsis
Par M. BARBIÉ DU BOCAGE.
Janvier 1817.
Stades Olympiques.
Lieues communes de France.
ARCADIE
CYNURIE
Tegée
MEGALOPOLIS
Egytide
TRIPOLITIDE
Mont Taygete
LACEDEMONE ou SPARTE
LACONIE
GOLFE D'ARGOS
GOLFE DE MESSENIE
GOLFE DE LACONIE
MESSENIE
MESSENE
Pheræ
Alagonie
Gerenie
Gardamyle
Leuctres
Thalamæ
Tylos ou Œtylos
Pyrrhique
Gythium
Teuthrone
Tenare
Tenare Pr.
Psamathus
Asopus
Hyperteleate
Epidaurus Limera
Minoa
Géronthræ
Marios
Cyphanta
Zarax
Prasiæ ou Brasiæ
Boeæ
Malée Pr.
Golfe de Boeæ
Ephyré I.
Tiparenus I.
CYTHÈRE I.
Cythère
Platanisto Pr.
Port Phenicien

Eleftheria Wollny-Pópota

Lakonisches Reisebuch

Portrait einer verborgenen Landschaft Südgriechenlands

Verlag Schnell & Steiner München · Zürich

CIP-Kurztitelaufnahme der Deutschen Bibliothek

Wollny-Pópota, Eleftheria:
Lakonisches Reisebuch / Eleftheria Wollny-Pópota. –
München; Zürich: Schnell und Steiner, 1982
ISBN 3-7954-0333-2

Satz und Druck: Erhardi Druck GmbH, Regensburg · Waldsassen

ISBN 3-7954-0333-2

Inhalt

Einleitung 7

I. Sparta und seine Umgebung 9
Mythologie und Geschichte 9
Rundgang 33
Das Museum 39

II. Ortschaften und Denkmäler nördlich von Sparta 46
Trypi 46
Langada-Paß 46
Longanikos 46
Sellasia 47
Karyai 48

III. Ortschaften und Denkmäler südlich von Sparta 65
Amyklai 65
Vaphio 67

IV. ,,Menelaion" – Chryssapha – Zaraphona 68
,,Menelaion" 68
Chryssapha 69
Zaraphona 70

V. Mystras, die Ruinenstadt 71
Geschichte – Mystras als geistiges Zentrum 71
Die Unterstadt 79

Metropólis *79* – Das Museum *84* – Evangelístria-Kirche *85* – Vrontochion-Kloster *86* – Ágii Theódori-Kirche *87* – Panagía Odigítria *89* – Panagía Perívleptos *93* – Pantánassa-Kloster *98* – Kapellen *101* – Der Brunnen *102* – Diavatika *102* – Die Häuser *102*

Die Oberstadt 107

Despoten-Paläste *107* – Nauplia-Tor *110* – Palast-Kapelle *110* – Ágios Nikólaos-Kirche *110* – Palatáki *111* – Agía Sophía-Kirche *112*

Die Festung 130

VI. Geraki und seine Ruinenstadt 132
Geschichte 132
Rundgang 134

VII. Die Felsenstadt Monemvasia 139
Geschichtliches 139
Die Unterstadt 141
Christós Elkómenos-Kirche *142* – Panagía Myrtidiótissa *144* – Ágios Nikólaos-Kirche *145* – Panagía Chryssaphiótissa *145* – Stellákis-Haus *146*
Die Oberstadt 147
Agía Sophía-Kirche *149*

VIII. Moláoi – Epídauros Limerá – Neápolis – Maléas 152
Moláoi 152
Epídauros Limerá 152
Neápolis 153
Maléas 154

IX. Die Insel Kythira 155
Mythologie und Geschichte 155
Sehenswürdigkeiten von Kythira 159

X. Die Halbinsel der Mani (der lakonische Teil) 171
Geschichtliches 172
Die Ortschaften 176
Gythion *176* – Trínisa *180* – Burg Passavás *180* – Ageranós *181* – Skoutári *182* – Festung Kelefá *182* – Ítylo *182* – Liméni *183* – Areópolis *183* – Pýrgos Diroú *184* – Die Höhlen von Dirós *185* – Charoúda *187* – Fragoúlia *188* – Drýalos *188* – Vámvakas *188* – Tsópakas *189* – Érimos *189* – Mésapos – mit Kap Tigáni *190* – Gardenítsa *191* – Kítta *191* – Koúnos *193* – Kéria *193* – Áno Boularií *193* – Jerolimin *194* – Álika *194* – Kypárissos *195* – Váthia *196* – Tainaron *197* – Ostküste der Mani *199*

Personen-, Orts- und Sachregister 201
Ausgewählte Literatur 211
Fotonachweis 212

Einleitung

Wenn der Reisende die kargen und steinigen Berge Arkadiens in südlicher Richtung hinter sich läßt und die Grenze des lakonischen Departements erreicht, öffnet sich vor ihm ein ganz anderes Landschaftsbild: leicht bewegt und hügelig, reich an Wasser und Vegetation, mit kleinen Schluchten und fruchtbaren Ebenen, mit unendlich vielen Zypressen, die toskanische Bilder in Erinnerung rufen. Und mit einem prächtigen Bergmassiv, das kräftig und kraftvoll sich am Rande dieser lieblichen Landschaft erhebt und sie liebevoll und eifersüchtig zugleich umarmt, als möchte es sie beschützen und sie für immer behalten. Es ist der Pentadáktylos (= mit den fünf Fingern), wie die Spartaner das Taýgetos-Gebirge nennen.

Diese Landschaft, so am Rande des griechischen Festlandes gelegen, war bis vor einigen Jahren den meisten Reisenden kaum bekannt und wurde – mit Ausnahme von wenigen Orten wie Sparta, Mystrás oder Monemvasía – auch wenig besucht. Was man bis vor kurzem von Lakonien wußte, war, daß dies das Gebiet des spartanischen Staates, des großen politischen Gegenspielers von Athen in der Antike gewesen ist.

Lakonien hat jedoch viel mehr zu bieten, als allgemein vermutet wird. Neben der Antike erscheint in gleich großem Maße, und in bestimmten Gebieten sogar noch ausgeprägter, das griechische Mittelalter der Byzantiner. Von der antiken Stadt Sparta hat sich bis heute kaum etwas erhalten. Die wenigen Fragmente, die der Besucher auf dem Akropolis-Hügel und in der nächsten Umgebung von Sparta sieht, sind nur traurige Überbleibsel des einst mächtigsten unter den griechischen Stadt-Staaten.

Um so glanzvoller führen uns die byzantinischen Stadtanlagen von Mystrás, am Fuß des Taýgetos und Geráki, an den Hängen des Parnongebirges – heute Ruinenstädte – das griechische Mittelalter vor Augen. In Mystrás sind heute noch die Straßenzüge und Plätze, die Paläste und Patrizierhäuser, die Kirchen, Kapellen und Klöster, die Brunnen und die einfachen Bürgerhäuser zu sehen.

Zu diesen beiden kommt eine dritte Stadtanlage, die Felsenstadt von Monemvasía im Südosten Lakoniens, die seit dem Mittelalter ununterbrochen bewohnt wird und ein faszinierendes Beispiel einer im alten Stil restaurierten Stadt bietet.

Schließlich sind es die vielen alten Klöster und die unzähligen Kirchen und Kapellen aus byzantinischer Zeit, im ganzen lakonischen Gebiet verstreut, die das mittelalterliche Bild prägen.

Zu diesem mittelalterlichen Bild aber gehören auch die vielen Festungen und Burgen im lakonischen Raum. Und so erfährt der Besucher langsam, daß dieses Mittelalter nicht nur das der Byzantiner, sondern auch das der Lateiner, der „Franken" – wie sie die Griechen nennen – war. Denn die meisten dieser Burganlagen sind lateinische Gründungen, unter deren Mauern dann die prächtigen Städte der Byzantiner sich entwickeln konnten. Auch viele Kirchen wurden von den Lateinern gebaut. Die Geschichte Lakoniens wurde nach der Eroberung Konstantinopels durch die Kreuzfahrer und Venezianer im Jahre 1204 so stark von den Lateinern geprägt, daß sie nicht nur byzantinische, sondern zu einem gewissen Grade auch lateinische, abendländische Geschichte ist. Somit ist Lakonien vielleicht die einzige Region in ganz Griechenland, in der byzantinisches und lateinisches Mittelalter in einer Symbiose auftreten.

Über eine bloße Aufzählung von antiken und mittelalterlichen Denkmälern hinaus will dieses Buch versuchen, dem Lakonien-Reisenden das Porträt einer Landschaft, der lakonischen Landschaft, zu vermitteln. Das heißt, ihn auch mit solchen Gegenden bekannt zu machen, die landschaftlich wie kulturell zu den Raritäten im griechischen Raum zählen: z.B. mit der Halbinsel Mani, dem sogenannten mittleren „Finger" vom Peloponnes.

Die Mani bedarf einer ausführlicheren Betrachtung, denn ihre Ortschaften sind sehr originell und – man könnte fast sagen – ursprünglich konzipiert. Die Wohnanlagen sind ebenso eigentümlich: Sie bestehen überwiegend aus Wohntürmen, die zweifellos in enger Verbindung mit dem kriegerischen und widerspenstigen Charakter der Manioten wie auch mit dem – in der Mani sehr verbreiteten – Brauch der Blutrache stehen. (Vergleichbare Anlagen finden sich im toskanischen San Gimignano oder nördlich der Alpen in Regensburg.)

Ähnlich erscheint auch die Landschaft der Mani: größtenteils noch unberührt von der Zivilisation, jungfräulich und gleichzeitig unfruchtbar, hart, erbarmungslos. Das eindrucksvolle Gebiet der maniotischen Halbinsel hat neben seiner Landschaft auch ein kulturelles Erbe aufzuweisen, das von der Antike über die byzantinische und venezianische Geschichte bis in die Neuzeit reicht. Und dieses Gebiet schließt die Kunstreise in Lakonien ab.

I. Sparta und seine Umgebung

Denn wenn Sparta verödete, die Heiligtümer und Bauten sich nur in ihren Fundamenten erhielten, dann würden wohl die Späteren nach einem längeren Zeitraum die Kunde von der Macht dieses so viel gerühmten Volkes nur ungläubig hinnehmen.
Thukydides I, 10

Sparta, griechisch Spárti, ist die Hauptstadt von Lakonien, der Sitz des Metropoliten von Sparta und Monemvasía und mit 10 500 Einwohnern das landwirtschaftliche Zentrum des Eurotas-Tales.

Mythologie und Geschichte

Der erste König Lakoniens soll Lelex gewesen sein, nach dem man die ältesten Bewohner des Landes nannte: Leleger (Pausanias III, 1,1). Sein Enkel Eurotas hat nach der Überlieferung durch einen Kanal die lakonische Ebene entwässert und dem dadurch entstandenen Fluß seinen Namen gegeben. Dessen Nachfolger wurde Lakedaimon, ein Sohn des Zeus und der Nymphe Taygéte. Nach ihr wurde der Berg Taýgetos benannt, von König Lakedaimon erhielt das Land und seine Bewohner den Namen: Lakedaimonien und Lakedaimonier. Dort ließ er auch eine Stadt bauen, die bis heute noch den Namen seiner Frau, der Tochter des Königs Eurotas, trägt: Sparta.

Urenkel von Lakedaimon war der homerische König Tyndareos, der Vater von vier berühmten Kindern: Helena, die Anlaß für den Trojanischen Krieg wurde, Klytaimnestra, der Gemahlin des mykenischen Königs Agamemnon, sowie den Zwillingsbrüdern Kastor und Polydeukes (oder Pollux), die als Dioskuren, d.h. Söhne des Zeus, bekannt sind; sollen sie doch, wie auch ihre Schwester Helena, aus der Verbindung ihrer Mutter Leda mit Zeus geboren worden sein. Zeus hatte sich der Sage nach in Gestalt eines Schwanes mit Leda vermählt. Leda gebar zwei Eier, aus denen Helena und die Dioskuren hervorgingen. Eine andere Version will nur Helena und Polydeukes als Kinder des Zeus sehen, während Kastor und Klytaimnestra die sterblichen Kinder des Tyndareos sind.

Der Atride Menelaos, Sohn des Atreus und Bruder des Agamemnon, heiratete Helena und übernahm von seinem Schwiegervater die Königsherrschaft in Sparta. Helena und die Dioskuren wurden in Sparta, wo sie beheimatet waren, besonders verehrt: die Dioskuren als Helfer der Menschen, als Retter in Seenot und als ritterliche Schirmherren im Kampf – sie erscheinen

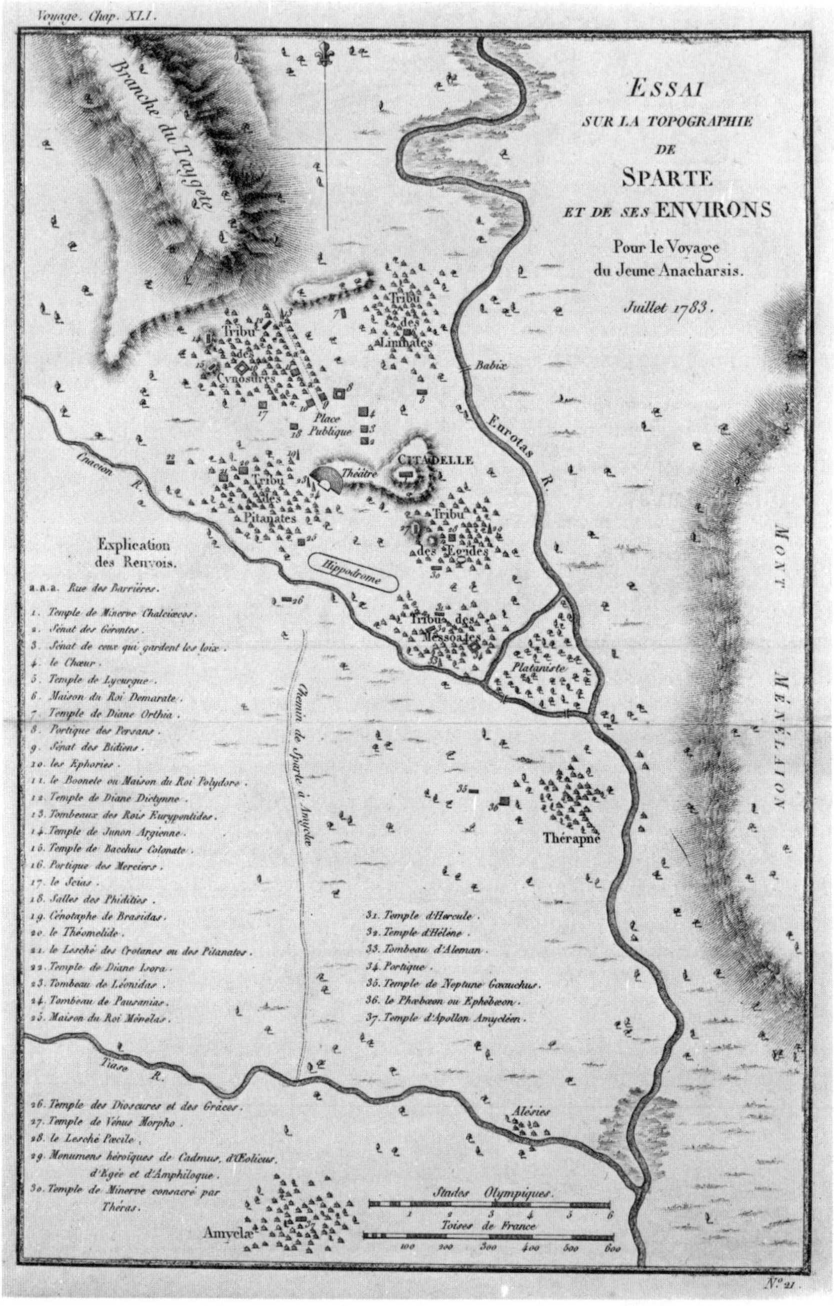

Sparta und Umgebung, 1783

meistens mit ihren Schimmeln –, ihre göttliche Schwester als Helena Dendrítis, d. h. als Baumgöttin. Neben der Göttin Helena wurde auch ihr sterblicher Gemahl Menelaos verehrt: Der Baumkult wurde deshalb z. T. auch auf Menelaos übertragen.

Im 2. vorchristlichen Jahrtausend bestand die Bevölkerung Lakoniens aus achäischen Siedlungen mykenischer Prägung, deren Hauptstadt das 5 km südlich von Sparta gelegene Dorf Amýklai bildete. Diesen mykenischen Siedlungen und ihrer Kultur bereitete die dorische Wanderung in der Zeit zwischen 1150 und 1100 v. Chr. ein Ende: Die Dorer besiegten die einheimische Bevölkerung im nördlichen Lakonien und ließen sich im Gebiet um Sparta nieder. Zwischen 950 und 900 v. Chr. wurde die Stadt Sparta – als offenes Feldlager – durch Zusammenlegung der vier Dörfer Límnai (= Sumpftal), Mesóa (= Mittelhöhe), Kynósura (= Hundeschwanz) und Pitáne im fruchtbaren Eurotas-Tal gegründet. Ihr Aufstieg begann jedoch erst im 8. Jahrhundert v. Chr. mit der Unterwerfung der Messenier im 1. Messenischen Krieg (ca. 740–720) und der Aufnahme der achäischen Stadt Amýklai in den spartanischen Staatsverband. Amýklai beherrschte nämlich den Zugang zum Süden. So erst war die endgültige Unterwerfung der vordorischen Bevölkerung auch im südlichen Lakonien möglich. Zugleich bedeutete dies die Sicherung der absoluten Herrschaft für die dorische Minderheit.

Das lakonische Land um das Eurotas-Tal mit dem umliegenden Hügelland konnte nunmehr bis zum Meer besiedelt werden und zwar in einer Weise, die der bestehenden sozialen Ungleichheit entsprach: Die Spartaner als angesehene dorische Vollbürger erhielten das Land in der fruchtbaren Eurotas-Ebene, während das weniger gute Hügelgebiet den geringeren Stammesmitgliedern, den Periöken, zufiel. Diese waren zwar Dorer, aber nicht Spartaner, gehörten sie doch erst zu späteren Einwanderungswellen und unterschieden sich so von der bereits ansässig gewordenen Kriegerkaste. Sie saßen als „Umwohner“ am Rande der Ebene und in einigen Teilen Messeniens. Die Spartaner, die sich auch „Hómoioi“ (= die Gleichen) nannten, bildeten eine kleine herrschende Schicht von wenigen tausend Mann (9000) und blieben bis zum Schluß eine Minderheit. Jeder von ihnen bekam ein Stück Staatsland (kléros = Landlos), das ausschließlich von den Sklaven bestellt wurde, da ein Spartaner nicht arbeiten durfte. Nur die Spartaner hatten das Recht, an dem harten Gemeinschaftsleben teilzunehmen, dessen einzige Aufgabe der Kriegsdienst war. Hierzu wurden sie durch eine äußerst strenge Erziehung vorbereitet. Dagegen hatten die Periöken, obschon Angehörige des dorischen Stammes, weder an der Heeresversammlung noch an der Staatserziehung teil. Allerdings waren sie in gleicher Weise zum Heeresdienst verpflichtet wie die Spartaner und gleich ihnen mit Land und leibeigenen Knechten ausgestattet. Außerdem betrieben sie Handel und Gewerbe.

Die Knechte stellten die vordorische Bevölkerung und die unterdrückten

Messenier, die Heloten, die als Staatssklaven landlos und völlig rechtlos gestellt waren. Sie hatten die unverkäuflichen Erbhöfe der Spartaner zu bearbeiten und waren zur Ablieferung des halben Ernteertrags verpflichtet. Die Heloten waren gegenüber dem dorischen Stamm der Lakedaimonier in der Mehrzahl und wurden schon zu Beginn Mittelpunkt der Entwicklung spartanischer Staatsform. Denn Zweck dieser Staatsform war der Schutz der dorischen Minderheit gegen die große Zahl der Unterworfenen. Auch hierauf war die rauhe Erziehung (agogé) der Spartaner gerichtet. Die Knaben wurden im Alter von sieben Jahren dem Erzieher (paidonómos) anvertraut und wuchsen, in sogenannten Agélen (= Herden) eingeteilt, auf. Vom vierzehnten bis zu ihrem zwanzigsten Lebensjahr wurden die Jünglinge zum Waffendienst erzogen. Die Zwanzig- bis Dreißigjährigen lebten in der Gemeinschaft der Krieger, in den Zelt- und Speisegenossenschaften, den sogenannten Syssitien (auch „phidítia" genannt) und besaßen begrenzte Bürgerrechte. Erst mit dem 30. Lebensjahr wurden sie Vollbürger, und von da an durften sie auch zu Hause wohnen.

Ähnlich verhielt es sich auch bei der Erziehung der Mädchen. Sie durften – als einzige in ganz Griechenland – in aller Öffentlichkeit gymnastische Übungen und Wettkämpfe treiben, denn dies galt als Voraussetzung, damit sie – selbst gesund – auch gesunde Kinder zur Welt bringen könnten.

Man behauptet, das Leben in Sparta sei von der Verfassung des legendären Gesetzgebers Lykurg (sog. „Große Rhetra" aus dem 7. Jahrhundert v. Chr. – älteste Urkunde der griechischen Geschichte, für andere ein Werk des Ephoren Cheilon aus der Mitte des 6. Jahrhunderts) bestimmt gewesen. Die Männer wuchsen in strenger Disziplin auf und sie bevorzugten es, wortkarg zu sein. Alle Bedürfnisse des täglichen Lebens waren bewußt auf das Einfachste beschränkt. Durch das Gemeinschaftsleben der Männer in Zeltlagern konnte auch die Familie keine bedeutende Rolle spielen, obwohl die Frau in der spartanischen Gesellschaft höher geschätzt wurde als irgendwo sonst im übrigen Griechenland. Um zu verhindern, daß fremde Einflüsse negativ auf das Leben und die Entwicklung der Spartaner einwirkten, waren Einreise und Aufenthalt Fremder – wie auch die Reise der Spartaner ins Ausland – ohne Erlaubnis der Ephoren nicht möglich. Sparta lebte in strengster Abgeschlossenheit. Luxusgüter gab es nicht, und da die Spartaner u. a. auch keine Edelmetalle besitzen durften, gab es bis ins dritte Jahrhundert v. Chr. nur Eisenbarren als Zahlungsmittel, das im Ausland wertlos war. So war Sparta autonom und autark. Auf die Verfassung des Lykurg soll auch die spartanische Staatsform zurückgehen, die in Wirklichkeit das Ergebnis einer jahrhundertelangen Entwicklung war: erbliches Doppelkönigtum, Gerusía (Rat der Alten), Apélla (Heeresversammlung) und das Ephorat.

Die Könige wurden von den zwei großen Familien der Agiaden und der Eurypontiden gestellt und saßen an der Spitze der Regierung. Ihr Amt war erblich, und ihre Aufgaben bestanden darin, im Krieg als archegétes das Heer zu führen und im Frieden als Priester bei repräsentativen Aufgaben, wie etwa bei den Staatsopfern, zu dienen. Außerdem führten sie die Außenpolitik. Für ihre Amtsführung waren sie nur noch den Ephoren verantwortlich.

Die Ephoren – fünf an der Zahl – wurden aus den fünf Siedlungen (nach der Aufnahme von Amýklai in den spartanischen Staatsverband) der in drei Phylen zusammengefaßten Spartaner einmal jährlich gewählt und übernahmen Verwaltung, Polizei und Gerichtsbarkeit und damit auch die Funktion, als oberste Behörde die Könige zu überwachen (754/53 v. Chr. beginnt die Ephorenliste). Mit der Zeit wuchs jedoch ihre Macht derart, daß sie selbst die Könige, denen allein die Heerführung blieb, zur Rechenschaft ziehen konnten. Bereits in der 2. Hälfte des 6. Jahrhunderts waren sie die Leiter der Innen- und Außenpolitik.

Der Rat der Alten, die Gerusía, war aus dreißig Mitgliedern (mit Einschluß der beiden Könige) gebildet, die von der Heeresversammlung gewählt wurden, und hatte in erster Linie eine beratende, manchmal auch eine gerichtliche Funktion.

Die Heeresversammlung, die Apélla, wurde regelmäßig einberufen, um über die Anträge der Gerusía oder der Ephoren abzustimmen, allerdings mit einem nur eingeschränkten Wahlrecht, denn die Zustimmung oder Ablehnung der Anträge erfolgte durch Akklamation.

Die kleine Gruppe der Dorer, die in der Gegend von Sparta gelandet war, mußte sehr bald feststellen, daß sie im Grunde genommen selbst gefangen in ihrem Erfolg war. Denn vorwärts hätten sie ans Meer stoßen müssen, und rückwarts konnten sie auch nicht, da sie von den übrigen Dorern durch die feindlichen Stämme der Urbevölkerung bereits abgeschnitten waren. Ausweichmöglichkeiten nach Osten und Westen wurden ebenfalls durch die Bergmassive von Taýgetos und Párnon beschränkt. So ergab sich ein ständiger „Belagerungszustand“ für die Spartaner. Und die Ironie des Schicksals hat es gewollt, daß aus der neuen Heimat eine Art Gefängnis für sie wurde. So betrachtet, ist es verständlich, daß die bereits erwähnte Staatsordnung der Spartaner nicht der durchdachte Gesetzesentwurf einer bestimmten Person oder einer Personengruppe in einem bestimmten Zeitraum ist, sondern „das Ergebnis eines jahrhundertelangen Belagerungszustandes, in dem sich die wenigen Spartaner gegenüber der gewaltigen Zahl der unterworfenen Bevölkerung befunden haben“ (Bengtson).

Von jetzt an war es für die Spartaner notwendig, zu kämpfen, um zu überleben, und aus dieser Notwendigkeit heraus entwickelte sich auch ihre besondere Lebensform: Da sie kämpfen mußten, konnten sie nicht arbeiten. Sie brauchten aber Arbeitskräfte, um zu leben, und diese letzteren lieferten die Heloten, die unterdrückte achäische Bevölkerung. Auch das Doppelkönigtum, auf dem die Spartaner beharrlich bis in die Klassik hinein bestanden haben, war ein weiteres Merkmal dieser Notwendigkeit. Diese Archegeten brauchte das Volk; den einen, damit er sie im Krieg führe, den anderen, damit er sie regiere. So ist es dann auch sehr charakteristisch, daß die beiden Könige niemals zusammen in den Krieg gezogen sind.

Nun war es unter solchen Umständen für die Spartaner wichtig, ihren Lebensraum so weit wie möglich auszudehnen. Sie haben jahrhundertelange und harte Kämpfe gegen die vordorische Bevölkerung Lakoniens führen müssen, und erst die Aufnahme der Stadt Amýklai – eher eine stillschweigende Abfindung der Spartaner – in ihren Staatsverband wie auch die Unterwerfung Messeniens im ersten (ca. 740 bis ca. 720) und zweiten (ca. 645 bis ca. 628) Messenischen Krieg machten sie zu absoluten Herrschern auf dem südlichen Peloponnes.

Damit war die erste Phase spartanischer Geschichte beendet. Was die Zeit danach an Entwicklungen mit sich brachte, war das unaufhörliche Bemühen seitens der Spartaner, die eroberten Gebiete und damit auch den neugeschaffenen status quo zu erhalten. Die Eroberungen der Spartaner brachten nämlich keineswegs eine Vermehrung der dorischen Minderheit, wohl aber eine solche der Heloten. Man schätzt die Zahl der Spartaner im 6. Jahrhundert zwischen 9000–10 000 Mann, im 5. Jahrhundert ca. 8000. Dagegen bewegte sich die Zahl der Heloten in der klassischen Zeit um 200 000. Dieses Mißverhältnis zwischen Herren und Sklaven brachte die Entwicklung ins Rollen. Die Stadt wurde in der Weise aufgebaut, daß jederzeit die Sklaven leicht unter Kontrolle zu halten waren. Die Männer mußten ihre ganze Ausbildung und ihr Leben danach ausrichten. Das gesamte Gebilde glich mehr einem Militärlager und weniger einer Stadt. Dadurch ist es auch verständlich, warum Sparta als einzige Stadt in ganz Griechenland keine Stadtmauer erhielt. Denn ihr einziger und größter Feind befand sich nicht außerhalb, sondern innerhalb der Stadt; es waren nicht etwa die anderen Griechen oder die Barbaren, sondern die Heloten.

So blieb auch der Begriff eines Stadt-Staates – eine Entwicklung, die alle griechischen Städte, allen voran Athen, machten – für Sparta unbekannt. Denn eine solche Entwicklung hätte Anteilnahme der gesamten Bevölkerung nach demokratischen Prinzipien vorausgesetzt, und das war für Sparta – aus seiner politischen Struktur heraus – nicht möglich.

Der Bevölkerungsexpansion – einem großen Problem, das von den anderen griechischen Städten in Form der Kolonisation um die Mitte des 8. Jahrhunderts v. Chr. gelöst wurde – gab Sparta ebenfalls eine eigenwillige, gewaltsame Lösung: mit der Eroberung von weiteren benachbarten Gebieten. Für Sparta war die Möglichkeit einer Kolonisation indiskutabel. Dazu war die Zahl der Spartaner, d. h. des reinen dorischen Elementes, zu klein und die Gefahr, daß diese kleine Gruppe außerhalb des Mutterlandes verkümmern, ja sogar möglicherweise vernichtet würde, viel zu groß für die Spartaner. Die einzige Kolonie Spartas war und blieb Tarent. Sie entstand als Notlösung, um die aufrührerischen Parthenier aufzunehmen, die nach ihrer Unterdrückung durch die Spartaner von diesen nach Unteritalien abgeschoben wurden. Im übrigen liefert uns die Gründung von Tarent (um 700 v. Chr.) eines der wenigen, gut bekannten Ereignisse spartanischer Geschichte in der damaligen Zeit.

Es wurde also die zweite Möglichkeit vorgezogen, nämlich die der Eroberung. Denn Sparta besaß damals etwas, was kaum eine andere Griechenstadt aufzuweisen hatte: eine hervorragend organisierte Armee, absolute Disziplin und Aufopferungsgeist. Was aus einer inneren Notwendigkeit entstand (Helotendruck), konnte auch nach außen hin verwendet werden. So kam es zu dem ersten Messenischen Krieg, der um 743/40 begann, etwa zwanzig Jahre dauerte und mit der Eroberung Messeniens durch die Spartaner endete.

Das 7. Jahrhundert wird für Sparta charakterisiert einerseits durch die Expansion nach Norden, nach Arkadien und in die Argolis zwecks Beschaffung neuen Landes für die Unterbringung der Periöken, deren Zahl ebenfalls ständig wuchs, und zum anderen durch den zweiten Messenischen Krieg, der wiederum über sechzehn Jahre dauerte und aus dem Sparta nochmals siegreich hervorging. Mit der Unterwerfung Messeniens gegen Ende des 7. Jahrhunderts wird zugleich die Politik der Vorherrschaft Spartas auf dem Peloponnes eingeleitet. Mitte des 6. Jahrhunderts gründete Sparta den Peloponnesischen Bund, der außer Argos und Elis alle sonstigen peloponnesischen Städte und auch einige außerhalb, wie Megara und Aigina, umfaßte. Innerhalb des Bundes hatte Sparta die Hegemonie, während die Bundesgenossen gut ein Drittel ihrer Kriegsmacht den Spartanern zur Verfügung zu stellen hatten.

In dieser machtvollen Position innerhalb des Peloponnes, allgemein anerkannt als die stärkste Macht Griechenlands und auch im außergriechischen Bereich berühmt, erreichte Sparta die Nachricht von der persischen Gefahr. Die fortschrittlichen Könige wollten den Athenern und anderen Griechen zu Hilfe eilen, die konservativen Ephoren waren jedoch gegen ein Engagement Spartas außerhalb des Peloponnes und sahen erst am korinthischen Isthmos die Verteidigungslinie. Diese Spannungen innerhalb der Führung des Staates (und vielleicht auch die akute Gefahr von Unruhen unter den Heloten) hinderten die Spartaner daran, 480 v. Chr. in Marathon dabei zu sein. Lediglich die Verteidigung der Thermopylen im gleichen Jahr durch den Spartanerkönig Leonidas und seine 300 Spartaner, wie auch die Schlacht bei Platää, die der Spartanerkönig Pausanias ein Jahr später (479) mit Erfolg führte, hat Sparta als Beitrag im Kampf der Griechen gegen die Perser aufzuweisen.

Mit der Gründung des delisch-attischen Seebundes im Jahre 478/77 übernahm nun Athen die Führungsrolle in Griechenland. Das konservative Sparta, mehr mit seinen inneren Problemen beschäftigt, sah sich nicht in der Lage, eine panhellenische Politik zu betreiben, und zog sich nach 472 zurück. Den Bemühungen einiger peloponnesischer Städte nach 470 v. Chr., sich von der Hegemonie Spartas zu befreien, folgten erneute Helotenunruhen, die im Sommer 464 anläßlich eines furchtbaren Erdbebens zu einem Aufstand führten. Dabei wurden die Epheben und viele der jungen Männer Spartas getötet, die sich während der Katastrophe bei Übungen in den Sportstätten befanden. Man spricht von etwa 20 000 Toten. Doch den Heloten gelang es nicht, die Periöken auf ihre Seite zu ziehen, und so konnte ihr Aufstand bald auf Messenien beschränkt werden, was den Ausbruch des dritten Messenischen Krieges (464–459 v. Chr.) zur Folge hatte. Auch er endete mit dem Sieg Spartas.

Inzwischen wurde das Bündnis, das seit 481 zwischen Athen und Sparta bestand, aufgekündigt. Die bisher versteckten und doch sehr markanten Gegensätze zwischen den beiden Großmächten kamen jetzt voll zum Durchbruch und führten 431 zum Peloponnesischen Krieg, der 404 v. Chr. mit dem Sieg der Spartaner in der Seeschlacht bei Aigós Potamoí am Hellespont und dem darauffolgenden Fall Athens endete. Es kam so weit, daß Sparta das Erbe der imperialistischen Politik Athens antreten mußte, was gleichzeitig das Ende seiner Isolationspolitik bedeutete. Die Vormachtstellung Spartas ging jedoch 371 v. Chr. zu Ende, als Theben ebenfalls Machtansprüche erhob und die Spartaner in der Schlacht von Leuktra entscheidend schlug. Sparta konnte sich zwar in der Folgezeit gegen Philipp II. von Makedonien und die Diadochen halten. Doch mußte es im Jahre 317 v. Chr. seine erste Stadtmauer errichten. Im 3. Jahrhundert zählte man nur noch 700 Spartaner, von denen eine noch geringere Zahl – man schätzt etwa 100 – vollberechtigt war und das gesamte Land unter sich aufgeteilt hatte. Mit der Schlacht bei Sellasía im Jahre 221, in der die Spartaner vom Achäischen Bund und von den Makedonen geschlagen wurden, endete auch das alte Doppelkönigtum in Sparta. Die Eroberung Spartas durch Rom im Jahre 146 v. Chr. verwandelte die einstige Metropole in eine ruhige Provinzstadt, in der sich römisches Lebensgefühl und Lebensqualität, ein gewisser Wohlstand und die Fortsetzung alter Tradition vereinten. Damals entstanden die Villen der reichen Römer mit schönen Mosaikfußböden, das Theater im Bereich der Akropolis und die Thermen. Und unter den Römern wurde auch das uralte Heiligtum der Artemis Orthía erneuert. Unter der römischen Herrschaft schlossen sich auch die wichtigsten der Periöken-Städte zum sog. Bund der Eleutherolakónen (= der freien Lakonen) zusammen (Pausanias III, 21,7–8).

395 n. Chr. zerstörten die Westgoten Alarichs Sparta, das fortan als eine kleine byzantinische Siedlung ohne jegliche Bedeutung mit dem Namen Lakedaimonía existierte. Die darauffolgenden Slaweneinfälle zwangen einen großen Teil der dorischen Urbevölkerung, das fruchtbare Eurotas-Tal zu verlassen, um in den unwirtlichen Bergen der Halbinsel Mani Zuflucht zu su-

1 Haupt des Sonnengottes, Ausschnitt aus einem römischen Mosaikfußboden im Museum von Sparta

2 Marmornes Tempelakroterion mit Gorgoneion im Museum von Sparta

3 Weiherelief mit den Dioskuren im Museum von Sparta

▶

4 Sog. Büste des Leonidas im Museum von Sparta

5 Relief einer Grabstele im Museum von Sparta

6 Bronzestatuette des 5. Jh. v. Chr. im Museum von Sparta

7 Bronzestatuette eines Kriegers aus dem 4. Jh. v. Chr. im Museum von Sparta

8 Bronzestatuette der Göttin Athene aus dem 5. Jh. v. Chr. im Museum von Sparta

9 Blick auf das Menelaion bei Sparta und das schneebedeckte Taýgetos-Gebirge

10 Das Amyklaion bei Sparta

11 Grundmauern des mykenischen Kuppelgrabes bei Vaphio

12 Blick auf die Despoten-Paläste in der Oberstadt von Mystras

Nächste Seiten:

15 Blick über Mystras mit Pantánassa-Kirche im Vordergrund (links)
16 Blick über die Ruinenstadt Geraki
17 Kirche der Agía Paraskeví in Geraki

13 Der sog. Palaiologen-Palast in der Oberstadt von Mystras

14 Geburt Mariens, Fresko in der Agía Sophía-Kirche in der Oberstadt von Mystras

18 Blick auf Monemvasia mit seinem typischen Felsen

20 Fresko der Muttergottes zwischen Heiligen in der Kirche des Ágios Ioánnis zu Pýrgos Diroú (Mani) ▶

21 Blick auf Áno und Káto Ítylo (Mani) ▶

19 Kirche des Ágios Nikólaos in Monemvasia

24 Vlacherna-Kirche bei Mésapos (Mani)

◀ 22 Sog. Trissákia-Kirche in Tsópakas (Mani)
◀ 23 Kap Tigani (Mani)

Nächste Seite:

25 Ágios Ioánnis-Kirche in Kévia (Mani)
26 Die Wohntürme (Pyrgóspita) von Váthia (Mani)

chen. Die Stadt Sparta wurde endgültig verlassen, als 1262 die benachbarte Burg Mystrás – bis dahin von den Lateinern besetzt – in die Hände der Byzantiner fiel, die die Stadt Mystras an dem geschützten Hügel des Taÿgetos unterhalb der Burg ausbauten. Die Spartaner (oder vielmehr Lakedaimonier) vertauschten wegen der größeren Sicherheit die alte mit der neuen Stätte und lebten dort bis 1834, als das moderne Sparta gegründet wurde.

Rundgang

Im Jahre 1834 wurde Athen unter dem Wittelsbacher Otto, dem ersten König Griechenlands, zur Hauptstadt des freien Königreiches Griechenland erkoren. Der junge König träumte, mit der Anlage eines neuen Sparta ein Pendant zum neuen Athen zu schaffen, hatte ihn doch schon sein Vater Ludwig ermahnt: ,,... und vergesse es nicht, daß es unmöglich ist, sich ein Hellas mit Athen und ohne Sparta vorzustellen.“ So wurde die neue Stadt Sparta am Hang des südlichsten der sechs Hügel, über welche sich die antike Stadt erstreckte, auf 214 m Höhe angelegt und zeigt in ihrem klaren und überschaubaren Stadtplan das gleiche schachbrettartige Schema, das den klassizistischen Anlagen von Athen und Piräus ebenfalls zugrunde liegt. Großzügig angelegte Plätze, herrliche Grünanlagen voller Magnolien- und Oleanderbäume, breite, schnurgerade Alleen, deren Mittelstreifen mit Palmen markiert sind, Gärten mit zahlreichen subtropischen Pflanzen – ein gemütliches und stimmungsvolles Bild, das die kleine Provinzstadt ihrem Besucher noch heute anbietet.

Von der Blüte und dem Ruhm des einst machtvollen Stadtstaates ist heute sehr wenig übriggeblieben. Die wenigen *Ruinen des antiken Sparta* befinden sich etwas außerhalb der heutigen Stadt, eine knappe halbe Stunde vom Zentrum entfernt. Man erreicht sie über die Allee Konstantínou Palaiológou in Richtung Norden. Am Stadtrand, westlich vom Stadion sieht man die Quader eines kleinen rechteckigen Unterbaus, den man irrtümlicherweise das ,,*Grab des Leonidas*“ (das sog. ,,Leonidaion“) zu nennen pflegt, eine Bezeichnung, die jedoch nicht zutrifft, da es sich hier in Wirklichkeit um die Reste eines kleinen Tempels aus dem 3. Jahrhundert v. Chr. handelt. Etwas weiter in nordwestlicher Richtung erreicht man über eine niedrige Mauer die antike Stadt. Diese *Mauer* stammt erst aus römischer Zeit, da die Stadt bis zum 2. Jahrhundert v. Chr. nicht befestigt war. Auch ihre Akropolis war bis zu dieser Zeit von keiner Mauer umgeben. Sie war wohl der einzige uns bekannte unbefestigte Burghügel im Altertum. Die Ruinen, die wir heute vorfinden, sind viel später als die der Stadt, entstanden höchstwahrscheinlich in spätrömisch-byzantinischer Zeit anläßlich der Goten- und Heruler-Einfälle im Jahre 267 n. Chr. Diese – in der antiken Zeit – unbefestigte Stadt- und

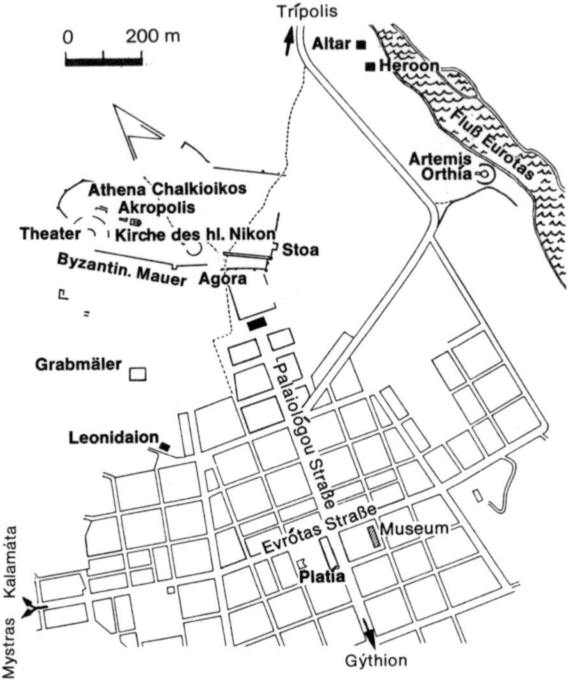

Stadtplan von Sparta

Burganlage ist sicherlich nur aus dem Soldatencharakter der Spartaner und ihrer militärisch geprägten Lebensauffassung zu erklären. Im Gegensatz zu den anderen Stadtstaaten haben es die Spartaner niemals für nötig empfunden, sich innerhalb von Stadtmauern zusammenzudrängen. Für sie bildeten die Gebirgsketten von Parnon im Osten und Taýgetos im Westen eine natürliche Schutzmauer um die gesamte fruchtbare lakonische Ebene, die das Eindringen von fremden Streitmächten erschwerte. Genau hinter der südöstlichen Seite der spätrömischen Mauer befinden sich Spuren einer Art Stoa, ebenfalls aus römischer Zeit, mit einer Reihe von kleinen, aus Stein erbauten und mit Ziegeln bedeckten Räumen, die man heute „Foúrni" (= Öfen) nennt. Man behauptet, sie seien Badeanlagen gewesen (de Jongh). Die Möglichkeit jedoch, daß es sich hier um kleine römische Verkaufsläden handelt, erscheint als wahrscheinlicher (Chrístou). An der südöstlichen Ecke des Hügels befand sich auch die *Agora* der antiken Stadt, die nach Pausanias (III, 11,2) recht sehenswert gewesen sein soll, mit dem Rathaus der Gerusía (des Staatsrates) und den Amtsgebäuden der Ephoren (der Beamten).

Auch von den einst dort befindlichen Prachtbauten aus römischer Zeit ist nichts mehr erhalten geblieben. So war die Agora mit den Standbildern des

Apollon Phythaios, der Artemis und deren Mutter Leto geschmückt. In diesem Bereich ist auch der „Chorós" (= Tanzplatz) zu suchen, in dem alljährlich das Festspiel der Gymnopaidía stattfand – eine teils athletische, teils religiöse Veranstaltung, bei der nackte Epheben tanzten, militärische Spiele und Ringkämpfe ausführten. Weiter östlich befand sich das Hauptbauwerk der Agora, die zweistöckige sog. „Persische Säulenhalle" (man denke an das Gegenbeispiel der Attalosstoa auf der Athener Agora). Man nannte diese Halle so, da sie aus der Beute der Perserkriege erbaut und mit den Statuen der persischen Führer geschmückt wurde.

Nordwestlich der Agora sieht man die wenigen Reste eines Rundbaues direkt neben der Straße, von dessen Bedeutung wir nichts wissen. Pausanias erwähnt die berühmte Skiás, einen Rundbau, als Versammlungsort des Volkes. Vielleicht sind dies die Überreste davon.

Immer noch in nordwestlicher Richtung weiter erstrecken sich bald die Reste der *Kirche* und der Kapelle mit dem Grab *des heiligen Nikon,* des Slawenmissionars mit dem Beinamen Metanoeíte (= tut Buße), der als Schutzheiliger der Spartaner galt, nachdem er die Stadt von der Pest befreit haben soll. Der Grundriß der Kirche ist – nach den erhaltenen Mauerresten, Säulenbasen und der Apsis zu urteilen – der einer Basilika, die aus dem 10. Jahrhundert n. Chr. stammt, während die Grabkapelle etwas später – in das 11. Jahrhundert – zu datieren ist.

Südwestlich davon, am Nordwesthang des Akropolishügels, befindet sich das hellenistische *Theater*, die einzige bedeutende antike Ruine Spartas; es ist eine der größten Theateranlagen Griechenlands, stammt aber erst aus römischer Zeit (spätes 1. Jahrhundert v. Chr.), mit einer darunterliegenden, älteren Anlage hellenistischer Epoche (2. Jahrhundert v. Chr.). Von der gesamten Anlage sind nur einige marmorne Sitzreihen erhalten, während die Bühne, die auf frühere Zeit zurückgeht, bis in die spätrömische Zeit immer wieder auf- und abgebaut wurde. Es wird behauptet, daß es ein offizielles Verbot für Schauspiele gab mit der Begründung, Vorstellungen solcher Art „seien leichtfertig und wertlos", und daß der Bau daher nur öffentlichen Versammlungen diente. Dieses Theater hat – wie aus einigen Inschriften, eingeritzten

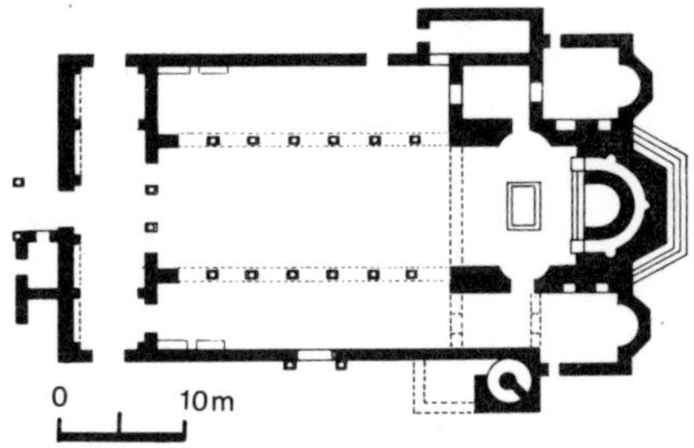

Sparta, Akropolis: Nikon-Basilika

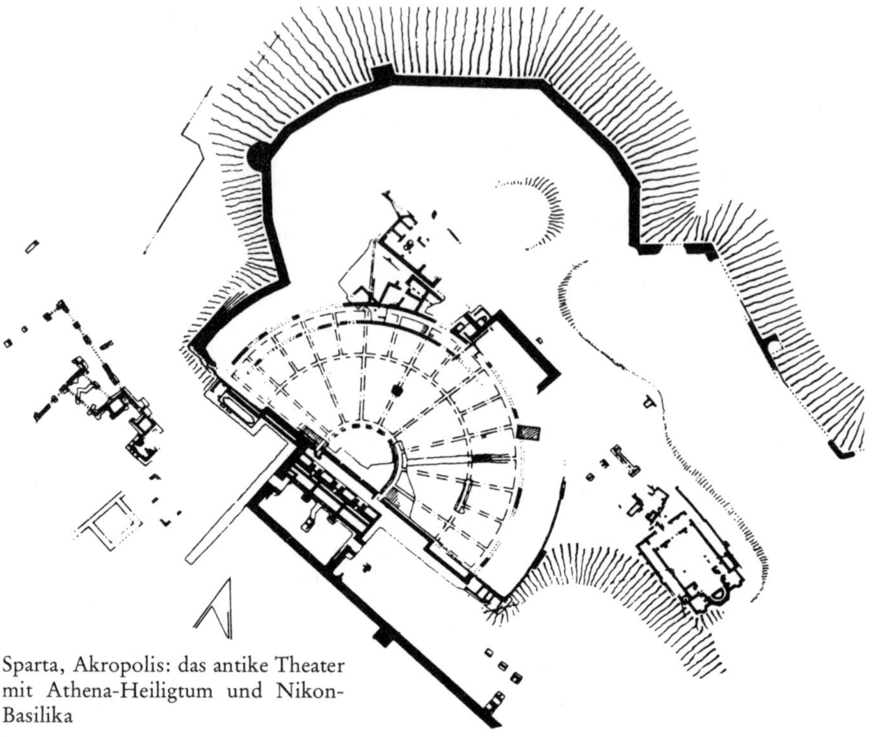

Sparta, Akropolis: das antike Theater mit Athena-Heiligtum und Nikon-Basilika

Datierungen und nicht zuletzt der verschiedenartigen Technik der vielen Bauteile ersichtlich ist – eine Baugeschichte von etwas über 500 Jahren aufzuweisen, und es wäre möglich, daß vor dem marmornen an der gleichen Stelle ein hölzernes Theater gestanden hat.

Das berühmteste Bauwerk der Akropolis befand sich oberhalb des Theaters und war ein *Heiligtum der Athena,* das die Beinamen *Polioúchos* und *Chalkíoikos* trug. Der Bau wurde – nach Pausanias III, 17,2 – in zwei Bauperioden fertiggestellt, und die genannten Beinamen beziehen sich auf die beiden Bauabschnitte. Der homerische König Tyndareos und seine Söhne Kastor und Polydeukes (die Dioskuren) sollen – so Pausanias – den Bau begonnen und der Athena Polioúchos geweiht haben. Denn Athena war die Beschützerin der Stadt und so sollte auch ihr Heiligtum auf dem höchsten und markantesten Punkt der Akropolis entstehen. Der Bau, der in jener Zeit jedoch unvollendet blieb, wurde dann viel später vom einheimischen Architekten, Erzgießer und Dichter Gitiádas zu Beginn des 6. Jahrhunderts v. Chr. vollendet, der auch das Kultbild der Athena aus Bronze schuf. Mit der Fertigstellung des Tempels wurde auch sein Name geändert; es hieß ab jetzt nun Chalkíoikos (= Erzhaus), und auch die Göttin wurde danach benannt:

Athena Chalkíoikos, statt bisher Polioúchos. Dieser neue Name entstand, weil die Wände des Tempels – nach älterer Sitte – mit Bronzeplatten verkleidet waren. Pausanias (III, 17,3) berichtet über die Thematik dieser Bronzereliefs: Sie zeigten viele Taten des Herakles, der Dioskuren, des Perseus, die Geburt der Athena wie auch einzelne Göttergestalten. In diesen Tempel war der selbstherrliche Regent und frühere Sieger aus der Schlacht von Platää Pausanias als Asylsuchender geflüchtet, als er bei den Ephoren denunziert wurde, er habe sich mit den Heloten eingelassen und dadurch an den Grundlagen der spartanischen Staatsordnung gerüttelt. Im Heiligtum der Athena Chalkíoikos wurde er durch Aushungern ums Leben gebracht (467 v. Chr.).

Das zweifellos interessanteste Ausgrabungsgebiet Spartas und der Umgebung bildet das sog. ,,*Limnaion*", besser bekannt als ,,*Heiligtum der Artemis Orthia*" (= der Aufrechten). Es befindet sich am nordöstlichen Stadtrand, in einem sumpfigen Gelände (daher auch der Name ,,Limnaion" – die Göttin heißt auch Limnátis) am Westufer des Eurotas-Flusses (in der Nähe der Biegung der Hauptstraße zur Eurotas-Brücke) in Richtung Tripolis.

Aus vielen älteren Inschriften geht hervor, daß der Name ,,Orthia" die ursprüngliche Bezeichnung ist und auf Artemis von der hier einst verehrten Göttin Orthia übertragen wurde, welche die mächtige Göttin der Erlösung des Menschen, der Vermehrung und der Fruchtbarkeit war.

Einige von den Weihgeschenken stellen diese Göttin ähnlich wie die ,,Potnia Theron", die große Urgöttin der Natur, dar, die im gesamten Mittelmeer-

Sparta, Heiligtum der Artemis Orthia

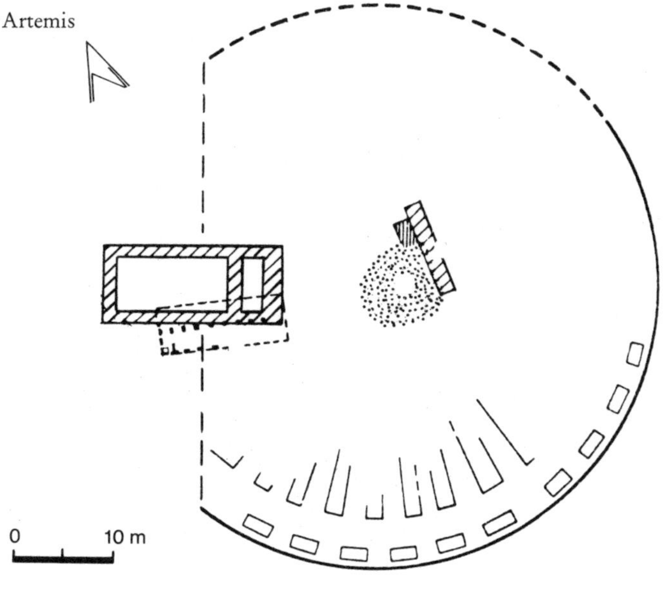

raum schon bei den ältesten Kulturen stark verehrt wurde und die letztlich die Göttin des Lebens und des Todes war.

In dem Heiligtum der Artemis Orthia wurde das geschnitzte Kultbild der Göttin verehrt, das Orestes und Iphigenie aus dem fernen Tauris mitgebracht haben sollen (vgl. Mythos in Brauron, Attika). Dieses Bild, das lange als verschollen galt, hat man Jahrhunderte später im Geäst eines Keuschlammstrauches „aufrecht" wieder gefunden (Pausanias III, 16,11). Deswegen nannte man Artemis außer Orthia auch „Lygodesma" (= Keuschlammfessel).

Mit der Verehrung der Göttin waren Feierlichkeiten verbunden, die alljährlich im Frühling stattfanden. Zu diesen Feiern gehörten rituelle Tänze der Mädchen und Jünglinge, wie auch Wettkämpfe sportlicher und musischer Art. Wichtigster Bestandteil des Artemis-Orthia-Kultes jedoch war die sog. Erprobung der Epheben: eine harte Prüfung im Erdulden körperlicher Schmerzen, der sich die älteren Knaben der Spartaner vor dem Altar der Göttin unterziehen mußten. Sie wurden blutig gegeißelt, bis der Altar mit Menschenblut bespritzt war. Nach Pausanias (III, 16,10) stand die Priesterin mit dem geschnitzten Holzbild der Göttin daneben, das klein und sehr leicht war. Wenn der Geißelnde nicht kräftig genug schlug, wurde das Bild so schwer, daß die Priesterin schreien mußte. Es war nicht selten, daß ein Ephebe so zu Tode gegeißelt wurde. Wer aber die Prüfung ohne sichtbare Anzeichen des Schmerzens überstanden hatte, der wurde als „Sieger des Altars" gefeiert und durfte sein Standbild in dem heiligen Bezirk aufstellen. Plutarch schreibt, die Epheben seien dabei „fröhlich und heiter. Sie wetteiferten, wer von ihnen die meisten Schläge am besten aushält." Zu Plutarchs Zeit war dieser Wettkampf – dem Zeitgeschmack entsprechend – nur noch ein Schauspiel, für dessen Zuschauer im 3. Jahrhundert n. Chr. an den Tempel ein Amphitheater angebaut wurde. Das Vollrund des Theaters hat einen Durchmesser von 54 m und schließt von allen drei Seiten den Platz vor dem Tempel so ab, daß dieser wie eine Bühne erscheint. Innerhalb dieses Amphitheaters befand sich der Brandopferaltar des heiligen Bezirks, der mehrfach erneuert wurde (im 9. und im 8./7. Jahrhundert v. Chr.) und heute nur noch als Erdwall zu erkennen ist. Die Ausgrabungen um den Tempel brachten Spuren von zwei verschiedenen Bauten ans Licht, von denen der kleinere – nur 4,50 m breit – aus dem 9./8. Jahrhundert v. Chr. stammt. Die wenigen Reste dieses Baues sind wieder zugeschüttet worden. Was heute an Fundamenten sichtbar ist, gehört dem zweiten, größeren Bau an (aus dem beginnenden 6. Jahrhundert v. Chr.), der allerdings im 5. und 2. Jahrhundert v. Chr. ausgebessert wurde. Die Mauerreste verraten die für die damalige Zeit in Sparta übliche Bauweise mit ungebrannten Ziegeln und kleineren, fast unbearbeiteten Steinen. Die große Menge der ausgegrabenen, recht ärmlichen Weihegeschenke (kleine Tonreliefs und Bleifigürchen) zeigt, daß in diesem Heiligtum auch die Heloten ihre Weihegaben darbringen durften.

Das Museum

Das Museum befindet sich auf der Eurotas-Lykoúrgou-Straße, die die Allee Konstantínou Palailológou in der Stadtmitte schneidet, also im Zentrum. Es ist ein schönes neoklassizistisches Gebäude inmitten eines kleinen Parks, das 1875–76 nach den Plänen des dänischen Architekten Theophil Hansen erbaut wurde, der auch die Akademie in Athen entworfen hat. Es beherbergt Funde aus dem antiken Sparta, sowie aus dem gesamten lakonischen Raum.

Bereits in der Antike herrschte die allgemeine Meinung vor, daß in der Frühzeit einige der berühmtesten Künstler enge Beziehungen zu Kreta unterhielten. Man glaubte, daß auch die ältesten lakedaimonischen Künstler, wie Theokles und Dorykleidas, Schüler der Kreter Dipoinos und Skyllis waren, die wiederum beim mythischen Daidalos gelernt haben sollen. So spricht man noch heute von einem „daidalischen" Stil im 7. Jahrhundert v. Chr. Doch es bleibt bloß bei diesen Namen, denn man hat bisher keines der uns erhaltenen Kunstwerke mit irgendeinem dieser Künstler in Verbindung bringen können. Einzige Ausnahme bilden die architektonischen Teile von Amyklaion, von denen man wiederum mit Sicherheit behaupten kann, daß sie die Werke keines lakonischen, sondern eines ionischen Künstlers sind. Selbst dem Gitiádas, von dem wir wissen, daß er den Athena-Tempel auf der Akropolis gebaut und ausgeschmückt hat, kann nichts von den gesamten Akropolis-Funden zugeschrieben werden. Denn außer der Notiz bei Pausanias kennen wir weder seinen Stil, noch die genaue Zeit, in der er gewirkt hat.

Die Kunstwerke des Museums, darunter viele interessante Plastiken und Reliefs, wie auch unzählige Werke der Kleinkunst, welche in erster Linie aus dem Bereich der Akropolis und aus dem Heiligtum der Artemis Orthia stammen, sind die besten Repräsentanten lakonischer Kunst. Was bei der Betrachtung der lakonischen Stücke sofort auffällt, ist das Fehlen jeglichen Einflusses von außen, wobei man nicht sagen kann, ob es sich hier um eine gewollte Abschirmung handelt oder ob diese Abschirmung eine durch die landschaftlichen Gegebenheiten bedingte Notwendigkeit war, mit der sich die Lakonier mehr oder weniger abzufinden hatten. Der erste – und eigentlich auch der letzte, bewußte Einfluß, der sich auf lakonischen Kunstwerken bemerkbar macht, ist die ionische Stilrichtung bei den amykläischen Stücken.

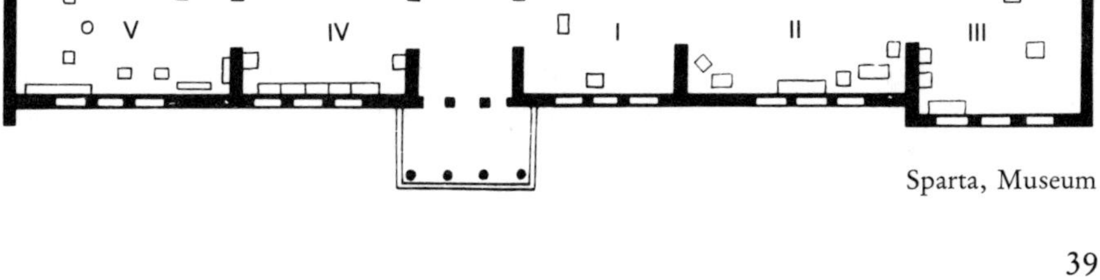

Sparta, Museum

Die lakonische Plastik zeigt sich in ihren Grundzügen einfach und kraftvoll zugleich, sie ist linear und doch vital, paßt besser zu den chthonischen Göttern. Was die attischen Reliefs in voller Eleganz „beschreiben", „erzählen", deuten die lakonischen mit wenigen, einfachen Konturen nur an. Gerade dadurch erhalten sie einen eher zeichenhaften Charakter, sie sind – gegenüber den attischen – weniger realistisch und schon gar nicht idealistisch. Der berühmten „Parthenon"-Zeit, dem klassischen Jahrhundert Attikas, hat die lakonische Kunst nichts gegenüberzustellen. Auch den Hellenismus hat sie nicht mitgemacht. Sie blieb stets bei ihren Anfängen, könnte man fast sagen, und sie ist doch so fesselnd in ihrem Provinzialismus!

Gleich am Museumseingang stehen, zu beiden Seiten der Türe, zwei Stelen mit einer Heraklesdarstellung. Es handelt sich um Architekturglieder mit tragender Funktion, ähnlich wie bei den Karyatiden. Sie stammen aus den römischen Bädern im heutigen Gebiet Arápissa und werden in das 1. Jahrhundert n. Chr. datiert.

Eingangshalle: Sammlung von Inschriften, Stelen und Sockeln von Statuen der Altarsieger bei der Geißelung aus dem Artemis-Orthia-Heiligtum. Die Platten zeigen deutlich die Stellen für die Anbringung der Sicheln, Weihegeschenke der Sieger für die Wachstums- und Fruchtbarkeitsgöttin. Sie alle tragen Weihinschriften mit dem Namen des Siegers und der Bezeichnung des Wettkampfes, bei dem er gesiegt hat. Einige überliefern sogar das Jahr, in dem der Kampf stattgefunden hat, indem sie den Namen der Jahres- Archonten erwähnen. Zu den schönsten Stücken gehört die Platte des Arexippos mit Spuren von fünf Sicheln, zum Nachweis für seinen fünffachen Sieg. Diese Platte ist auch die älteste und stammt aus dem beginnenden 4. Jahrhundert v. Chr. (Nr. 1541). Eine Platte aus dem 2. oder beginnenden 1. Jahrhundert v. Chr. zeigt nicht nur die Stellen, an denen drei Sicheln angebracht wurden, sondern auch im Relief die Front eines Tempels „in antis", den man allgemein als den Artemis-Orthia-Tempel ansieht (Nr. 1505). Die Stele des Leonteus, Siegers beim musischen Spiel aus der Zeit zwischen 150 und 200 n. Chr., zeigt die gut erhaltene eingelegte Eisensichel (Nr. 218). Ein Sockel aus weißem Marmor zeigt die Fußspuren einer Statue und an der Front die Inschrift des Altarsiegers Epigonos (Nr. 252). Eine typisch lakonische Stele aus Kláraki aus dem 4. Jahrhundert v. Chr., vielleicht als Grabstele verwendet, erinnert mit ihrem zierlichen Motiv an die ionisch geprägten Stücke aus dem Amyklaion (Nr. 839).

Saal I: (Beginn beim rechten Flügel des Gebäudes) Der Raum ist den chthonischen Gottheiten und den vergöttlichten Toten gewidmet. Hier findet man die charakteristischen Werke der früheren lakonischen Kunst, die besten Zeugen für Religion, Kult und Geschichte Spartas.

Auf einer pyramidenförmigen Stele (Grabstele?) aus der Zeit um 600 v. Chr., die an allen vier Seiten mit Reliefs geschmückt ist, werden die wichtigsten Gestalten aus der lakonischen Mythologie dargestellt (Nr. 1). Auf der einen Seite umarmt ein behelmter Mann eine weibliche Gestalt, die eine Sichel oder einen Kranz hält. Der Mann wird als Agamemnon gedeutet, der um die spartanische Prinzessin Klytaimnestra wirbt. Man könnte hierin aber auch das göttliche Paar Menelaos und Helena sehen, wenn das Attribut der Frau tatsächlich ein Kranz ist, das Symbol der Helena und der Liebe. Denn die andere Seite zeigt wiederum ein Paar, allerdings in einer recht gewalttätigen Szene: Der gleiche Mann ist im Begriff, die ihm gegenüberstehende Frau, im Peplos gekleidet, mit einem Schwert zu töten – Menelaos und Helena nach dem trojanischen Abenteuer. Die beiden schmalen Seiten zeigen je eine Schlange, d.h. die zoomorphe Darstellung der Dioskuren, die in dieser Form in der lakonischen Kunst sehr oft vorkommt.

Diese Reliefs haben kompakte Formen, eine Beschränkung auf die wichtigsten Figuren – schmückende Details fehlen ganz – und eine für ihre Zeit erstaunlich räumliche Auffassung. Die Figuren mit den langen Beinen und dem kurzen Rumpf sind – verglichen mit den zeitgenössischen lakonischen Reliefs – besonders kräftig herausgearbeitet.

Ein typisches Beispiel für ein lakonisches Flachrelief (Grabrelief) liefert uns die Stele Nr. 3 aus der Zeit um 540 v. Chr. Dargestellt ist ein auf einem Thron sitzendes Paar, neben ihm im Vordergrund ein Hund, hinter dem Thron eine Schlange (Unsterblichkeitssymbol). Der Mann, dessen Gesicht zerstört ist, hält ein großes Trinkgefäß, einen Kantharos (Kultgegenstand, Symbol hauptsächlich für Dionysos, aber auch für andere Gottheiten). Zu Füßen des Paares erscheinen zwei winzige Figuren; sie tragen einen Granatapfel und einen Hahn – beides göttliche Attribute symbolischen Inhalts – und vielleicht ein Ei, welches das Symbol des Lebens nach dem Tode ist. Auffallend bei diesem Relief ist die an vielen Stellen unkorrekte Wiedergabe der Proportionen.

Die Grabstele Nr. 505 aus dem beginnenden 5. Jahrhundert stellt eine einzige, auf einem reichbearbeiteten Thron sitzende männliche Figur dar. Auch sie hält in der Rechten den Kantharos, in der Linken einen Granatapfel. Vor dem sitzenden Mann springt ein Hund. In der oberen linken Ecke der Platte ist ein Pferd abgebildet. Der Granatapfel ist in seiner doppelten Bedeutung ein Lebens- und Todessymbol zugleich. Er wird heute noch bei Hochzeiten als Garant für Fülle und Reichtum verwendet und bei Gedächtnisfeiern für Verstorbene zerteilt. Denn er gilt heute noch als das, was er schon bei Homer war: Nahrung der Schatten oder der Seelen. Ausgewogene Proportionen und sichere Linienführung machen dieses Relief zu einem Meisterwerk.

Ein ausgefallenes Stück stellt das halbkreisförmige marmorne Gorgoneion aus dem Ende des 6. Jahrhunderts (Nr. 654) dar, welches einst als Akroterion bei einem Tempel diente. Sehr charakteristisch sind die vier Paar Hörner – anstatt der üblichen Schlangen – auf dem Haupt der Gorgo.

Saal II: Hier befinden sich einige Sitzfiguren aus dem 6. Jahrhundert (Nr. 600, 602 und 576). Sie stellen auf einem Thron sitzende männliche und weibliche Gestalten dar, allen fehlen die Köpfe, ihr Stil ist archaisch, die Bearbeitung primitiv. Wir wissen nicht genau, ob es sich bei diesen Gestalten um Gottheiten oder heroisierte Tote handelt. Bei der einen dieser Statuen ist die Inschrift ΑΔΕΥΣ oder ΑΙΔΕΥΣ zu lesen, was HADES bedeuten könnte. In diesem Falle hätten wir die Statue des Todesgottes vor uns.

Das Museum beherbergt unter anderem auch eine größere Reliefsammlung mit Dioskurendarstellungen, die von der archaischen bis in die römische Zeit hineinreicht. Die Dioskuren, unsterbliche Zwillingssöhne der Leda (von Zeus) und des homerischen Königs Tyndareos, Brüder der Helena und Klytaimnestra, sind die Haupthelden der spartanischen Mythologie. Die älteste und interessanteste Darstellung zeigt uns die Stele Nr. 575 aus der 1. Hälfte des 6. Jahrhunderts mit einer dreifachen Abbildung der Dioskuren. In strenger Symmetrie werden die speerbewaffneten Jünglinge schreitend im Profil dargestellt; zwischen ihnen stehen zwei gleich geformte Amphoren. Im Giebel ist ein Ei, von zwei Schlangen flankiert, abgebildet. Es ist das Ei ihrer Mutter Leda, aus dem Helena ausgebrütet wurde. Die Schlangen bilden die Dioskuren in ihrer zoomorphen, chthonischen Gestalt ab. Die Amphoren sind sehr wichtige Symbole im Dioskurenkult. Oft erscheinen sie anstelle der Zwillinge und deuten sie als Gottheiten der Fülle und des Reichtums. Das Relief aus grauem Marmor ist extrem flach bearbeitet – nur die Umrisse sind gemeißelt, die übrige Zeichnung ist mit Ritzlinien wiedergegeben. Schlicht, streng und auf das Wichtigste beschränkt, läßt uns diese Arbeit etwas vom Geist spartanischen Lebens spüren.

Unter den Beständen dieses Raumes stehen die Architekturteile des Amyklaion im Vordergrund, die dem klassischen Stil nahestehen. Die schönsten von ihnen sind zweifellos die beiden Kapitell-Fragmente (Nr. 929 und 930) aus der 2. Hälfte des 6. Jahrhunderts, die von ionischen Handwerkern aus dem Umkreis des Bathykles geschaffen worden sind. Dabei ist die hervorragende Kombination dorischer und ionischer Stilelemente bemerkenswert.

Saal III: Eine Anlehnung an attische Reliefs des „Reichen Stils" bildet ein Votivrelief (Nr. 468) aus dem Ende des 5. oder Anfang des 4. Jahrhunderts v. Chr. Dargestellt sind die göttlichen Geschwister: Apollon als Kitharodos mit Lyra (Leier) und Phiale (Opferschale) und Artemis mit Oinochoe beim Trankopfer. Zu ihren Füßen, in der Mitte des Reliefs, ist der delphische Omphalos abgebildet, von zwei Adlern des Zeus flankiert, was darauf hindeutet, daß sich die Szene in Delphi abspielt.

Das bekannteste Stück des Museums ist eine Büste aus parischem Marmor, die man auf der Akropolis Spartas in der Nähe des Chalkíoikos-Tempels während einer Ausgrabung gefunden hat (Nr. 3365). Die Büste wurde sofort bei ihrer Entdeckung als Porträt des Leonidas, des großen spartanischen Helden bei den Thermopylen (480 v. Chr.), bezeichnet – eine Vermutung, die bis heute unbestätigt geblieben ist. In jedem Fall handelt es sich hier um ein hervorragendes Beispiel lakonischer Plastik aus der Zeit zwischen 495 und 480 v. Chr. Das Stück zeigt Kopf und Oberkörper eines Kriegers in reifem Alter. Er trägt einen attischen Helm, hat einen kurz geschnittenen Bart, große Augen, volle Lippen, auf denen sich ein leichtes Lächeln abzeichnet. Stilistisch wird diese Arbeit mit den großen Marmorskulpturen aus dem Aphaia-Tempel in Aigina in Verbindung gebracht. Gleichzeitig zeigt sich ein gewisser Einfluß von Metallarbeiten.

Zu den schönsten Plastiken des Museums gehört auch der Torso eines Jünglings (Athleten?) aus der Mitte des 5. Jahrhunderts v. Chr. (Nr. 94). Das Werk, das oft in den Zusammenhang mit Polyklet gebracht wird, zeigt eine sparsame, jedoch kräftige Modellierung, die leicht an die Metalltechnik erinnert. Der fast viereckige Rumpf mit den schmalen Hüften und dem hoch angesetzten Brustkorb, schlicht und zugleich kraftvoll gearbeitet, ist zweifellos mit einem anderen Meisterwerk verwandt, dem ,,Kritios-Knaben" des ,,Strengen Stils" im Athener Akropolis-Museum.

Saal IV: In diesem Raum befinden sich Werke der Kleinkunst, meist Votivbilder aus lakonischen Heiligtümern: so z.B. mehrere Bleifigürchen und Terrakottamasken der archaischen Zeit aus dem Heiligtum der Artemis-Orthia. Daneben sind winzige Bronzestatuetten ebenfalls aus archaischer Zeit, z.T. Meisterwerke der lakonischen Bronzekunst, zu sehen. Auffallend sind ferner zwei große Tonpithoi (Vorrats- oder Grabgefäße) mit reichreliefiertem Schmuck, großteils Darstellungen mythologischer Themen (Nr. 600 und 3099).

Die Votivbilder aus Blei zeigen in sehr flachem Relief verschiedene Schmuckformen, wie Tiere, Vögel, Krieger, geflügelte Gestalten (vielleicht ist hier die Göttin Orthia selbst abgebildet). Die ältesten dieser Figürchen stammen aus dem Ende des 9. Jahrhunderts v. Chr., die jüngsten aus dem 4. Jahrhundert v. Chr. Sie wurden in zahllosen Mengen gefunden, was dafür spricht, daß sie die üblichen Weihegaben der ärmeren Bevölkerungsschichten, vielleicht der Heloten, waren.

Zu den Weihegaben gehören auch die Terrakottamasken aus dem Orthia-Heiligtum, die – ganz nebenbei – prachtvolle Beispiele lakonischer Keramik aus dem 7. und 6. Jahrhundert v. Chr. darstellen. Viele von ihnen haben eine interessante Bemalung aufzuweisen. Über den Zweck dieser Masken als Weihegeschenke wissen wir nichts. Sie könnten möglicherweise als Abwehrmittel gegen das Böse betrachtet worden sein. Es ist lediglich bekannt, daß man bei bestimmten Anlässen Kulttänze um den Orthia-Altar aufgeführt hat und daß die Tänzer dabei hölzerne Masken trugen.

Von den vielen kleinen Bronzestatuetten, die man an mehreren Orten Lakoniens gefunden hat und die meist Gottheiten, Athleten oder Krieger darstellen, hebt sich eine besonders kleine ab, die einen ganz bestimmten spartanischen Typus wiedergibt: Es handelt sich um eine weibliche Figur im kurzen Chiton beim Wettlauf. Es ist sicherlich eines jener spartanischen Mädchen, die sich in geschlitztem Chiton an Wettrennen beteiligten und die von den übrigen schockierten Griechinnen als ,,Schenkelzeiger" bezeichnet wurden (Nr. 3305).

Die Tonpithoi des Museums sind ebenfalls sehr charakteristisch. Der große, wohlgeformte Körper ist mit Reliefbändern geschmückt, die schöne geometrische und pflanzliche Ornamente aufweisen, während der Gefäßbauch mit figürlichen Darstellungen, meist erzählenden Charakters, belegt ist. Typisch für diese lakonischen Pithoi ist die Art der Bearbeitung der Reliefs, die völlig getrennt vom Gefäß geformt und erst danach angebracht wurden.

Saal V: In diesem Raum befinden sich die meisten Marmorskulpturen aus hellenistischer und römischer Zeit. Die wichtigsten von ihnen sollen hier kurz erwähnt werden. So ein kleiner Kopf aus bläulichem Marmor aus dem 3. Jahrhundert v. Chr. Er stellt Ptolemäus III. Euergetes, den ägyptischen König (246–221 v. Chr.), dar, von dem bekannt ist, daß er freundschaftliche Beziehung zu Sparta und König Kleomenes unterhielt (Nr. 5366). – Marmorkopf des Asklepios, römische Kopie eines klassischen Originals aus dem 4. Jahrhundert v. Chr. (Nr. 58a). – Hermesstele aus Marmor, römische Kopie nach dem bekannten bärtigen Typus von Alkamenes: Hermes Propylaios. Hier ist der jugendliche, bartlose Hermes dargestellt (Nr. 403). – Marmor-Statuette des Ganymed (evtl. auch Paris), römische Kopie eines Originals aus dem 4. Jahrhundert v. Chr., das manche dem Praxiteles zuschreiben (Nr. 89). – Votivrelief aus hellenistischer oder römischer Zeit, möglicherweise dem Orpheus geweiht (Nr. 6). – Marmorfragment eines römischen Sarkophages aus dem 2. Jahrhundert n. Chr. mit Darstellung von spielenden Kindern (evtl. Dionysos mit trunkenen Kindern, Nr. 307). – Zwei weitere Dioskurenreliefs sind beachtenswert. Bei ihnen wird außer den Dioskuren auch eine weibliche Gestalt abgebildet, nämlich ihre Schwester Helena als Wachstumsgöttin – die Dreiheit ist ein altes religiöses Phänomen.

Auf der Reliefplatte Nr. 201, nach 150 v. Chr. entstanden, ist Helena mit Kopfbedeckung (Polos) zwischen den beiden nackten, speerbewaffneten Zwillingen dargestellt. Dabei ist die Zeichnung sehr gelungen, die Körper sind besonders kräftig modelliert. Wie die Inschrift besagt, handelt es sich bei dieser Platte um ein Weihegeschenk. Die Platte Nr. 202 zeigt die gleiche Anordnung wie die vorige, nur sind hier die Dioskuren nicht mit dem Speer bewaffnet, sondern führen ihre Pferde. Das Relief stammt ebenfalls aus dem 2. Jahrhundert v. Chr.

Zu den neuesten Erwerbungen und schönsten Beständen des Museums gehören die Mosaikfußböden, die man in römischen Häusern und Villen in und bei Sparta gefunden hat. Das älteste Stück dieser Reihe ist das Mittelfeld eines Mosaikfußbodens aus Magoúla bei Sparta. Es stellt auf einem dunkelgrünen Hintergrund einen Triton dar. Die Technik des Mosaiks, helle Figur auf dunklem Grund, dazu die Sparsamkeit der Linienführung, die uns stark an klassische Vasenmalerei erinnert, wie auch die Verwendung von sehr unregelmäßigen Mosaiksteinchen lassen es als ein Werk der hellenistischen Periode erscheinen (Ende des 3. oder Beginn des 2. Jahrhunderts v. Chr.). Ein weiteres Mosaikfeld aus einer spätrömischen Villa in Sparta zeigt das beschriftete Porträt der Dichterin Sappho aus Lesbos (aus dem späten 3. oder frühen 4. Jahrhundert n. Chr.). Aus der gleichen Villa stammen auch die Mosaikfelder mit einer personifizierten Darstellung des Sonnengottes (Helios) und dem Porträt des Atheners Alkibiades. Die dämonische Erscheinung des archaischen Gorgoneion ist das Zentralmotiv eines anderen römischen Mosaiks. Doch fehlt hier ganz die apotropäische Wirkung des sonst monströsen Gorgohauptes. Lediglich die vier Hörner an der Stirn und die zwei Schlangen unten erinnern an die Medusa. Aus einer anderen römischen Villa stammen die nächsten Mosaikbilder, beide aus dem 4. Jahrhundert n. Chr.: Ersteres erzählt die Geschichte der Europa, der hübschen Tochter des phönikischen Königs Agenor, die von Zeus in der Gestalt eines Stieres über das Meer nach Kreta entführt wurde – ein beliebtes Motiv in der bildenden Kunst der Antike. Die erotische Atmosphäre der Szene ist – ganz nach römischem Geschmack – durch die beiden kleinen Eroten im oberen Teil des Bildes betont. Letzteres stellt Orpheus dar, der den Tieren vorspielt. Er trägt thrakische Gewänder und eine phrygische Mütze.

II. Ortschaften und Denkmäler nördlich von Sparta

Trypi (Trýpi)

Das Dorf liegt auf einem vorspringenden Teil des Taygetos, 8 km westlich von Sparta, auf der Hauptstraße nach dem messenischen Kalamata. Die Gegend ist reich an Felsspalten und tiefen Schluchten. Hier soll der Abgrund sein, in den die Spartaner nach Thukydides (I, 134,4) Verbrecher, politische Gegner und wen sie sonst zum Tode verurteilt hatten, aber auch schwächliche und kranke Kinder hinabstürzten (Keádas).

Pausanias (IV 18,4–7) berichtet vom Messenier Aristomenos, der während des zweiten Messenischen Krieges in spartanische Gefangenschaft geriet und zusammen mit fünfzig anderen Landsleuten in den Keádas gestürzt wurde. Er soll sich als einziger dadurch gerettet haben, daß er – beim Sturz durch einen Felsvorsprung aufgefangen – sich an den Schwanz eines Fuchses klammerte und so den Weg hinaus aus der Schlucht und zurück nach Messenien fand.

Langada-Paß (Langáda-Schlucht)

Von Trypi aus verläuft die Hauptstraße weiter über den Langada-Paß und überquert das Taýgetos-Gebirge in 1520 m Höhe. Die Paßstraße ist kurvenreich, aber gut befahrbar. Die Landschaft um die Schlucht herum ist von wilder Schönheit – eine der schönsten Gebirgslandschaften Griechenlands.

Longanikos (Longaníkos)

Auf einer Nebenstraße über Kastóri und Georgítsi in nordwestlicher Richtung von Sparta erreicht man nach 37 km das Dorf Longanikos am Fuße des Chelmós-Berges (780 m ü. M.), der die Grenze zwischen Lakonien und Arkadien bildet, ein Ausläufer des Taygetos, auch Lakonischer Sattel genannt. Auf ihm war die antike Stadt Aígys angelegt (pelasgische Ruinen). Diese Periöken-Stadt schützte im Altertum den Eingang in das lakonische Gebiet. Sie wurde einmal von den Spartanern zerstört, da ihre Einwohner mit den Arkadiern sympathisierten (Pausanias III, 2,5). Auf ihren Ruinen haben später die Lateiner die Festung Kelmós errichtet, einen der vielen wichtigen Stützpunkte der Franken in Lakonien. Dieses Chelmós-Gebiet, um das sich ständig Arkadier und Spartaner stritten, wurde im Altertum Belmína oder Belminátis genannt, nach einer gleichnamigen Periöken-Stadt, deren antike Mauern man südlich des Dorfes Petrína (heute in Arkadien) vermutet.

Diese Gegend ist sehr wasserreich, hier entspringen die meisten Quellen Lakoniens, die den Eurotas-Fluß speisen (nach Strabon bilden sie den ersten Wasserlauf des Eurotas).

Etwas südlich von dieser Grenzlandschaft, zwischen den heutigen Dörfern Georgítsi und Konidítsa (letzteres kann man von Sellasía aus erreichen), hat man die antike Periöken-Stadt Pellána lokalisiert, die zusammen mit Aígys und Belmína wahrscheinlich eine lakonische Trípolis (= Dreistadt) bildete. Hier liegt auch die Eurotas-Quelle Pellanís. Das Gebiet um Pellána ist sehr fruchtbar und war bereits in prähistorischer Zeit besiedelt. Die in den Felsen gehauenen Kuppelgräber aus mykenischer Zeit am Rande des heutigen Dorfes zeugen von einer Blüte in jener Zeit. Die schönen mykenischen Gefäße im Museum von Sparta stammen größtenteils aus diesen Gräbern. In Pellána soll Ikarios, der Bruder des homerischen Königs Tyndareos und Vater von Odysseus' Gemahlin Penelope, gewohnt haben, nachdem er aus Sparta vertrieben worden war.

Südlich von Pellána, etwa 9 km vor Sparta, auf der linken Seite der Straße Kastóri–Georgítsi, soll das in den Felsen gehauene Kuppelgrab einst den Leichnam des Spartaners Ládas geborgen haben, der nach seinem Sieg im Dauerlauf auf der Heimkehr von Olympia an dieser Stelle gestorben ist. Weiter südlich, etwas 5,5 km von Sparta entfernt, auf der gleichen Strecke nach Georgítsi, soll sich die Stelle befinden, wo Penelope vor die Entscheidung gestellt wurde, in Lakonien bei ihrem Vater Ikarios zu bleiben oder mit Odysseus nach Ithaka zu gehen.

Sellasia (Sellasía)

Die Ortschaft liegt 16 km nördlich von Sparta nahe der Hauptstraße nach Tripolis. Sie bildete im Altertum einen der wichtigsten Stützpunkte Spartas für die Verteidigung Lakoniens, da sich an dieser Stelle, dem Durchgang zum Eurotas-Tal, mehrere aus Arkadien kommende Straßen vereinten. Auf dem heute sogenannten Ágios-Konstantínos-Hügel (831 m) beherrschte die Akropolis von Sellasia diesen Durchgang (Reste der Mauer mit Türmen sind noch zu sehen). Bis Sellasia ist im Jahre 369 v. Chr. die siegreiche thebanische Armee unter Epameinondas gekommen, ohne daß ihr jedoch der Durchbruch nach Sparta gelang. Im Jahre 221 v. Chr. fand in der Ebene von Sellasia eine Entscheidungsschlacht statt, in der die vereinigten Kräfte der Makedonier und Achäer die spartanische Armee des Königs Kleomenes III. vernichtend schlugen. Sellasia wurde damals zerstört und Sparta fiel – zum ersten Mal in seiner vielhundertjährigen Geschichte – ohne Kampf in die Hände seines Feindes, damals des makedonischen Königs Antigonos III. Doson.

Kleomenes floh nach Ägypten, das Königtum blieb unbesetzt, was auch sein Ende bedeutete, und die Spartaner wurden gezwungen, sich der panhellenischen Symmachie anzuschließen.

Karyai (Karyaí)

Ortschaft auf 968 m Höhe, 39 km von Sparta entfernt, nahe der arkadischen Grenze. Die antike Siedlung von Karyai lag am nördlichen Rand des heutigen Dorfes Aráchova, das offiziell noch den Namen Karyai trägt und wo es heute, wie damals, noch viele Walnußbäume gibt (Karyá = Walnußbaum).

Die Stadt gehörte früher zu Arkadien, fiel aber bald infolge der Eroberungskriege Spartas Lakonien zu. Nach der großen Niederlage Spartas 371 beim böotischen Leuktra sollen die Bewohner von Karyai Epameinondas und seine Thebaner zur Befreiung von der spartanischen Herrschaft gerufen haben. Das thebanische Heer kam auch nach Karyai, marschierte weiter nach Sellasia, das erobert und in Brand gesetzt wurde, erreichte jedoch nicht Sparta (siehe auch: Sellasia). Die antike Stadt Karyai war der Göttin Artemis und den Nymphen geweiht. Hier fand alljährlich ein Fest zu Ehren der Artemis Karyátis statt, die sog. Karyátia, dessen Mittelpunkt ein Kulttanz bildete, geführt von den Töchtern vornehmer lakonischen Familien. Die schönen Gestalten und die ungewöhnlichen wie einmaligen Bewegungen dieser tanzenden Jungfrauen sollen bereits im Altertum die griechischen Bildhauer zum Typus der ,,Karyatíde" inspiriert haben!

Einen Tempel hat es im Heiligtum der Artemis Karyátis höchstwahrscheinlich nicht gegeben, nur einen Altar und die unter freiem Himmel stehende Statue der Göttin. Der genaue Platz dieses Heiligtums ist nicht bekannt, doch vermutet man ihn auf dem Gelände der heutigen Muttergottes-Kirche (Panagía) bei der kleinen Schlucht außerhalb des Dorfes.

27 Archäologisches Museum in Sparta

28 Antikes Theater von Sparta

31 Ágios Dimítrios-Kirche in Chryssapha

◀ 29 Koímesis-Kirche in Chryssapha
◀ 30 Kirche des Ágios Ioánnis Pródromos in Chryssapha

32 Pantánassa-Kirche in Mystras

33 Mystras: Blick auf Afendikó-Kirche und Ágii Theódori-Kirche

36 Panagía Odigítria-Kirche (sog. Afendikó) in Mystras

◀ 34 Evangelístria-Kirche in Mystras
◀ 35 Perívleptos-Kirche in Mystras

37 Pantánassa-Kirche in Mystras

38 Ágii Theódori-Kirche in Mystras ▶
39 Agía Sophía-Kirche in Mystras (Oberstadt) ▶

40 Blick über die Oberstadt von Mystras: Agía Sophía-Kirche (rechts) und Despoten-Paläste (links), im Hintergrund Sparta

43 Blick von der Unterstadt von Mystras zur Oberstadt

◀ 41 „Thronsaal" des Palaiologenpalastes in Mystras (Oberstadt)
◀ 42 Láskaris-Haus in Mystras

47 Evangelístria-Kirche in Geraki

◀ 44 ,,Diavatikó" (überwölbter Durchgang) in Mystras
◀ 45 Ágios Geórgios-Kapelle in Mystras (unten links)
◀ 46 Türkischer Brunnen in Mystras (unten rechts)

48 Die fränkische Burg von Geraki

49 Ágios Sóson-Kirche in Geraki

III. Ortschaften und Denkmäler südlich von Sparta

Amyklai (Amýklai)

Amyklai – nach dem Halbgott Amýklas, Sohn des Lakedaimon und Enkel des Zeus, benannt – liegt 5 km südlich von Sparta bei dem heutigen Dorf Amýklai-Tsaoúsi. Es war die einstige Achäerhauptstadt in Lakonien und das Zentrum des Widerstandes der Achäer gegen die dorischen Einwanderer. Über 300 Jahre nach dem dorischen Einfall (bis zum ersten Messenischen Krieg, 743–724) blieb die Stadt weiter unabhängig mit einer eigenen Dynastie. Danach unterwarfen sich die amyklaiischen Achäer widerstandslos den Spartanern und wurden als gleichberechtigte Bundesgenossen in den dorischen Staatsverband aufgenommen. Infolgedessen behielt Amyklai einige Privilegien für seine Bürger, wie z. B. das Recht, unter der besonderen Bezeichnung „amyklaiische Hopliten" in der spartanischen Armee mitzukämpfen. Gegenüber der politischen Metropole Sparta, das für Verwaltung und Organisation zuständig war, blieb Amyklai das religiöse und geistige Zentrum Lakoniens.

Hier befand sich das „Amyklaion", neben dem „Menelaion" das andere große Heiligtum im spartanischen Umkreis (zu Fuß von Sparta aus in ca. 1 1/2 Stunden zu erreichen). Auf einem kleinen Hügel, der nach der dort befindlichen Kapelle der Agía Kyriakí seinen Namen erhalten hat, südöstlich des heutigen Dorfes, sieht man die wenigen Reste des größten Kultzentrums im vordorischen Lakonien, das auch in der Geschichte Spartas eine sehr große Rolle gespielt hat: das Heiligtum des Apollon Amyklaios.

Es soll ein offenes Heiligtum, ohne Tempel, gewesen sein, das die ganze, von einer Quaderstützmauer umgebene Hügelkuppe einnahm. An Bauten befanden sich im Heiligtum nur der „Thron" und ein runder Stufenaltar für Apollon von ca. 10 m Durchmesser. Von dem „Thron" sind ein etwa 6 m langes Stück des Fundaments aus Quadern und zahlreiche Bruchstücke und Einzelteile des Aufbaus aus Marmor gefunden worden, die jedoch nicht genügen, um uns von dem Ganzen eine genauere Vorstellung zu geben. Archäologische Funde haben gezeigt, daß die Kultstätte als solche bereits in mykenischer Zeit existierte. Auch geht die Besiedlung des Hügelrückens bis in die Steinzeit zurück. Von der vorgriechischen Bevölkerung stammt auch der Name des Hyákinthos, der hier als eine Vegetationsgottheit lange vor Apollon verehrt wurde. Seine höchste Blüte erlebte das Heiligtum in der Zeit nach der dorischen Invasion in Lakonien. In dieser Zeit ging dann auch die

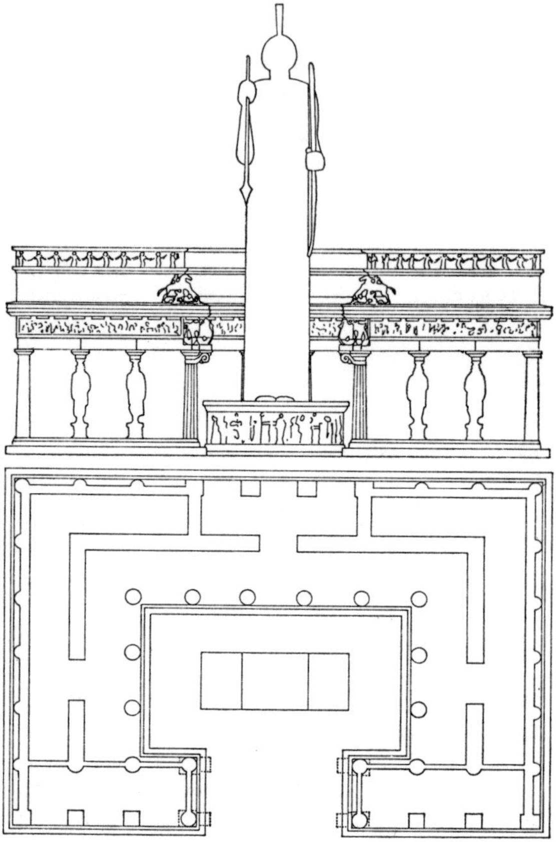

Amyklai, Thron des Apollon
Amyklaios (Rekonstruktion)

Verehrung vom achäischen Hyákinthos auf den dorischen Gott Apollon über, der nicht nur siegreich war, sondern auch als Beschützer der Landwirtschaft galt und daher auch geeignet war, die Rolle dieser früheren Gottheit zu übernehmen. Doch die Verehrung der beiden geht weiter Hand in Hand, da Hyákinthos bald zum Liebling des Sonnengottes wird, den dieser im Diskuswerfen versehentlich tötete. Zum Andenken an Hyákinthos wurde alljährlich im Hochsommer das Nationalfest der Hyakinthien gefeiert. Zu diesem Zweck wurde eine eigene Feststraße (eine Art „Heiliger Weg") zwischen dem Amyklaion und Sparta angelegt. Das Grab des Hyákinthos wurde zum Mittelpunkt des Heiligtums (Pausanias III, 18,6–19,6).

Um dieses Grab wurde eine Säulenhalle herumgebaut, und über dem Grab erhob sich die Kolossalstatue des Apollon Karneios (ca. 14 m hoch). Ihr Sokkel sah aus wie ein Altar und bildete den berühmten, mit Gold und Elfenbein geschmückten „Thron" des Sonnengottes. Während das Grab des Hyákinthos und die Bronzestatue des Apollon aus archaischer Zeit stammen, ist der

Thron mit seinem Reliefschmuck später entstanden (um 500 v. Chr.). Der Name seines Erbauers ist uns überliefert: Bathykles aus Magnesia am Mäander in Kleinasien, von dem wir wissen, daß er gegen Ende des 6. Jahrhunderts v. Chr. hier tätig war. Wir wissen nicht, wie seine Reliefs am Thron ausgesehen haben. Es wird behauptet, daß er den vorhandenen dorischen mit seinem eigenen ionisch geprägten Stil in völliger Harmonie kombiniert habe. Eine Reihe von architektonischen Stücken, die aus diesem Heiligtum stammen und sicherlich auch in der Zeit von Bathykles bearbeitet worden sind, führen uns diese gemischte Stilrichtung vor Augen. Am deutlichsten wird diese ionisch-dorische Mischung am Beispiel der wunderschönen Kapitelle, die sich heute im Museum von Sparta befinden (siehe auch: Sparta, Museum). Über die Thematik der Reliefs berichtet uns recht ausführlich Pausanias (III, 18,10–16). Von ihm wissen wir auch, daß die Apollonstatue kein Werk des Bathykles, sondern „alt und kunstlos" sei (19,1–2), womit er wohl auf den archaischen Stil anspielt. Zur Ausschmückung der Statue verwendeten die Spartaner das Gold, das ihnen der lydische König Kroisos sandte, „denn bei den Spartanern ist das amyklaiische Heiligtum das angesehenere" (Pausanias III, 10,8). Das Heiligtum mit seinem Fest, den Hyakínthien, blieb bis in die spätrömische Zeit berühmt.

Etwa 1,5 km südlich von Amyklai hat man an der Stelle der Kirche Agía Paraskeví einen größeren Teil von Weihegeschenken aus dem 6. und 5. Jahrhundert v. Chr. freigelegt, und obwohl keine Gebäudereste existieren, diese Stelle mit der von Pausanias erwähnten Kultstätte des Agamemnon und der Priamos-Tochter Alexandra-Kassandra identifiziert.

Vaphio (Vaphió)

Weitere 2 km südlich vom Amyklaion, auf dem Weg nach Gythion, begegnet man zwei Hügeln mit den Namen: Paliopýrgi und Vaphió. Paliopýrgi, 400 m südlich von Vaphió, wird mit der mykenischen Siedlung des homerischen Pharis (Ilias II, 582) identifiziert.

Bei Vaphio wurde ein großes Kuppelgrab mit „Drómos" (Zugang) aus mykenischer Zeit entdeckt. Die Kuppel ist zerstört, zu sehen sind nur noch die Grundmauern von etwa 1 m Höhe. Das Grab hat einen Durchmesser von 10,15 m, einen 25 m langen Drómos und ist etwas älter als das berühmte „Atreusgrab" (Schatzhaus des Atreus) in Mykenai. Im Grab war ein Krieger mit reichen Beigaben bestattet (1500 v. Chr.), die heute im Nationalmuseum in Athen zu besichtigen sind.

IV. Menelaion – Chrýssapha – Zaraphóna

Menelaion

Das Heiligtum „Menelaion" ist – ähnlich wie das „Amyklaion" – in seiner historischen und kulturellen Entwicklung sehr eng mit dem antiken Sparta und der spartanischen Geschichte verknüpft.

Auf der Straße nach Geraki, die von Sparta in südöstlicher Richtung abgeht, führt nach 4,5 km ein Fußweg zu einem Ort, den man mit der kleinen spätmykenischen Siedlung Therápne identifiziert hat. Therápne befand sich zwischen den heutigen Ortschaften Chrýssapha und Goritsá und wurde nach der Tochter des Lelex benannt. Der Ort ist – nach Amýklai – die zweite prähistorische Siedlung, die bereits seit der frühen Bronzezeit bewohnt war.

An dieser Stelle, genau Sparta gegenüber, am linken Ufer des Eurotas und auf einem zum Fluß steil abfallenden Höhenzug namens Ágios Elías – etwa 80 m über dem Eurotas-Tal –, befindet sich das sog. „Menelaion". Pausanias (III, 19,9) erwähnt hier einen Tempel des Menelaos, nach dem das Gelände seinen Namen erhielt, auf dem sich aller Wahrscheinlichkeit nach auch die Gräber des Menelaos und seiner Gemahlin Helena befanden. Die englischen Ausgrabungen der Jahre 1909/10 haben mehrere Funde zutage gefördert, welche die Existenz einer alten Kultstätte an dieser Stelle bezeugen. Neben Menelaos wurde hier auch Helena verehrt, vielleicht im Sinne der alten mächtigen Göttin; denn seit dem 7. Jahrhundert v. Chr. wurden hier die gleichen Weihegeschenke dargebracht wie im Heiligtum der Orthía. Zur genauen und endgültigen Identifizierung der Kultstätte als Menelaos-Helena-Heiligtum trugen die z.T. mit Inschriften versehenen Funde bei, die nochmalige englische Ausgrabungen in den Jahren 1973–75 ans Licht brachten. Von der mykenischen Siedlung (hier hat auch Heinrich Schliemann z.T. Ausgrabungen geführt, die jedoch unvollendet blieben) existierte bereits in spartanischer Zeit außer dem Menelaos- (ursprünglich Helena-) Heiligtum so gut wie nichts mehr. Die Siedlung wurde vielleicht während der dorischen Invasion völlig zerstört. Vom Heiligtum selbst sind die Fundamente ausgegraben: ein pyramidenartiger Sockel (Stufenbau) aus dem beginnenden 5. Jahrhundert v. Chr. aus riesigen, gut bearbeiteten Porosquadern mit den Ausmaßen 1,50 x 0,65 x 0,55 m. Die eigentümliche Stufenform wirft heute noch Rätsel auf: Es ist nicht sicher, ob es sich dabei um den Unterbau eines Tempels, eines Altars oder eines Grabes handelt.

In der Nähe des Menelaion, auf dem gegenüberliegenden Eurotas-Ufer, befand sich früher das sog. „Phoibaion“ (vielleicht der Halbgöttin Phoibe, der Frau des Polydeukes, geweiht) mit einem Tempel der Dioskuren, in dem die Epheben opferten. Sein genauer Standort ist jedoch noch nicht lokalisiert, er wird beim heutigen Dorf Kalogoniá vermutet.

Chryssapha (Chrýssapha)

Dieses Dorf auf dem Hochland des Parnon ist 18 km südlich von Sparta gelegen. Es soll seinen Namen nach der Gattin des Kaisers Andronikos II. Palaiologos (1282–1328), Chryssáphe, erhalten haben, unter deren Obhut das gesamte Gebiet um Chryssapha stand.

Der Ort besaß früher drei große Festungen, und dies erlaubte seinen Bewohnern besonders während des Orloffschen Aufstandes (1769), sehr massiv gegen die Türken aufzutreten, doch wurden sie von diesen vernichtend geschlagen, so daß die wenigen Überlebenden nur auf die ägäischen Inseln flüchten konnten. Erst um 1830 kamen sie in ihr Dorf zurück.

Chryssapha ist heute seiner alten Kirchen wegen sehenswert. Man fährt zunächst die Hauptstraße Sparta–Tripolis und biegt gleich hinter der Eurotas-Brücke rechts ab in Richtung Geraki. Die erste Schotterstraße nach links führt nach Chryssapha.

Nach 6,5 km von dieser letzten Abzweigung aus erreicht man das *Nonnenkloster Moní Ágii Tessarákonta* (Kloster der Vierzig Heiligen), das, wie der Name besagt, den heiligen Vierzig Märtyrern – nach einer hier befindlichen Ikone aus dem 12. Jahrhundert – geweiht ist. Die heutige Klosteranlage entstand im 16. oder 17. Jahrhundert. Im Klosterhof stehen zwei Kirchen, von denen die größere, wohl das Katholikón, eine viersäulige Kreuzkuppelkirche, schöne Fresken, wahrscheinlich aus dem 15. Jahrhundert, aufweist. Eine dritte, in den Fels gehauene Kreuzkuppelkirche ist hinter dem Kloster zu sehen.

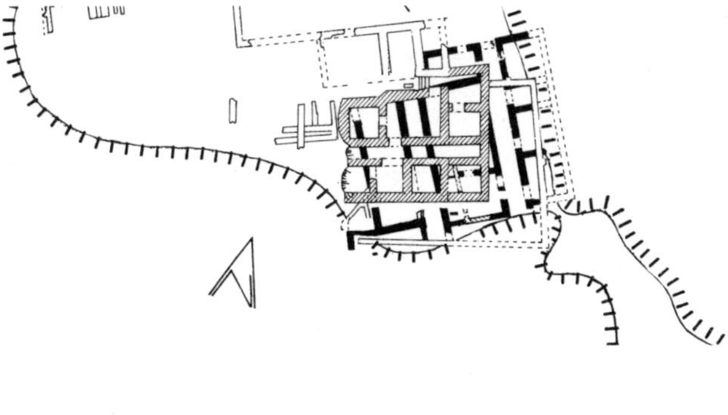

Plan der Ausgrabungen am Menelaion

Man fährt die Hauptstrecke zurück, und nach 9 km erreicht man *Chryssapha*. Hier sind die Kirchen meist verschlossen, werden jedoch auf Wunsch geöffnet. Man erkundigt sich am besten im Kafeníon (= Kaffee-Haus) nach den Schlüsseln.

Im Dorf selbst befinden sich die Kirchen Ágios Dimítrios aus dem Jahre 1641 in basilikaler Form mit Transept und die Koímesis-Kirche (= Marienschlaf-Kirche), eine viersäulige Kreuzkuppelkirche aus dem 14. Jahrhundert. Ihr Inneres ist gänzlich mit Fresken aus dem 17. Jahrhundert ausgemalt. Auf dem Weg zum Friedhof, im oberen Teil des Dorfes, kommt man bei der kleinen, von außen recht unscheinbar wirkenden Kirche (einschiffig mit kleiner Apsis) des Ágios Nikólaos vorbei, die im Inneren mit qualitätvollen Fresken mit Szenen aus dem Leben des Kirchenpatrons geschmückt ist.

Zwei weitere sehenswerte Kirchen sind außerhalb des Dorfes zu besichtigen: die der Panagía Chryssaphiótissa, der Muttergottes von Chryssapha, von 1290, und die des Ágios Ioánnis Pródromos, des Johannes des Täufers. Der etwa 1,5 km lange Weg zu diesen Kirchen ist ausgeschildert und beginnt gleich am Eingang des Dorfes rechts.

Panagía Chryssaphiótissa, nach einer wunderbaren Ikone so genannt (siehe auch: Monemvasia), ist eine Kreuzkuppelkirche mit Narthex und Exonarthex und einer originellen Apsiskonstruktion im Osten. Zwischen Kuppel und Apsis erhebt sich über der Kirche ein hoher Festungsturm, der an seiner östlichen Wand die Rundung der mittleren Apsis im Untergeschoß übernimmt und weiterführt, so daß auch dieser Turm eine Apsis besitzt. Außerdem lassen die Bogenstellungen und die Grundmauern von anderen Gebäuden an ihrer Südseite die Kirche als das Katholikón einer Klosteranlage erkennen. Die Fresken im Inneren befinden sich in einem recht schlechten Zustand. Man erkennt einige Szenen und Einzelfiguren, wie den Pantokrator in der Kuppel oder Teile der „Verkündigung Mariens“ auf dem linken Pfeiler des Triumphbogens vor dem Altarraum.

Die Ágios-Ioánnis-Kirche steht ca. 100 m nördlich der Chryssaphiótissa. Sie ist eine kleinere Vierpfeiler-Kreuzkuppelkirche, ebenfalls mit Fresken geschmückt, von denen noch der Pantokrator in der Kuppel, die Evangelistengestalten in den Kuppelpendentifs und Reste der „Verklärung Christi auf dem Berg Tabor“ zu erkennen sind. Die Kirche gehörte zusammen mit der Chryssaphiótissa zum gleichen Kloster.

Zaraphona (Zaraphóna, auch Kallithéa genannt)

Etwa 3 km westlich von Geraki in Richtung Sparta zweigt eine Straße nach Norden ab und führt nach Zaraphona (14 km). Die Ortschaft befindet sich auf 750 m Höhe in der Nähe der arkadischen Grenze. Hier ist eine Kirche aus dem 12. Jahrhundert zu sehen. Von dort in etwa 30 Minuten Fußweg erreicht man eine gut erhaltene Festung aus fränkisch-byzantinischer Zeit.

V. Die Ruinenstadt Mystras

Die Ruinenstadt von Mystras (griechisch: Mystrás) befindet sich auf einem kegelförmigen Hügel am Fuß des Gebirges Taygetos, 6 km nordwestlich von Sparta, auf dem Weg nach dem messenischen Kalamata. Sie erstreckt sich über den Hang des Vorberges, in drei Zonen geteilt, von denen jede von einer mächtigen Mauer geschützt wird: Ganz unten, in der Unterstadt, erheben sich die Kirchen und Klöster sowie zwei- bis dreistöckige Häuser. Überwölbte Passagen (Diavatiká), Brunnen und Kapellen ergänzen das Bild. In der zweiten, höher gelegenen Zone der Oberstadt sieht man die Paläste, die Patrizierhäuser sowie weitere Kirchen. Den Gipfel des Hügels nimmt schließlich die dritte Zone ein, die von der mächtigen, uneinnehmbaren Burg, dem ältesten Bauwerk von Mystras, gekrönt wird.

Von der mittelalterlichen Stadt sind heute sieben Kirchen, die Paläste und die Umrisse der Burg einigermaßen gut erhalten, alles andere steht stark verwittert und in ruinösem Zustand. Und doch bietet Mystras dem Besucher ein eindrucksvolles, einmaliges Bild. Denn es ist eines von den ganz wenigen Beispielen großer Städte des byzantinischen Kaiserreichs, die uns in dieser umfangreichen wie auch typischen Form erhalten geblieben sind.

Geschichte – Mystras als geistiges Zentrum

Die Geschichte von Mystras beginnt mit der Errichtung der fränkischen Burg im Jahre 1249 durch Guillaume de Villehardouin. Aus der Zeit vor dieser Gründung ist uns nichts über Mystras bekannt, außer daß der Ort damals Mysethrás hieß. Mysethrás dürfte entweder der Name eines Grundbesitzers der Gegend gewesen sein oder aber auch eine Berufsbezeichnung bedeuten, denn myséthra heißt heute noch eine bestimmte Käsesorte (Sahnekäse) und Mysethrás dürfte demnach der Hersteller von myséthra sein. Mystras könnte nun die abgeschliffene Form von Mysethrás sein, die sich bis heute noch erhalten hat. Ob der Hügel von Mystras vor dem Jahr 1249 bewohnt war, wissen wir nicht. Im Gegensatz zu den meisten der Stadt Sparta benachbarten Gebieten oder Ortschaften hat man in Mystras und in der unmittelbaren Nähe des Hügels noch keine Spur klassischer oder vorklassischer Siedlungen feststellen können. Die Inschriften, die antiken Marmorfragmente sowie einzelne Stücke, wie der Marmorsarkophag im Hof der Metropolis, sind Teile des Baumaterials, welches man sich aus den Gebäuden der verlassenen Stadt Sparta holte, um die neue Stadt Mystras bauen zu können.

Die Eroberung Konstantinopels durch die Lateiner während des 4. Kreuzzuges im Jahre 1204 leitete eine neue Epoche in der byzantinischen Geschichte ein, welche die Griechen mit „Frankenherrschaft" benennen. Der byzantinische Kaiser floh mit seinem Hof nach Nikaia in Kleinasien, in Konstaninopel wurde ein lateinisches Kaiserreich gegründet, und gleichzeitig wurden die übrigen Teile des byzantinischen Reiches unter den Führern der Kreuzritter und Teilnehmern des 4. Kreuzzuges verteilt, von denen jeder für sich einen kleinen autonomen Staat, eine Baronie, gründete. Einen der bedeutendsten dieser Kleinstaaten bildete das sog. Fürstentum von Achaja, dessen Herren, Geoffrey I. und Geoffrey II. de Villehardouin, vergeblich versuchten, ihre Hegemonie über ganz Moréas – wie der Peloponnes damals hieß – auszudehnen. Ihre Bemühungen stießen auf Widerstand seitens der griechischen Bevölkerung. Erst 1248 gelang es Guillaume II. de Villehardouin (1245–1278), mit Hilfe der Venezianer die mächtige Burg von Monemvasia an der Ostküste Lakoniens zu erobern. Dadurch wurde der griechische Widerstand entscheidend gebrochen, der Weg zu den restlichen Gebieten Lakoniens stand den Lateinern offen. Ein Jahr später, 1249, wurde die Burg von Mystras errichtet. Es ist sehr wahrscheinlich, daß auch eine kleine fränkische Siedlung außerhalb der Burg um dieselbe Zeit entstand. Kurz danach wurde eine weitere Festung durch Guillaume II. de Villehardouin, die sog. Megáli Máni (= Groß-Mani), auf der Halbinsel Mani gegründet. Mit dieser letzten Gründung wurde die Befestigungslinie, die sich wie ein Bogen von Südosten nach Norden und wiederum nach Südwesten (Monemvasia–Mystras–Mani) durch ganz Lakonien zog, abgeschlossen. Allerdings blieb Villehardouin nicht lange der Herr dieser Festungen. Zehn Jahre später, 1259, kam es zu heftigen Auseinandersetzungen zwischen den fränkischen Eroberern und dem byzantinischen Kaiserreich von Nikaia; die Schlacht von Pelagonia (1259) endete für die Franken mit einer schweren Niederlage, der Fürst von Achaja selbst wurde gefangengenommen. Um seine Freiheit zurückzuerlangen, sah sich Guillaume de Villehardouin 1262 gezwungen, dem byzantinischen Kaiser Michael VIII. Palaiologos die vier größten Festungen Lakoniens – Monemvasia, Mystras, Maina und Geraki – zu übergeben. Diese vier Stützpunkte, die für die Byzantiner von zunächst großer militärischer Bedeutung bei der Rückeroberung des Peloponnes waren, bildeten bald den Ausgangspunkt für eine kulturelle Expansion, die bis zur Eroberung durch die Türken dauerte.

Mystras wurde nun der Sitz des byzantinischen Statthalters auf dem Peloponnes. Dabei handelte es sich anfangs um einen Militär-Gouverneur, der jährlich wechselte. Die militärischen Auseinandersetzungen mit den Franken gingen jedoch noch eine Zeitlang weiter. Nach der Schlacht von Makryplági

Perívleptos-Kloster in Mystras, Lithographie von Guiaud nach einer Zeichnung von de Sinety

1264, bei der die Byzantiner eine Niederlage erlitten, verließen die Einwohner von Sparta ihre Stadt, da sie während dieser kriegerischen Auseinandersetzungen sehr unsicher in der Eurotas-Ebene lebten, und siedelten sich im Schutz des befestigten Hügels von Mystras an. Neben der ehemaligen fränkischen Burg, dem Palast des Statthalters und einigen wenigen Bürgerhäusern entstand nun die erste richtige Wohnsiedlung in Mystras, die sich in den darauffolgenden Jahrzehnten zu einer Stadt entwickelte. Es entstanden weitere Patrizier- und Bürgerhäuser, Kirchen wurden gebaut – 1291 bekam die Stadt ihre Metropolis – und Klöster gegründet, der Palast wurde erweitert. Neben den militärischen Führern erschienen auch bald solche, die die kulturelle Führung übernahmen. Persönlichkeiten wie der Generalvikar Pachómios oder der Gelehrte Nikiphóros Moschópoulos entwickelten eine politische und kulturelle Aktivität von beachtlichem Ausmaß: Sie gründeten Klöster und Kirchen, eine Bibliothek und eine Gelehrtenschule. Die Stadt von Mystras wuchs rasch, ihre Bedeutung ebenso. Da entschloß sich die Hauptstadt des Reiches im Jahre 1308, anstelle der jeweils auf ein Jahr bestellten Statthalter-Generäle, fortan solche auf Lebenszeit einzusetzen, die aus der unmittelbaren Umgebung des byzantinischen Kaisers kamen. Der nächste Schritt in diesem Prozeß geschah im Jahre 1348, als sich Kaiser Johannes VI. Kantakouzenós angesichts der unstabilen politischen Lage auf dem Peloponnes gezwungen sah, seinen zweiten Sohn Manuel als Herrscher, mit dem Titel eines Despoten, nach Mystras zu schicken. Mit der Entsendung Manuels nach Mystras wurde das Despotat von Moréas geschaffen.

Manuel Kantakouzenós (1348–1380) war ein fähiger Despot, dem es in seiner langjährigen Herrschaft gelang, die Einfälle von Franken und Türken aufzuhalten und den inneren Zwistigkeiten und Kämpfen lokaler Führer und Machthaber ein Ende zu bereiten. Während seiner Herrschaft gediehen Frieden und Wohlstand in Mystras: Die Entstehung weiterer Bauwerke (z.B. des Zoodótes-Klosters) oder bedeutender Kunstwerke, wie der Wandmalereien der Perivleptos-Kirche, belegen dies.

Manuels Nachfolger wurde sein Bruder Matthäos (1380–1383); diesem folgte sein Sohn Dimítrios, mit dem die Herrschaft der Kantakouzenen zu Ende ging, als er versuchte, die Abhängigkeit des Despotats von Konstantinopel zu lösen. 1380 kam auch der abgesetzte Kaiser Johannes VI. Kantakouzenós, Vater von Manuel und Matthäos, nach Mystras, wo er seine letzten drei Lebensjahre als Mönch Josaph verlebte. In Konstantinopel herrschte inzwischen ein neuer Kaiser, Johannes V., aus der Familie der Palaiologen; kamen von nun an aus dieser Familie die Despoten von Mystras.

Zuerst wurde Theódoros, Sohn des Kaisers Johannes V. und Sieger über seinen Widersacher Dimítrios, Despot von Moréas (1383–1407). Unter ihm entstand eine noch engere Beziehung zwischen Mystras und der Hauptstadt des Reiches, gleichzeitig begann eine Expansionspolitik, die den Machtbereich des Despotats bald über die Grenzen der Stadt Mystras hinaus fast über den ganzen Peloponnes ausdehnte. Zu dieser Zeit war das Despotat von außen her ständig durch Türken, Navarresen und Venezianer bedroht. Im Inneren waren die Beziehungen zwischen der Zentralgewalt des Despoten und den Feudalherren im Lande meist von großen Spannungen charakterisiert. Hinzu kamen die häufigen Zwistigkeiten innerhalb der kaiserlichen Familie, die die politische und kulturelle Entwicklung des Despotats zwar erschwerten, sie jedoch nicht entscheidend in Frage zu stellen vermochten.

Eine wichtige Rolle spielten dabei nicht zuletzt die Franken, die offensichtlich immer noch einen starken Einfluß auf das griechische Leben ausübten. Um die Macht der Franken in Grenzen zu halten und deren Einfluß unter Kontrolle zu bringen, aber auch aus politischer Notwendigkeit, sahen sich fast alle Despoten dazu gezwungen, ein Bündnis mit den Lateinern zu schließen, indem sie fränkische Prinzessinnen heirateten. Von diesen Verbindungen wurde nicht nur das politische, sondern auch das künstlerische Leben von Mystras geprägt, und diese historischen Gegebenheiten erklären die abendländischen Tendenzen und Eigentümlichkeiten, die zweifellos bei vielen Kunstwerken in Mystras vorhanden sind.

Andererseits waren diese Verbindungen Anlaß für ständige Konflikte zwi-

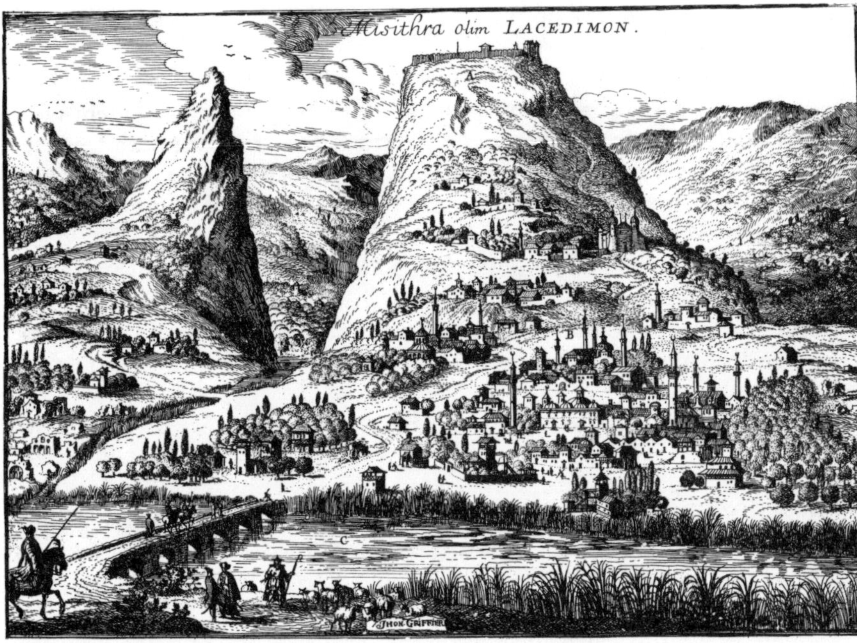

Mystras, Stich von John Griffier nach einer Zeichnung von Bernard Randolph

schen griechischer und fränkischer Bevölkerung, und oft entstand hieraus offene Feindschaft zwischen dem griechischen Volk und seinen Despoten. Dies wurde deutlich, als Theódoros I. Palaiologos, um der türkischen Gefahr zu entgehen, die Johanniterritter von Rhodos zur Hilfe rief und ihnen Mystras verkaufte. Die Übergabe der Stadt an die Ritter fand jedoch nicht statt, denn als im Jahre 1402 die Vertreter des Ordens erschienen, um ihre Rechte geltend zu machen, erhoben sich die griechischen Einwohner und jagten sie zusammen mit dem Despoten aus der Stadt. Theódoros floh nach Monemvasia und sah sich gezwungen, den Abtretungsvertrag mit den Johannitern zu widerrufen und Frieden mit den Türken zu schließen.

Sein Nachfolger war sein Neffe Theódoros II. (1407–1433), Sohn des Kaisers Manuel II. Palaiologos, der selbst großes Interesse für das Despotat zeigte und sich in Mystras zweimal für längere Zeit aufhielt. Im Jahre 1423 gelang es den Türken, bis nach Mystras vorzudringen und den Peloponnes zu verwüsten. In den darauffolgenden Jahren erzielte jedoch Theódoros II. zusammen mit seinem Bruder Johannes VIII., dem neuen byzantinischen Kaiser, große militärische und diplomatische Erfolge. Konsequenz hiervon war, daß um 1429 der gesamte Peloponnes endgültig von den Griechen gewonnen wurde. Einzige Ausnahmen bildeten damals ein paar venezianische Festungen an der Küste, wie Methóni und Koróni im Süden und Nauplion (Nauplia) im Nordosten des Peloponnes.

Während dieser ganzen Zeit entwickelte sich das Despotat zu einer der wichtigsten Provinzen des byzantinischen Reiches, politisch zu einem sicheren Vorposten und zum Zentrum byzantinischen Kulturgutes. Eng verknüpft mit dieser Entwicklung und mit Mystras nach 1400 ist der Name des Philosophen Geórgios Gemistós Plethon. Geboren und aufgewachsen in Konstantinopel studierte er in der Hauptstadt die Schriften der antiken Philosophen, vertiefte sich in die Philosophie Platons, dessen Hauptvertreter er wurde. 1395 wurde er von Kaiser Manuel II. als Berater des Despoten nach Mystras geschickt und mit dem Amt des Obersten Richters betraut, d. h. des Vorsitzenden eines von Kaiser Manuel eingesetzten Appellationsgerichtshofes.

Der Philosoph und Staatsmann beschrieb die Geschichte Griechenlands bis zu seiner Zeit und gründete in Mystras eine Philosophenschule, in der sich nicht nur Persönlichkeiten des byzantinischen Humanismus, sondern auch bedeutende Gelehrte aus dem Westen sammelten. Das Bestreben des Philosophen, der sich selbst den antikisierenden Namen Plethon gab, war die Wiedergeburt der Platonischen Philosophie. Der Poet und Metaphysiker Platon hat Plethon mehr als der Pragmatiker Aristoteles interessiert. Die Ideenlehre Platons ließ sich auch besser mit der Frage des Christentums nach der Seelenrettung in Einklang bringen. Denn die christliche Zeit, in der Plethon lebte, beschäftigte sich weniger mit der Frage, was Leben und Kosmos sei, sondern suchte vielmehr nach Möglichkeiten, den Menschen von dieser Welt zu befreien.

Andererseits erschien Plethon die Philosophie Platons als die denkbar geeignetste, um den Geist seiner Epoche und ganz speziell der byzantinischen Gesellschaft aus dem Stillstand der christlichen Tradition zu lösen. Der Politiker und Staatstheoretiker Plethon sah damals schon die bevorstehende Katastrophe, den baldigen Niedergang des byzantinischen Reiches voraus. So überlegte er, wie das Griechentum gerettet werden könnte, auch wenn das Reich und Konstantinopel verloren gingen. Der beste Ort für die Verwirklichung dieser Idee schien ihm der Peloponnes, ja Mystras selbst, zu sein. In diesem Sinne entwickelte Plethon das Konzept einer Gesellschaftsordnung, mit der es möglich sein sollte, das Despotat von Moréas und nicht zuletzt ganz Griechenland – südlich vom Olymp, mit den ägäischen und ionischen Inseln – zu einem Staat zu ordnen. Diese Staatsidee Plethons blieb jedoch Utopie, denn der Verfall des Reiches im griechischen Bereich, und damit in seinem wichtigsten Lebensraum, war unaufhaltsam.

Wenn auch der Philosoph in diesem Punkt seine Ideen nicht verwirklichen konnte, hat er jedoch etwas erreicht, was man leicht übersieht. Im Jahre 1438/39 kam Plethon (82jährig) nach Italien als Begleiter Kaiser Johannes'

VIII. Palaiologos zum Unionskonzil in Ferrara und Florenz. Die Vorträge über Platon, die er in Florenz gehalten hat, haben eine so starke Begeisterung unter den Humanisten Italiens hervorgerufen, daß sie Cosimo de' Medici zur Gründung der berühmten Platonischen Akademie von Florenz veranlaßt haben. Der Boden dafür wurde von seinen Schülern Manuel und Johannes Chrysolorás vorbereitet. Manuel Chrysolorás (um 1350–1415) kam um 1400 nach Florenz, um an der Universität Griechisch zu lehren. Einer der bedeutendsten Schüler Plethons in Mystras, der ebenfalls am Konzil teilnahm, war Bessaríon, damals noch Titularbischof von Nikaia, später Kardinal beim römischen Stuhl. Der griechische Gelehrte und Philosoph besaß eine umfangreiche Sammlung griechischer Codices, die er 1468 der Republik von Venedig schenkte. Diese Schenkung war der erste Schritt zur Gründung einer öffentlichen Bibliothek in Venedig.

Es hat in Mystras schon früher eine Schicht von Intellektuellen und Kunstliebhabern gegeben, wie z.B. den Metropoliten Nikiphóros Moschópoulos (1289–1316), der die Metropolis erbauen ließ, oder den Generalvikar des Peloponnes Pachómios, den Stifter des Vrontóchion-Klosters. Doch die Anwesenheit des Philosophen Plethon und seiner Schüler nach 1400 war Anlaß zu einer intensiveren Beschäftigung mit der antiken Philosophie und Literatur. Dies dauerte bis zum Ende des Despotats an. Zur gleichen Zeit bildete sich eine Kunstrichtung heraus, die – aus der langjährigen Tradition von Mystras heraus – eine wunderbare Mischung von lokalen Stilelementen mit hauptstädtischen Formen in Architektur und Malerei zeigt.

Politisch bietet die Krönung des Despoten Konstantínos Palaiologos 1449 in Mystras eins der letzten und wichtigsten Ereignisse im Despotat. Der Bruder des Theódoros II., der zuvor in Glaréntza und Kalávrita und zuletzt von 1443–1449 in Mystras Despot war, wurde hier als Konstantínos XII. Dragázes zum letzten Kaiser von Byzanz gekrönt und nach Konstantinopel geschickt, das schon seit einiger Zeit von den Türken bedroht war. Im Jahre 1453 starb er bei seinem verzweifelten und hoffnungslosen Unterfangen, die Stadt zu verteidigen.

Konstantinopel fiel endgültig in die Hände der Türken. Sieben Jahre später, 1460, übergab sein Bruder Dimítrios Palaiologos als letzter Despot die Stadt Mystras den Türken, deren Macht inzwischen so gewachsen war, daß sie innerhalb eines Jahres den ganzen Peloponnes erobern konnten.

Mystras verlor seine ursprüngliche Bedeutung und seine führende Position, die es im byzantinischen Reich innehatte und sank zum Verwaltungssitz eines türkischen Bezirks herab, der 118 Dörfer umfaßte. Im Wechsel mit Korinth war Mystras zugleich der Sitz des Paschas von Moréas.

Außer dem Kunsthandwerk und der Malerei, die man in dieser Zeit weiterpflegte, wurden sonstige bedeutende künstlerische Aktivitäten, vor allem die Bautätigkeit, stark reduziert und schliefen zum Teil gänzlich ein. Be-

Plan von Mystras

1 Marmára-Brunnen,	9 Despoten-Paläste,	16 Ágii Theódori-Kirche,
2 Kapellenruinen,	10 Moschee,	17 Panagía Odigítria),
3 Ágios Geórgios-Kapelle,	11 Agía Sophía-Kirche,	18 Metrópolis,
4 Krevatás-Haus,	12 Festung,	19 türkischer Brunnen,
5 Perívleptos-Kloster,	13 Kleiner Palast,	20 Herrenhaus,
6 Phrangópoulos-Haus,	14 Ágios Nikólaos-Kirche,	21 Láskaris-Haus,
7 Pantánassa-Kloster,	15 Evangelístria-Kirche,	22 Ágios Ioánnis-Kapelle,
8 Monemvasia-Tor,	16, 17 Vrontóchion-Kloster	23 Ágios Christóphoros-Kapelle

rühmt war damals die Herstellung von Seide, die den Bewohnern von Mystras für einen langen Zeitraum noch einen gewissen Wohlstand sicherte. Im Jahre 1464 unternahmen die Venezianer einen Versuch, Burg und Stadt von Mystras zu erobern. Dem Herrscher von Rimini und Befehlshaber der venezianischen Streitkräfte, Sigismondo-Pandolfo Malatesta, gelang zwar, bis in die Stadt vorzudringen, doch blieb der Versuch, die Burg zu erobern, erfolglos. In der Stadt vermochte sich Malatesta nicht lange zu halten, und als er sich gezwungen sah, sich zurückzuziehen, nahm er die Gebeine des bereits 1442 verstorbenen Philosophen Plethon mit, brachte sie nach Rimini und ließ sie dort in der Kirche San Francesco, bekannt als Tempio Malatestiano, inmitten anderer Gelehrten seines Hofes bestatten. Die Inschrift auf dem Sarkophag preist ihn als „den ersten aller Philosophen und Gelehrten".

Erst 1687 gelang es den Venezianern unter Francesco Morosini, Mystras einzunehmen. Sie behielten die Stadt bis 1715. In dieser Zeit blieb Mystras mit seinen 42 000 Einwohnern, nicht zuletzt dank der Seidenindustrie, ein blühendes Handelszentrum. 1715 eroberten die Türken die Burg zurück – die Venezianer hatten den Verwaltungssitz der Provinz Lakonien bereits nach Monemvasía verlegt. Von hier aus trieben sie ihren Handel und den Seekrieg gegen die Türken weiter.

Erneut in den Händen der Türken verfiel die Stadt nach und nach. Der Orloff-Aufstand von 1770 befreite zwar für wenige Monate die Stadt von den Türken, blieb jedoch ohne wesentliches Ergebnis. Damals wurde die Stadt von den Albanern, die die Türken zu Hilfe gerufen hatten, mit großer Brutalität zerstört.

Zu Beginn des 19. Jahrhunderts war die Oberstadt von Mystras fast ganz verkommen, die berühmte Seidenproduktion sehr stark zurückgegangen, die Einwohnerzahl hatte sich auf nur noch 16 000 reduziert. Berichte von europäischen Reisenden aus jener Zeit geben uns ein anschauliches Bild vom damaligen Zustand von Mystras. Ihnen zufolge konnte man mehr Ruinen als Häuser sehen. Und doch muß die einst prachtvolle Stadt selbst in diesem ruinösen Zustand noch eine besondere Faszination ausgeübt haben. Es ist kein Zufall, daß damals zwei der größten deutschen Dichtungen in Verbindung mit Mystras entstanden, Goethes „Faust", Teil 2, und Hölderlins „Hyperion". Beim Ausbruch des griechischen Befreiungskampfes im Jahre 1821 wurde Mystras von den Manioten unter Petrobey Mavromichális erneut befreit, 1825 von den ägyptischen Truppen unter Ibrahim Pascha in Brand gesteckt und entvölkert. Die wenigen Einwohner von Mystras siedelten 1834 endgültig nach Sparta um, das in diesem Jahr unter König Otto neu gegründet worden war.

Die Unterstadt

Metrópolis (= Kathedrale) (18)

Die Metrópolis ist Teil eines Baukomplexes, der am nordöstlichen Innenrand der Mauer der Unterstadt liegt. Der Weg zu diesem Baukomplex führt an der Südseite der Kirche vorbei; durch einen großen Rundbogen an der Südwestseite der Mauer mit einem Ikonostásion aus späterer Zeit gelangt man in den äußeren westlichen Hof. Hier steigt man eine dreiseitige Treppe hinunter in einen größeren inneren Hof. An seiner rechten Wand steht ein Brunnen, von einem Bischof Chrýsanthos im Jahre 1802 erbaut, wie man der mit dem Doppeladler geschmückten Inschrift entnimmt. Hinter dem Brunnen führt eine enge, überdachte Treppe hinauf zum „Gynaikonítes", zur Empore, die für die Frauen bestimmt war. An der Mauer dieser Treppe findet sich eine Marmorplatte mit der Inschrift des Erbauers der Kirche: ,,Dieses heilige Haus hat der Vorsteher von Kreta Nikiphóros unter Mitarbeit seines Bruders Aaron erneuert, als Andrónikos Palaiologos mit seinem Sohn Michael das Zepter hielt. Die Vorbeigehenden sollen zu Gott beten und um Vergebung der Sünden der Erbauer bitten, damit der himmlische Richter, wenn er eines Tages die ganze Welt richtet, die Erbauer zu den Schafen an seiner Rechten stellt. + Im Jahre 6800 +.“

Diesen obengenannten Nikiphóros hat man inzwischen mit Nikiphóros Moschópoulos identifiziert, einem Titular-Metropoliten (Próedros) von Kreta und späteren Metropoliten von Lakedaimonien. Moschópoulos war als Kopist von Handschriften sehr bekannt, außerdem Besitzer einer bedeutenden Bibliothek und Gelehrter. In dieser Eigenschaft hat er sicherlich eine gewisse Rolle in den politischen und kirchlichen Angelegenheiten seiner Zeit gespielt. Das Jahr 6800 (seit Erschaffung der Welt) entspricht dem Zeitraum 1291–1292 n. Chr. Eine weitere Inschrift des Stifters Nikiphóros befindet sich auf dem Türsturz über dem Hauptportal der Kirche im Westen.

Die Kirche des Nikiphóros, die anstelle der alten, aufgegebenen Metropolitankirche von Sparta aus dem 9. Jahrhundert n. Chr. erbaut wurde, erhielt als solche das traditionelle Schema einer Basilika: Sie wurde durch zwei Reihen von je drei Säulen in drei Schiffe geteilt, von denen das Mittelschiff wesentlich höher war als die Seitenschiffe. Die Schiffe waren anfangs mit einem Tonnengewölbe bedeckt. Doch die Kirche hat sich in ihrer ursprünglichen Form nicht erhalten: Im 15. Jahrhundert versuchte ein Bischof namens Matthäos, das basilikale Schema der Kirche dem Bauschema der Afendikó- und der Pantánassa-Kirche anzupassen. Er ließ Dächer und Gewölbe der Basilika bis hinunter zu den Säulen abreißen und das Obergeschoß einer Kreuzkuppelkirche mit fünf Kuppeln und einer Frauen-Empore daraufbauen. Diese Kombination einer Basilika im unteren Teil mit einer Kreuzkuppelkirche im oberen, die recht ungewöhnlich innerhalb der byzantinischen Architektur ist, findet sich in Mystras nochmals: bei der Afendikó-Kirche – dort aller-

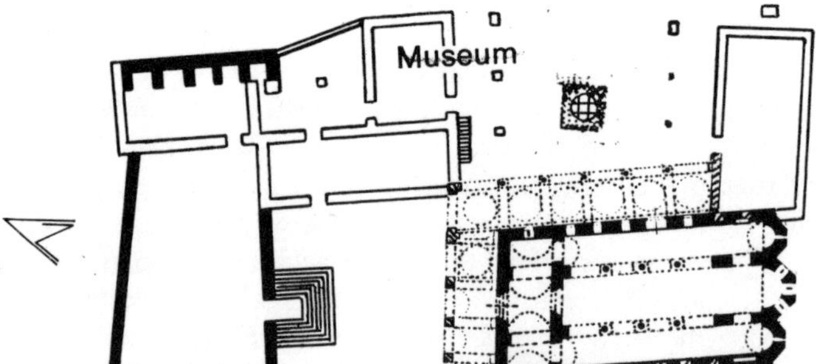

Mystras, Metrópolis

dings wirkt der Baukörper leichter und scheint in den Proportionen besser gelungen – und bei der Kirche der Pantánassa.

Diese zwei Bauphasen spiegeln sich auch im Äußeren der Kirche wider. An der Süd- und Westfassade ist der von Matthäos stammende Aufbau am besten erkennbar, der wohl bei dem schmalen skulptierten Band beginnt. Während die Südseite der Kirche bis fast zur Mitte in den Erdboden eingelassen und etwas nachlässig gebaut ist, wurde die Westfassade später mit einer Vorhalle geschmückt, die auf drei Pfeilern mit je einem Tonnengewölbe ruht. Diese Arkadenvorhalle, die der Kirche eine gewisse Schwere verleiht, wird an ihrem Nordende durch einen kleinen Anbau, ebenfalls von Matthäos stammend, unterbrochen.

An die Nordseite der Kirche, von der aus man den Kirchenraum betritt, schließt sich ein schöner Innenhof an, der in seiner jetzigen Form – mit den Bogengängen an der Ost- und Westseite und den anschließenden Gebäuden an der Westseite des Hofes (ehemaliger Bischofspalast, jetzt Museum) – aus der Zeit der Türkenherrschaft stammt. Laut Inschrift wurde er im Jahre 1754 durch den Metropoliten Ananías Lambárdis von Dimitsána errichtet, der 1760 den Märtyrertod durch die Türken erlitt. Eine abgegrenzte Stelle rechts vom Eingang des äußeren Hofes erinnert an diesen Metropoliten.

Das Proávlion, der Bogengang entlang der Nordfassade der Kirche, ist etwas älter; er ist im 15. Jahrhundert anläßlich des Kirchenumbaues entstanden. Aus dieser Zeit stammt auch der Glockenturm an der südöstlichen Ecke des Kirchenkomplexes, der auf einer früheren Kapelle gebaut wurde und in seiner Form eher an einen schweren Befestigungsturm erinnert.

Am sorgfältigsten und schönsten ist jedoch die Ostseite mit den drei Apsiden gestaltet, die fast ganz aus der ersten Bauperiode stammt und deutlich die Struktur der alten Basilika zeigt. Diese Ostseite weist den charakteristischen byzantinischen Mauerbau auf, das sogenannte „backsteinumschlossene“ System, nach dem jeder einzelne der kleineren porösen Natursteine von Ziegelsteinen umschlossen ist. Diese Bauweise ist von der zweiten Hälfte des 10. Jahrhunderts an für die Kirchen auf griechischem Boden kennzeichnend.

Ebenso typisch ist auch der sogenannte Sägefries, der als Umrahmung die Fenster umgibt und auch als Doppelreihe unterhalb des Fensterabsatzes und oberhalb der drei Apsiden verläuft. Durch die enge Anordnung der Fenster, z.T. Doppelfenster, im unteren Teil der Apsiden wirkt diese ansonsten schön proportionierte Ostansicht der Metrópolis – im Gegensatz zu der schweren Westseite – leicht, ja fast zierlich.

Die Metrópolis ist dem Soldatenheiligen und Schutzpatron von Thessaloníki Dimítrios geweiht. Er war römischer Prokonsul in Achaja und starb während der Christenverfolgungen unter Diokletian und Galerius im Jahre 306 den Märtyrertod. Aus diesem Grunde nehmen das Porträt des Märtyrers und Szenen aus seinem Leben sowie sein Martyrium die Próthesis und den größeren Teil des nördlichen Schiffes ein. Die übrigen Wandteile der Kirche sind ebenfalls mit Fresken ausgeschmückt, die in stilistischer Hinsicht keine Einheitlichkeit zeigen. Man unterscheidet bei ihnen drei verschiedene Stilrichtungen bzw. „Schulen" und datiert die Fresken im Erdgeschoß in die letzten Jahrzehnte des 13. und die erste Hälfte des 14. Jahrhunderts. Die Fresken im Obergeschoß sind alle im 15. Jahrhundert anläßlich des Umbaues durch den Bischof Matthäos entstanden. Durch das Abtragen der Decken wurden damals die Fresken im oberen Teil arg beschädigt, so daß die Figuren in den Szenen des Mittelschiffes kopflos erscheinen. An dieser Nahtstelle hat man dann ein Reliefband mit Efeublättern angebracht.

Man nimmt an, daß die Freskoausschmückung im älteren östlichen Teil der Kirche aller Wahrscheinlichkeit nach in der Zeit zwischen 1270 und 1285 entstanden ist.

In der Mittelapsis ist die Muttergottes mit Kind stehend dargestellt, nach dem Typus der „Kyriótissa" (= Herrscherin) oder „Nikopoiós (= Siegbringerin). Links von ihr erschien früher der Stifter kniend und in Gebetsstellung. An der Apsis der Próthesis dominiert die monumentale halbfigurige Darstellung des heiligen Dimítrios. Das von hier ausgehende Nordschiff zeigt Heilige, Soldatenheilige und Märtyrer – letztere jeweils paarweise – in zwei Reihen, darüber Brustbilder von Heiligen in Medaillons, während an der Ostseite des Gewölbes – wie schon erwähnt – elf Szenen aus dem Leben und Martyrium des hl. Dimítrios und des hl. Nestor zu sehen sind. An der Westseite des Gewölbes sind die Wunder Jesu dargestellt: Heilung des Wassersüchtigen, Heilung des Gelähmten, die Samariterin, Heilung des Blinden und Heilung der Aussätzigen.

Die rechte Apsis, das Diakonikón, ist dem heiligen Ärztepaar Kosmas und Damian geweiht, die lebensgroß in der Nische dargestellt sind. An den Wänden sind in vier Szenen ihre Wundertaten abgebildet. Darüber sieht man eine „Majestas Domini", Christus, der zwischen Cherubim thront und von achtzehn an den Wänden dargestellten Engeln angebetet wird. Im Gewölbe erscheint die Etoimasía, die Vorbereitung des Thrones Christi: Sechs Engel knien in rhythmischer Bewegung zu beiden Seiten des Thrones, darüber schweben das Evangelienbuch, die Taube des Heiligen Geistes und das Kreuz. Die Fresken setzen sich im Südschiff der Kirche fort mit den Porträts weiterer Heiliger und Kirchenväter, mit fünf Szenen aus dem Leben Mariens, der Hochzeit zu Kana und der Darstellung Jesu unter den Schriftgelehrten. Hinzu kommen weitere Wunderszenen und Apostelbilder, die jedoch einen anderen Stil aufweisen.

Die bisher betrachteten Fresken zeigen eine Mischung von verschiedenen Stilmerkmalen, wie wir sie in den letzten Jahrzehnten des 13. Jahrhunderts wiederfinden: das Statische der Figuren, den linearen Faltenwurf, die Plastizität der Gesichter, ihren porträtähnlichen Realismus, die frontale Haltung –

z. T. Anlehnungen an die Ikonen-Malerei oder an ältere Menologien, d. h. Monatsbücher mit Heiligenlegenden. Eine gewisse archaisierende Haltung herrscht bei diesen Fresken vor, die jedoch nicht auf eine Unfähigkeit provinzieller und zweitrangiger Meister zurückzuführen ist, wie man bisher behauptet hat, sondern in ihrem bewußten Konservatismus vielmehr in enger Verbindung mit gleichzeitigen Wandmalereien in Konstantinopel selbst stehen. Dies beweist ein eingehender Vergleich mit den Fresken der Kirche der hl. Euphemía aus der Zeit um 1280.

Die Fresken des Mittelschiffes mit den Szenen aus dem Leben Christi zeigen einen völlig anderen Stil. Sie verlaufen oberhalb der Arkaden und haben ihren Ausgang in der Verkündigung Mariens an den Pfeilern des Triumphbogens: Links ist der Verkündigungsengel, rechts Maria dargestellt – also die typische Ikonographie des Triumphbogens. Es folgen die Szenen: Christi Geburt, Flucht nach Ägypten, Bethlehemitischer Kindermord, Darstellung Christi im Tempel, seine Taufe, Verklärung, Auferweckung des Lazarus, Einzug Jesu in Jerusalem, Abendmahl und Judas-Verrat. An der Westwand sind Spuren der Kreuzigung zu sehen.

Diese Reihe des Dodekáorton, des Zwölf-Feste-Zyklus, setzt sich im Narthex mit der Darstellung des Jüngsten Gerichts fort, die die Tonnengewölbe und den oberen Teil der Wände bedeckt.

Über der Tür ist Christus als Weltenrichter (beschädigt) dargestellt. Gegenüber sieht man die thronenden Apostel und die besser erhaltene Szene der Etoimasía: Links und rechts von einem schön dekorierten Thron sind die Engelscharen versammelt, zu ihren Füßen adorieren Adam und Eva das Kreuz. Gut erhalten sind auch die zwei Engel, die das Buch des Lebens lesen, zu beiden Seiten der Eingangstür. Die Szenen der Hölle mit den Qualen der Verdammten sind besonders reich an malerischen Details, nicht zuletzt durch die dekorativen Höllenflammen, durch die die Szenen voneinander getrennt sind.

An den unteren Teilen der West- und Ostwand sind die Ökumenischen Konzilien dargestellt.

All diese Darstellungen im Mittelschiff und im Narthex werden voneinander durch rote Streifen getrennt und zeigen die traditionellen ikonographischen Schemata. Doch in stilistischer Hinsicht sind sie viel lebhafter in Gestik und Handlung als die vorher besprochenen. Sie zeigen realistische Gesichter und elegante, anmutige Gestalten – Merkmale der palaiologischen Malerei im beginnenden 14. Jahrhundert.

Etwas später müssen wohl auch die bereits erwähnten Apostelgestalten und die Wunderszenen im westlichen Teil des Südschiffes entstanden sein. Die zwölf lebensgroßen Figuren sind in lebhafter Bewegung, mit flatternden Gewändern und grünen Schatten auf ihren Gesichtern dargestellt; Gesichtszüge und Körperkonturen zeigen eine malerische Undeutlichkeit, die sich in den Szenen der Wunder Christi in Galiläa wiederholt. Diese Szenen sind über den Aposteln in drei Zonen sowie im westlichen Tympanon angebracht. Das malerische Element tritt hier nochmals mit den Phantasiearchitekturen auf, die in hellenistisch-pompejanischer Manier den Hintergrund für die Szenen bilden. Diese Auffassung von Figur und Raum bringt man unwillkürlich in Verbindung mit den Fresken der Chora-Kirche (Kariye-Djami) in Konstantinopel. So werden diese letzten Metrópolis-Fresken in das erste Viertel des 14. Jahrhunderts datiert.

Bevor der Besucher die Metrópolis verläßt, sollte er noch der Marmorplatte mit der Reliefdarstellung des byzantinischen Doppeladlers seine Aufmerksamkeit schenken, die sich im Fußboden vor dem Altarraum befindet. Nach der Überlieferung soll auf dieser Platte Konstantínos XII. Dragázes, bis dahin Despot in Mystras, gestanden haben, als er zum letzten byzantinischen Kaiser gekrönt wurde.

Schließlich sind die Inschriften beachtenswert, die in den oberen Hälften der Säulen eingeritzt sind. Es handelt sich dabei um Berichte und Aufzählungen der Privilegien und des Grundbesitzes der Ágios-Dimítrios-Kirche: So findet sich auf der ersten Säule rechts beim Eingang der Kirche ein Rechenschaftsbericht über die geleistete Arbeit des Bischofs Nikiphóros Moschópoulos (1311/12 datiert). In ähnlicher Weise haben uns spätere Metropoliten ihre Berichte hinterlassen: Den Bericht des Loukás von Sougdäa von 1330 finden wir auf der dritten Säule von links, die Berichte von Neilos aus den Jahren 1339, 1340, und 1341 sind auf der dritten Säule rechts eingeritzt.

Das Museum

Neben der Metrópolis, im Westflügel des Nordhofes, wo früher der Bischofspalast war, hat man heute das Museum von Mystras untergebracht. Im Erdgeschoß sind mehrere Architekturteile von Kirchen und anderen Gebäuden in Mystras zusammengetragen. In erster Linie sind es Kapitelle und einige Fragmente von Brüstungsplatten, welche die für Mystras typischen Formen und Dekorationsschemata aufweisen. Ferner sieht man Säulenstücke von Ikonostasen, Fensterkreuze, Fußbodenplatten, Marmorskulpturen, Inschriften, Ikonenständer.

Von den Marmorskulpturen seien hier zwei ausgezeichnete Stücke erwähnt. Zum einen handelt es sich um ein Medaillon aus dem 11. Jahrhundert, das in seiner Mitte ein beliebtes Motiv byzantinischer Reliefplastik zeigt: Ein Adler ist im Profil, den Kopf rückwärts gerichtet, dargestellt, mit einem Lamm in seinen Fängen. Dieses Mittelbild wird von einem breiten Streifen mit stilisierter Blattranke umrahmt. Zum anderen ist die Marmorikone eines Proskynetárion, eines überwölbten Marmorschreins aus dem 15. Jahrhundert, von besonderem Interesse, da sie ein Werk echter einheimischer Kunst jener Zeit repräsentiert: In einem ursprünglich bemalten Basrelief ist der thronende Christus als Pantokrator mit dem Segensgestus der erhobenen Rechten und dem Evangelium in der Linken dargestellt. Der Körper und der Heiligenschein sind im Flachrelief gearbeitet, während Gewandfalten, Haare und Gesichtszüge in Ritzzeichnung wiedergegeben sind; der untere Teil des Rahmens und der Thron ist wieder ein Flachrelief, der obere Teil des Rahmens jedoch zeigt eine detaillierte durchbrochene Arbeit.

Gezeigt werden ferner Bruchstücke von zwei oder drei anderen Marmorschreinen, dazu einige Stücke des Architravs von Ikonostasen mit z. T. komplizierten und recht sorgfältig gearbeiteten Ornamenten westeuropäischer Prägung, wie jenes, das aus der Pantánassa-Kirche stammt, und ein anderes mit dem Monogramm der Déspoina (= Herrin) Isabella von Lusignan, der Gemahlin des Despoten Manuel Kantakouzenós (1348–1380).

Im ersten Stock sind Fragmente von Wandmalereien, Tragikonen, überwiegend aus nachbyzantinischer Zeit, sowie mehrere interessante Kleinfunde von Ausgrabungen in der byzantinischen Stadt von Mystras zu sehen: Münzen, Schmuck, Keramik, verschiedene kleine Gebrauchsgegenstände. Beeindruckend sind die Haare und Kleiderreste einer Frau, die man in einem Grab neben dem Glockenturm der Kirche Agía Sophía fand.

Evangelístria-Kirche (15)

Sie liegt oberhalb der Metrópolis in der nördlichen Unterstadt, am Weg, der von hier aus in Richtung Monemvasía-Tor einerseits und Vrontóchion-Kloster andererseits verläuft.

Sie ist vom Typus der zweisäuligen Kreuzkuppelkirche, so wie die meisten Kirchen in Mystras, zwar etwas kleiner als die anderen, jedoch von eleganten Proportionen und geräumigem Inneren.

Die Außenwände der Kirche zeigen kaum Schmuck. Lediglich über dem zweiteiligen Fenster des nördlichen Kreuzarmes tritt reiche keramische Ausschmückung auf. Das Mauerwerk besteht teils aus Bruchsteinen, teils aus ziegelgerahmten Quadersteinen. Die Ostfassade besitzt drei recht hohe Apsiden: eine fünfseitige Mittelapsis mit Zwillingsfenster und zwei dreiseitige Seitenapsiden. Die flache Kuppel ruht auf einem relativ hohen oktogonalen Tambour, an dem sich vier doppelbögige Fenster mit vier Nischen abwechseln. Ferner besitzt die Kirche im Westen einen Narthex und davor einen großen gewölbten Raum, der ursprünglich als Exonarthex errichtet wurde. Im Süden ist der Fassade ein kleiner Anbau vorgelagert, der sich in westlicher Richtung in einer kleinen Vorhalle mit zwei Arkaden und einer Säule fortsetzt. Dieser Anbau, wie auch der Exonarthex dienten als Beinhäuser, denn man fand diese Räume voll von Gebeinen. Die Evangelístria-Kirche war die Friedhofskirche von Mystras, und im Kirchhof sind heute noch die Gräber der Menschen zu sehen, die einst hier gelebt haben.

Anhand ihrer architektonischen Details, ihres Skulpturenschmucks und ihrer Wandmalereien wird die Evangelístria-Kirche in das beginnende 15. Jahrhundert datiert. Der Skulpturenschmuck der Kirche bildet insoweit eine Seltenheit, als eine durchgehende stilistische Einheitlichkeit zu beobachten ist. Das heißt, daß all diese Skulpturen anfangs speziell für diese Kirche angefertigt wurden, was sonst in keiner anderen Kirche von Mystras der Fall ist. Zugleich sind sie in ihrem Reichtum an Formen und Motiven, obwohl keineswegs hochqualitativ, ein schönes Beispiel für die lokale Bauplastik.

Die Reste von Wandmalereien in der Evangelístria-Kirche machen einen eher dürftigen Eindruck und lassen uns nur vermuten, daß es sich hier um etwa das gleiche ikonographische Programm handelt wie in den größeren Kirchen von Mystras, Agía Sophía und Perívleptos. Die Konche der Mittelapsis ist auch hier der thronenden Muttergottes vorbehalten, darunter sieht man Christus im Meßkelch und als Lamm Gottes zwischen zwei Engeln, weiter oben die Kommunion der Apostel und im Gewölbe die Himmelfahrt. Fragmente von Szenen aus dem Marienleben sind ferner im Diakonikón zu erkennen; die Próthesis war mit Engeln geschmückt, die Fächer halten. In der Kuppel wurde nach dem üblichen Schema Christus als Pantokrator dargestellt mit den vier Evangelisten in den Pendentifs.

Diese Fresken, die in ihrer Ikonographie ganz in der palaiologischen Tradition stehen, zeigen sich in der Zeichnung weniger qualitätvoll und eher provinziell; sie gelten im allgemeinen als eine Kopie der guten Vorbilder in den Kirchen Perívleptos und Agía Sophía.

Vrontóchion-Kloster (16, 17)

An der Nordecke der Unterstadt, unmittelbar neben der äußeren Stadtmauer, stehen die beiden größten Kirchen von Mystras: die Ágii Theódori-Kirche und die Panagía Odigítria, vom Volk „Afendikó" genannt. Beide Kirchen gehören zum ehemaligen Kloster Vrontóchion, das 1295 – wahrscheinlich außerhalb der Stadtmauer – erbaut wurde. 1296 entstand zuerst die Ágii Theódori-Kirche als Katholikón des Klosters. Der Bau der zweiten Klosterkirche, Panagía Odigítria, erfolgte erst im Jahre 1311. Nach ihrer Fertigstellung nahm sie dann den Platz der Theodoren-Kirche als Katholikón des Klosters ein (daher finden sich beträchtliche Spuren vom Refektorium wie von Zellen bei der Afendikó-Kirche), während die Ágii Theódori-Kirche als Friedhofskirche für die Mönche bestimmt war. Ausgrabungen haben an der Nord- wie an der Südseite der Kirche mehrere Gräber ans Licht gebracht.

Mit dem Kloster Vrontóchion und der Gründung der beiden Kirchen ist der Name des Abtes Pachómios verknüpft. Pachómios war ein energischer Mann, der durch seinen Ehrgeiz den Titel eines Generalvikars der Kirche des Peloponnes erworben hat: Kaiser Andrónikos II. Palaiologos unterstellte dem bedeutenden Kirchenmann mehrere Klöster zur Aufsicht und befreite ihn von den Steuerabgaben für seine Ländereien. Außerdem wurde sein Kloster als kaiserliche Gründung nicht dem Metropoliten von Lakedaimonien, sondern dem Patriarchen von Konstantinopel unmittelbar unterstellt.

Es sind uns mehrere kaiserliche Goldbullen aus der Zeit zwischen 1313 bis 1322 erhalten geblieben, die zunächst frühere Schenkungen von Grundbesitz an das Vrontóchion-Kloster anerkennen und bestätigen, daß sie in Zukunft von Abgaben befreit sein sollten. Die gleichen Bullen weisen dem Kloster auch neue Gebiete, Klostergüter und nicht zuletzt ganze Dörfer samt ihren Einwohnern zu. Diese Informationen sind wichtig, einerseits, um die hervorragende Persönlichkeit von Pachómios besser zu verstehen, und zum anderen, um die Entstehung der beiden größten und großartigsten Kirchen von Mystras in einem relativ kurzen Zeitraum (von knapp zwanzig Jahren) zu erklären.

Ágii Theódori-Kirche (16)

Die zweitälteste Kirche von Mystras, den heiligen Theodoren (den beiden Schutzpatronen der Soldaten) geweiht, gehört zu dem seltenen sogenannten oktogonalen oder Achtstützen-Typus einer Kreuzkuppelkirche. Bei diesem Typus wird die große Kuppel nicht von vier Bögen getragen, die ein Quadrat bilden, wie es üblicherweise bei einer Kreuzkuppelkirche der Fall ist, sondern von acht Bögen, die ein Achteck bilden. Vier der acht Bögen gehören zu den Gewölben, die das Kreuz überfangen, während sich die anderen vier in den Ecken zwischen den Pfeilern des Kreuzes zu Trompen vertiefen. So ruht die große Kuppel nur zum Teil auf den Pfeilern bzw. Säulen des Quadrats, und ihre gleichmäßig verteilte Last wird auch von den Mauern getragen.

Man vermutet hinter diesem Bautypus ein Konstantinopler Original. Auf griechischem Boden tritt er bereits im 11. Jahrhundert in Ósios Loukás bei Delphi, Daphní bei Athen, Sotíra Lykodímou (russische Kirche) in Athen, Ágios Nikólaos bei Skrípou in Böotien und Christiánou auf dem Peloponnes auf. Im 12. Jahrhundert entsteht die Agía Sophía-Kirche von Monemvasía nach dem gleichen System und es ist anzunehmen, daß von dort aus dieser Bautypus nach Mystras gelangt ist.

Sein Hauptkennzeichen bleibt, wie gesagt, die riesige Kuppel auf dem hohen Tambour, die die ganze Breite der Kirche (mit Altarraum, Próthesis und Diakonikón) einnimmt. Dadurch entsteht ein großer zentraler Raum, der hoch und feierlich wirkt, während die kleinen Kreuzarme bedeutungslos bleiben. Völlig abgetrennt von diesem zentralen Raum und so seine Geschlossenheit noch stärker betonend, bleiben ebenfalls die vier kleinen Eckkapellen, die sich in den Winkeln zwischen den Armen des Kreuzes befinden. Von ihnen sind die zwei östlichen von den Querarmen, die beiden westlichen jedoch nur vom Narthex her zu betreten.

Der Narthex wurde später, wohl unter dem Einfluß der Afendikó-Kirche, angebaut, mit den gleichen zweistöckigen turmähnlichen Kapellen an den

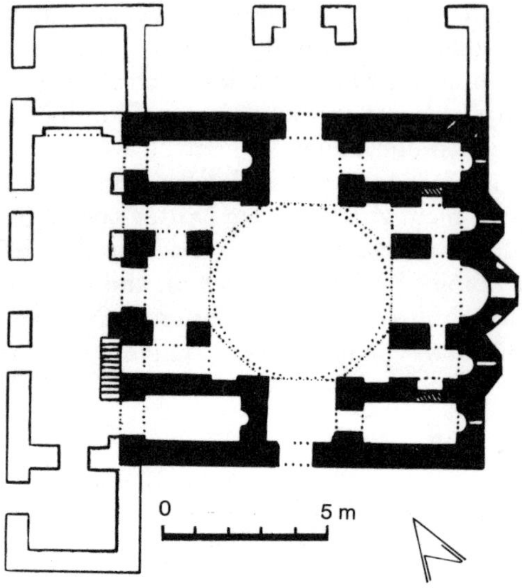

Mystras, Vrontóchion-Kloster: Ágii Theódori-Kirche

Seiten. Er besitzt fünf Rundbogenportale, von denen das mittlere höher ist als die anderen. Dadurch erscheint die Westfassade recht monumental. Sie wird vom Giebel des westlichen Kreuzarmes gekrönt, der mit einem doppelten Fensterbogen geschmückt ist. Der Nordseite der Kirche wurde ebenfalls später eine Vorhalle vorgelagert.

Das Eindrucksvollste jedoch an der Ágii Theódori-Kirche bleibt neben der breiten Kuppel mit dem hohen Tambour und den abwechselnd sechzehn schmalen Fenstern und Nischen die wundervolle Ostfassade mit ihren dreiseitigen Apsiden. Diese sind, im Verhältnis zur Höhe der Kuppel, relativ niedrig gebaut, nicht sehr tief, dafür aber reich dekoriert. Vom Fensteransatz an aufwärts wird die Ostfassade in ihrer vollen Breite durch Ziegel-Sägefriese in fünf breite horizontale Zonen geteilt, drei in dem bereits erwähnten „backsteinumschlossenen" System (ziegelumrahmte Quader) und zwei aus unregelmäßig gehauenen Steinen. Diese Zonen bewirken die horizontale Dominante der Ostfassade. Die Dächer steigen stufenartig über den Apsiden an und schaffen dadurch den Übergang zu der hohen Kuppel. Dieser aufsteigende Rhythmus ist in den drei Apsiden und ihren Fensterbögen vorbereitet. In der gleichen Weise ist auch die Westfassade gestaltet, nur ist dies jetzt durch den später hinzugefügten Narthex verdeckt.

Das Kircheninnere war mit Fresken bedeckt, von denen sich nur wenige Reste in schlechtem Zustand erhalten haben. An den unteren Teilen der Wände wachte eine Reihe von Soldatenheiligen, darunter die beiden Theodoren in voller Gestalt und überlebensgroß: Sie stehen frontal, sind flächenhaft und flüchtig gezeichnet, jedoch von einer Lebendigkeit und Ausdruckskraft, wie sie auf den frühen Fresken der Metrópolis (um 1280) vorkommt.

Über den Heiligen zog sich eine zweite Reihe von Fresken hin; man sieht davon heute noch den Verkündigungsengel am linken Pfeiler des Triumphbogens. An der Südseite erkennt man weitere Spuren von Szenen aus dem Marienleben (Geburt, Tempelgang).

In der dritten und obersten Reihe, die die Gewölbe des Kreuzes ausfüllte, dürften Szenen aus dem Leben und Leiden Christi dargestellt gewesen sein. So sind noch Fragmente zu sehen: an der Südwand des Westarms von der Verleugnung Christi durch Petrus, am Tympanon von der Klage am Grabe, an der Nordwand von den Frauen am Grabe und im Gewölbe des Nordarms Spuren des Pfingstfestes.

Die südöstliche Seitenkapelle war aller Wahrscheinlichkeit nach der Maria geweiht, denn hier haben sich, wenn auch in schlechtem Zustand, einige Szenen aus dem Marienleben erhalten. An der Südwand sind die Ágii Theódori als Fürbitter bei der thronenden Muttergottes dargestellt. An der Nordwand steht zwischen einem Engel und Johannes dem Täufer ein Kaiser oder Despot. An der Nordseite des Gewölbes ist sehr gut die Geburt Mariens zu sehen, die Südwand nehmen die Szenen „Maria im Tempel" und „Geburt Christi" ein, während am Tympanon der Westwand die Koímesis, der Marientod, dargestellt ist. Diese Wandmalereien werden in die Zeit um 1400 datiert.

In der nordöstlichen Seitenkapelle befindet sich an der Nordwand ein Grab und gegenüber ein Fresko, das vor der Muttergottes mit dem Kind eine kniende Gestalt in Bittstellerhaltung zeigt. Die Inschrift oberhalb des Bittstellers identifiziert ihn als Manuel Palaiologos, wohl eines der zahlreichen Mitglieder der Palaiologen-Familie und nicht mit Kaiser Manuel II. Palaiologos identisch.

Panagía Odigítria-Kirche, genannt „Afendikó" (17)

Das eigentliche Katholikón des Vrontóchion-Klosters mit dem Namen der Maria Odigítria (= Geleiterin) weicht in seiner Bauform entschieden von der Ágii Theódori-Kirche ab, obwohl der zeitliche Abstand zwischen den beiden Kirchen, wie bereits erwähnt, gar nicht so groß war. Hier hat sich unverkennbar der Wille verwirklicht, einen großen, repräsentativen und reichen Bau zu schaffen, der an die Hauptstadt des Reiches erinnern sollte, aus der ja auch die Anregungen zu dieser Bauform kamen. Daraus ist wohl auch der Beiname „Afendikó" (= die Gebieterische) zu verstehen.

Die Kirche stellt die besondere Verbindung von einer dreischiffigen Basilika im Unter- und einer Kreuzkuppelkirche im Obergeschoß dar, die wir schon aus der Metrópolis kennen und die später beim Katholikón des Pantánassa-Klosters wieder aufgegriffen wird.

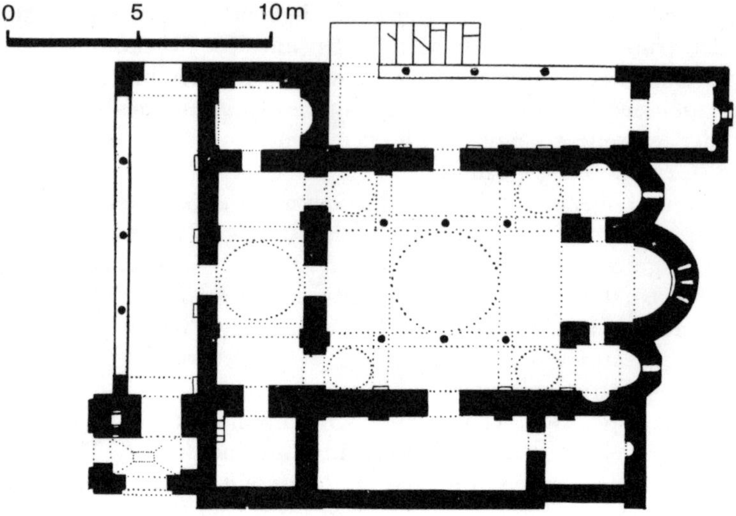

Mystras, Panagía Odigítria-Kirche (Afendikó)

Im Erdgeschoß teilen zwei Reihen von je drei Säulenarkaden den Kirchenraum in drei Schiffe. Von den Säulen der Seitenschiffe wölben sich Gurtbögen zu den Außenmauern hin, wo sie von Wandvorlagen aufgefangen werden. Durch diese Gurtbögen werden die Seitenschiffe in je fünf Joche unterteilt, die mit flachen Kuppeln überdeckt sind. Auf diesem Unterbau ruht nun der obere Teil einer Viersäulen-Kreuzkirche mit fünf Kuppeln, über den Seitenschiffen liegen Emporen. Diese dreiteilige Emporenanlage verläuft von der Próthesis über die Westseite der Kirche bis zum Diakonikón; so wird auch der Narthex in die Kirche miteinbezogen, in dessen Obergeschoß die überkuppelte Fürstenloge ihren Platz fand. Die kleineren Kuppeln tragen zur Bereicherung der Dachlandschaft sowie zur Verminderung des Gewölbedrucks, der von der Zentralkuppel ausgeht, bei. Der Narthex, der nicht von Anfang an mitkonzipiert war, sondern in der zweiten Bauphase zusammen mit den Emporen entstand, ist an seinen beiden Enden von zweistöckigen Kapellen, die Türmen ähneln, flankiert. An seinem südwestlichen Ende entstand später ein dreistöckiger Glockenturm, der als einziger Bauteil dieses Kirchenkomplexes mit ziegelumrahmten Quadersteinen, also im bekannten „backsteinumschlossenen“ System, gebaut ist. Sonst zeigen alle anderen Bauteile der Kirche die gewöhnliche Hausteinbauweise mit nur wenigen schmalen, horizontalen Ziegellagen dazwischen. Gerade hierdurch unterscheidet sich die Odigítria-Kirche nicht nur vom Glockenturm, sondern auch von allen anderen Kirchen in Mystras.

Die Ostseite der Kirche wirkt durch die große, halbkreisförmige Mittelapsis und die gleichhohen, dreiseitigen Seitenapsiden recht massiv. Ein dreibogiges Fenster, ein sog. Drillings-Fenster, im unteren und zwei Reihen blinder Bogenfenster im oberen Teil der Mittelapsis – die Seitenapsiden sind entsprechend mit blinden Bogenfenstern ausgestattet – bilden die plastische Gliederung der Ostseite. Zu betonen ist, daß dieser hier vorhandene Typus der blinden Fenster der gleiche ist, der uns in Bauwerken in Konstantinopel und Thessaloniki begegnet. Die anderen Seiten der Kirche wurden schließlich auch mit den für Mystras typischen Säulenvorhallen versehen, ebenfalls ein altes hauptstädtisches Bauelement, das in Mystras mit der Afendikó-Kirche eingeführt wurde. An der Nord- und Westseite wurden die Vorhallen mit je vier Flachkuppeln überwölbt. Die Kapelle am östlichen Ende der südlichen Vorhalle hat im Jahre 1366 ein gewisser Abt Kyprianós angefügt, wenig später wurden dann auch die Arkaden der südlichen Vorhalle zugemauert. Aus dieser letzten Bauphase stammt auch die Kapelle am Ostende der nördlichen Vorhalle. Südlich der Kirche liegt etwas höher das Refektorium des Klosters mit seinem Kamin.

Die Afendikó-Kirche ist der erste Bau in Mystras, der rein hauptstädtische Elemente und Details aufnimmt, sie mit dem lokalen Stil (Metrópolis: 1. Phase, Ágii Theódori) harmonisch verbindet und so eine eigene architektonische Form entwickelt, die spätere Bauwerke wie die Agía Sophía und die Pantánassa beeinflußt hat.

Das Innere der Kirche muß einst prachtvoll ausgesehen haben. Die unteren Wandteile im Erdgeschoß waren mit polychromer Marmor-Inkrustation verkleidet, von der heute fast nichts mehr erhalten ist. Diese Marmorverkleidung bildete zugleich den Rahmen für die Heiligenbilder: In der Sockelzone unter den Bögen war jeweils ein Paar von Märtyrern dargestellt, während ganzfigurige Heilige, wie Antónios, Andréas u. a., in den Bögen standen. In den Zwickeln der Flachkuppeln waren Cherubim dargestellt. In der Halbkuppel der Apsis des Altarraumes ist die thronende Maria als Odigítria zwischen zwei Engeln zu sehen, darunter die Kommunion der Apostel und noch weiter unten Kirchenfürsten in Doppelreihe. Im Gewölbe ist, wie üblich, die Himmelfahrt Christi, an der Nordwand der ungläubige Thomas und an der Südwand die Erscheinung des auferstandenen Christus bei den Aposteln dargestellt.

In den Gewölben der Kreuzarme ist das Dodekáorton, der Zwölf-Feste-Zyklus, abgebildet. Er beginnt an der Südwand im Altarraum mit der Geburt Christi und setzt sich gegenüber mit der Darstellung im Tempel fort, von der noch etwas zu sehen ist. Von den anderen Szenen des Zyklus hat sich die der Frauen am Grabe im nördlichen Tympanon erhalten. In den Zwischenräumen sind wiederum paarweise Heilige angeordnet. Die Fresken des Narthex haben sich besser erhalten und zeigen überwiegend die Wunder Christi. So sind im nördlichen Abschnitt die Heilung des Blinden und der Schwiegermutter des Petrus, die Samariterin, die Hochzeit zu Kana und die Heilung des Wassersüchtigen dargestellt. Im Südtympanon ist die Szene des zwölfjährigen Jesus unter den Ältesten zu sehen. Über dem Eingang zur Kirche ist die Muttergottes mit dem Christuskind vom Typus der Vlacherniótissa als „Zoodóchos Pigí", als „lebenspendende Quelle" dargestellt. Sie wird von ihren Eltern Joachim und Anna – beide in anbetender Haltung – flankiert, darüber schweben zwei kleinere Engel. Bei diesem Bild kommen die warmen dunkelblauen und rötlichbraunen Farbtöne sehr schön zum Ausdruck. Die Narthexbilder sind charakteristisch für die Malweise ihrer Entstehungszeit. Denn sie besitzen – außer den ikonographischen – sämtliche stilistischen Merkmale der palaiologischen Malerei, wie sie im großartigsten Werk jener Epoche, in der Chora-Kirche (Kariye-Djami) in Konstantinopel, vorhanden sind: das Malerische der einzelnen Szenen, das Klassizistische der fein durchgezeichneten Gestalten – z. B. die in einen Mantel gehüllten Männer erinnern an antike Philosophen-Statuen –, ferner die ruhige, rhythmische Bewegung, die anmutigen Gebärden, die lichte, weiche Farbigkeit, die kräftige Farbkontraste meist meidet, den realistischen Gesichtsausdruck, schließlich die wunderschönen, unwirklichen Phantasie-Architekturen, die den Hintergrund kulissenhaft umschließen.

Zu den Sehenswürdigkeiten der Afendikó-Kirche gehören zweifelsohne auch die beiden Kapellen des Narthex. In der Nordkapelle befinden sich zwei Gräber: jenes des Abtes Pachómios (an der Westwand) und das des Despoten Theódoros I. Palaiologos (an der Nordwand). In der Bogennische (Arkosolium), über dem Grab des Pachómios sieht man noch Reste einer Wandmalerei, auf der Pachómios kniend der stehenden Muttergottes das Modell der Kirche darbietet. Über dem Bogen der Nische drängen sich mehrere fackeltragende Engel. Im Arkosolium der Nordwand ist der Despot Theódoros I. Palaiologos, der 1407 als Mönch Theodóritos starb, zweimal dargestellt: links als Despot, rechts als Mönch. Über den Arkosolien entfaltet sich ein eindrucksvoller Zug von Propheten, Aposteln, Patriarchen, Märtyrern und anderen Heiligen. Sie schreiten von rechts nach links und haben den Blick zum Christus Pantokrator in der Kuppel gerichtet. Auf dem südlichen Tympanon bilden Maria und Johannes der Täufer, in Gebetshaltung dargestellt, eine Déesis-Gruppe. In diesem Zusammenhang ist wohl auch das Bild des thronenden Christus in der Nische der Ostwand zu sehen, der in der Mandorla mit segnenden Händen als gerechter Richter dargestellt ist. Die dazugehörige Inschrift am Bogen der Nische besagt, daß all diese Heiligengestalten um Fürsprache angefleht werden, für die Rettung der Seelen derer, die in dieser Kapelle beigesetzt sind.

Der Abschnitt mit dem Chor der Märtyrer an der Westwand der Kapelle gilt wohl als die beste und eindrucksvollste Wandmalerei des Narthex, da sie in ihrem Stil einen bewußten Archaismus zeigt: Breite Farbflächen in drei herrschenden Farben – Grün, Hellblau und Rot – werden verwendet; der Faltenwurf ist nicht reich und verläuft meist gradlinig; die Gewänder mit ihren perlengeschmückten Säumen und nicht zuletzt die leichte, fast schwebende Haltung der Figuren, die mit ihren kleinen schmalen Füßen kaum den Boden berühren, rufen frühe Mosaiken – wie etwa die in Ravenna – in Erinnerung.

Die Südwest-Kapelle des Narthex, auch als Kapelle der ,,Chrysobullen" bekannt, zeigt auf ihren vier Wänden Abschriften von Goldbullen, die die verschiedenen Kaiser zugunsten des Vrontóchion-Klosters erlassen haben. An der gewölbten Decke der Kapelle war ursprünglich Christus in der Glorie dargestellt – heute nicht mehr erhalten. Man sieht nur die Engel im Fluge, die in ihren erhobenen Händen die Gloriole Christi tragen. Von der Gloriole gehen vier Strahlenbündel aus, an deren Enden je eine Hand dargestellt ist. Und jede Hand hält wiederum eine ausgerollte Urkunde, die mit dem kaiserlichen Goldsiegel versehen ist. Auf diese Weise wird symbolisch angedeutet, daß die kaiserlichen Schutzrechte und Privilegien des Klosters auf den göttlichen Willen zurückzuführen sind. Die Ausschmückung dieser Kapelle dürfte anhand der hier dargestellten Chrysobullen in der Zeit um 1321/22 erfolgt sein.

Aus der 2. Hälfte des 14. Jahrhunderts stammen die Fresken der südöstlichen Kapelle. An der Ostseite sind das Abendmahl und die drei thronenden Hierarchen Johannes Chrysóstomos, Basílios der Große und Gregor von Nazianz mit Johannes Euchätes dargestellt. Die Westseite zeigt eine symbolische Darstellung der Lehren dieser drei Kirchenväter. Über dem Eingang zu dieser Kapelle ist das Monogramm des Abtes Kyprianós zu sehen, der die Kapelle und ihre Dekoration im Jahre 1366 gestiftet hat.

Ebenfalls aus der 2. Hälfte des 14. Jahrhunderts stammen auch die Wandmalereien im südlichen Joch der Säulenhalle, deren Arkaden später zugemauert wurden. In der Flachkuppel ist der Bethlehemitische Kindermord, in den beiden Kreuzgewölben die Geschichte von Zacharias und die Geburt Christi dargestellt. An der Nordwand sieht man den Tod und das Begräbnis Mariens. In den vier Bogennischen haben sich keine Wandmalereien erhalten. Schließlich lassen vier Gräber im Boden erkennen, daß dieser Säulengang als Begräbnisstätte der Adligen von Mystras diente.

Panagía Perívleptos (5)

Das Perívleptos-Kloster befindet sich an der Südostecke der äußeren Befestigungsmauer, unmittelbar an den steilen Felsen gebaut. Vom Kloster haben sich zwei Bauten erhalten: die Kirche mit ihren Anbauten, die direkt an der Felswand steht und eine unregelmäßige Architektur zeigt, sowie ein hohes, turmähnliches Gebäude, das man heute noch für das Refektorium des Klosters hält und das viele fränkische Details aufweist, die uns am Glockenturm der Pantánassa-Kirche wieder begegnen.

Das Kloster wurde in der 1. Hälfte des 14. Jahrhunderts von Léon Mavropappás gestiftet. Man findet ein Doppelmonogramm oberhalb der Tür des seitlichen Narthex im Süden, dessen Auflösung lautet: ,,Von Léon Mavropappás" (Mavropappás war eine berühmte Familie in Mystras). Die in den Felsen hineingebaute Kapelle an der Westseite der Kirche, die der heiligen Katharina geweiht ist, ist jedoch älter als die Kirche selbst, die vor 1350 entstand. Man nimmt an, daß an dieser Stelle schon eine frühchristliche Kultstätte existierte – die ihrerseits auf ein Demeter-Heiligtum zurückgeht. Ob das Katholikón selbst von Mavropappás errichtet wurde, bleibt offen. Es ist eher anzunehmen, daß es sich bei den Stiftern der Kirche um das ungenannte adlige Paar handelt, das in der mittleren Konche der westlichen Wand abgebildet ist, wie es der Gottesmutter das Modell der Kirche darbietet.

Über dem rundbogigen Eingangsportal der Klostermauer ist eine Platte eingelassen, die das runde Monogramm der Perívleptos, von zwei aufrechten, antithetisch gestellten Löwen flankiert, zeigt. Heraldische Löwen sind in Mystras ein paarmal mit den Insignien der Familie Kantakouzenós zusammen zu sehen; abgesehen davon sind sie die Wappentiere der Familie Lusignan. Man darf nicht vergessen, daß beide Familien miteinander verwandt waren: Eine Isabella de Lusignan war die Gattin des Despoten Manuel Kantakouzenós. Die Reihe von Wappenlilien, die die Platte ferner schmücken, verrät einen fränkischen Einfluß. An der unteren rechten Seite der Platte liest man die Inschrift: ,,5. März 1714 erbaut, auf Kosten des Panajótis Thiväos". Die Inschrift bezieht sich wohl auf das Errichtungsdatum des Portals. Der Name ,,perívleptos" bedeutet ,,von allen Seiten sichtbar" und ist von der Kirche der Panagía Perívleptos in Konstantinopel abzuleiten.

Die Perívleptos ist eine einfache zweisäulige Kreuzkuppelkirche, vergleichbar der Agía Sophía. Sie besitzt die üblichen Apsiden im Osten: das Béma, die Próthesis und das Diakonikón, die ausnahmsweise fünfeckig und sehr sorgfältig gestaltet sind. Sie zeigen die in Mystras übliche Bauweise der mit Ziegeln umrahmten Quadersteine. In dieser Art sind außer den Apsiden auch die übrigen sichtbaren Teile der Kirche ausgeführt, so der östliche und südliche Kreuzarm sowie der Kuppeltambour. Von den Apsiden besitzen nur die mittlere und die nördliche ein Rundbogenfenster. Den einzigen Schmuck der Apsiden bildet ein doppelter Backstein-Sägefries am Dachansatz. Außerdem betonen oberhalb des Fensters zwei Rosetten und eine Wappenlilie die Mittelapsis. Eindrucksvoll ist ferner die von acht Fenstern durchbrochene Kuppel, die dadurch sehr elegant und leicht wirkt.

Der eigentliche Zugang zur Kirche befindet sich im Norden, neben der Seitenapsis, da die Westseite durch den Felsen blockiert wird. Aus diesem Grunde mußte man auch auf den traditionellen Narthex im Westen verzich-

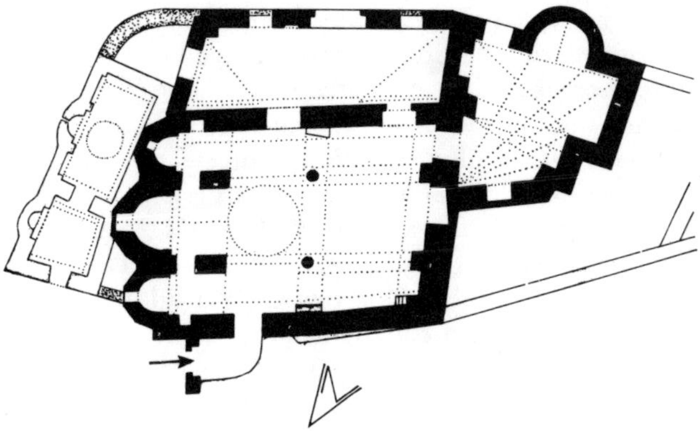

Mystras, Panagía Perívleptos-Kirche

ten. Ein niedriger, gewinkelter Gang führt in das nördliche Seitenschiff, darüber ist die Empore in den Felsen gehauen. Der fehlende Eingang in der Mitte der Westseite wurde durch eine Nische ersetzt, in der die Stifter – wie bereits erwähnt – dargestellt sind. Vom südlichen Seitenschiff gelangt der Besucher in die ältere Kapelle der heiligen Katharina (Agía Äkateríni), die unter dem Felsen liegt und in eine Apsis als Altarraum im Süden mündet. Der Südseite der Kirche wurde vermutlich gleich zu Beginn nach dem üblichen Schema in Mystras eine Vorhalle vorgelagert, die jedoch später zu einem Narthex umgebaut wurde. Schließlich wurden im Osten vor den Apsiden die beiden ineinander übergehenden Kapellen angefügt, jede von ihnen mit einer leicht sich vorwölbenden Apsis und die südliche zusätzlich mit einer kleinen Kuppel versehen.

Das Innere der Kirche ist ganz mit Fresken ausgeschmückt, die vor kurzem gereinigt und restauriert wurden, so daß der Besucher hier einen in Ikonographie einheitlichen und vollständigen Bilderzyklus vor Augen hat. Das Ausschmückungssystem der Perívleptos ist eine direkte Übernahme des üblichen mittelbyzantinischen Dekorationsprogramms der orthodoxen Kirche, wie es in der Hauptstadt entwickelt worden war. Es beruht auf einer jahrhundertelangen Tradition, die über die großen palaiologischen Werke der Hauptstadt (z. B. Chora-Kirche) unverändert und ohne jeglichen Bruch nach Mystras kam, wo sie auch lange Zeit nach dem Fall von Konstantinopel weiter gepflegt wurde.

So ist im Medaillon der Kuppel das Bild des Christus Pantokrator umgeben von 12 Propheten und 8 Cherubim zu sehen. Unter Christus ist die thronende Muttergottes, von zwei Engeln flankiert, dargestellt, auf der Gegenseite bereiten zwei Hierarchen den Thron Christi. All diese Figuren sind auf die von acht Säulen gegliederten Flächen verteilt. In der Tambourzone nehmen zwischen den Fenstern – entsprechend den acht Säulen darüber – acht lebensgroße, jugendliche Soldatenheilige ihren Platz ein. In den vier Kuppelpendentifs sind die vier Evangelisten abgebildet, was aber heute kaum mehr zu sehen ist. Die zwölf großen Kirchenfeste, das sog. Dodekáorton, werden in den Gewölben der vier Kreuzarme dargestellt. Der Zyklus beginnt mit der Verkündigung an Maria an den Pfeilern des Altarraums. Im Gewölbe des südlichen Kreuzarmes sind die Geburt und die Taufe Christi abgebildet. Im Westarm sieht man die Verklärung Christi auf dem Berg Tabor, die Erwekkung des Lazarus, den Einzug in Jerusalem und das Abendmahl. Im Gewölbe des nördlichen Kreuzarmes sind das Pfingstwunder und die Szene des ungläubigen Thomas dargestellt. Im Altarraum, dem Béma, ist die Apsiskonche, wie üblich, der zwischen zwei Engeln thronenden Muttergottes vorbehalten. Darunter sieht man die symbolische Darstellung des Abendmahls, bei der die heiligen Johannes Chrysóstomos und Basílios den Leib Christi selbst auf den Altar legen. Im Gewölbe des Altarraumes ist auch hier die Himmelfahrt Christi dargestellt. An den Seitenwänden sieht man ferner die Apostelkommunion sowie Episoden aus dem Alten Testament, wie Abraham, der die drei Engel bewirtet, die Opferung Isaaks und die drei Jünglinge im Feuerofen – alles Szenen, die auf die Eucharistie verweisen. In der linken Seitenapsis, in der Próthesis, sieht man die Göttliche Liturgie, d.h. Christus als Hohenpriester, dazu die Prozession der Engel, die die liturgischen Geräte tragen. In der rechten Seitenapsis, im Diakonikón, wieder eine symbolische Szene: der schlafende heilige Emmanuel mit den Engeln. Emmanuel wird oft mit dem jugendlichen Christus gleichgesetzt. Im oberen Teil des Diakonikón-Gewölbes sind Szenen aus der Passion Christi dargestellt, so die Reue Petri und der Weg nach Golgotha. Diese Passionsszenen werden auf der Südwand des südlichen Kreuzarmes mit der Kreuzerrichtung und Kreuzigung fortgesetzt. Daneben folgen: Kreuzabnahme, Beweinung und Grablegung Christi. Die Reihe endet mit den Frauen am Grabe im westlichen Kreuzarm. An der Westwand ist die Szene der Anástasis, d.h. der Abstieg Christi in die Hölle, abgebildet, während am großen Feld der Nordwand über dem Eingang die Szene der Koímesis, des Marientodes, ihren Platz fand.

Einen wichtigen Bestandteil der malerischen Ausschmückung der Perívleptos-Kirche bildet der mariologische Zyklus mit der Schilderung des Marienlebens. Er ist auf das nördliche und südliche Seitenschiff verteilt. Die Kirche ist der Muttergottes geweiht, und die Szenen aus ihrem Leben haben hier deshalb einen so großen Umfang (insgesamt fünfundzwanzig Szenen), wie wir ihn nur von der Chora-Kirche in Konstantinopel kennen. Dadurch sind die Szenen mit den Wundern Christi völlig verdrängt worden. So ist neben dem bereits erwähnten Marientod (Koímesis) links vom Eingang die Geburt Mariens mit der interessanten Doppeldarstellung der Neugeborenen zu sehen: links mit den beiden Hebammen, rechts mit den Eltern Joachim und Anna.

Besonders ausdrucksvoll ist die Koímesis-Szene, bei der das Streben nach Symmetrie mit dem Rhythmus im Bewegungsablauf Hand in Hand gehen. Um das Totenbett Mariens scharen sich Apostel (Petrus am Kopfende, Paulus zu ihren Füßen), Hierarchen und Heilige. Christus in der Mitte, umgeben von Engeln, hält die Seele Marias in den Armen. Im oberen Teil des Bildes erscheinen zu beiden Seiten nochmals die Apostel, nunmehr in den Wolken. Der Hintergrund wird kulissenhaft von symmetrisch angeordneten Gebäuden abgeschlossen, aus deren Fenstern und Türen mehrere Menschen das Geschehen beobachten.

Schließlich sind an den unteren Teilen der Kirchenwände Gestalten von Heiligen, darunter mehreren Soldaten-Heiligen, angeordnet. Die im Jahre 1962 restaurierten Fresken der Perívleptos-Kirche sind etwa im dritten Viertel des 14. Jahrhunderts entstanden und gelten als eines der besten Beispiele spätbyzantinischer Malerei. Die einzelnen Szenen sind meist in viereckige Felder, die voneinander durch schmale, rote Streifen getrennt sind, gemalt und in erster Linie durch eine Vielzahl von Figuren und eine kräftige Farbigkeit gekennzeichnet. Dabei unterscheidet man zwischen Szenen, bei denen die einzelne Figur und ihre Bewegung, der Rhythmus und die Symmetrie, sowie die Aufteilung des Raumes und die Perspektive von besonderer Wichtigkeit sind, und solchen Szenen, auf denen das Malerische und das landschaftliche Element vorherrschen. Für die erstere Gruppe dürfte die Marientod-Szene beispielhaft sein, für letztere etwa die Geburt Christi. Im Marientod wird vielleicht am deutlichsten der Einfluß der Hauptstadt. Die langgestreckten Figuren mit den relativ kleinen Köpfen (eine manieristische Auffassung des Körpers), die um den Leib etwas breiter werden und von reichen Mänteln umhüllt sind, vermitteln das Gefühl der Schwerelosigkeit und scheinen auf den kleinen, zarten Füßen zu schweben. Die Architekturformen im Hintergrund mit ihrer Vielzahl von Fenstern, Türen und anderen Details verraten nicht nur das Bemühen des Künstlers um Perspektive, sondern sie zeigen zugleich, daß eine Konzeption von Raumtiefe bereits vorhanden ist, die auf hellenistisch-pompejanische Vorbilder zurückgreift. Hellenistische Formen sind ferner auch bei der Wiedergabe der Gewänder vorauszusetzen, wie im Marientod und oft bei Nebenfiguren, z. B. bei der Hebamme in der Geburt Mariens. In den Landschaftsszenen (siehe Geburt oder Taufe Christi) wird der Eindruck erweckt, als ob der Landschaft größere Bedeutung zukomme als der menschlichen Gestalt. Die Gestalten sind zwar groß, aber sie treten nicht in den Vordergrund, sie beherrschen nicht das Bild wie im Marientod, sondern sind völlig in der Landschaft integriert. Einige dieser Szenen wirken ferner, dank ihrer Bereicherung durch malerische Details, besonders erzählerisch, so der Einzug in Jerusalem: Die Menschenmenge vor dem

Stadttor zeigt selten eine solch bunte Verkleidung, auch ist hier einmalig, daß so viele Kinder im Vordergrund spielen.

Zu erwähnen wäre schließlich eine dritte Gruppe von Szenen, deren Gestalten durch auffallend wenig Anmut und edle Haltung charakterisiert werden. Es handelt sich dabei überwiegend um die Szenen im Diakonikón, die die Passion Christi zum Thema haben, sowie um einige einzelne Gestalten von Kirchenvätern. Diese Szenen zeigen einerseits eine betont drastische Haltung, die zu übertriebenen Posen führt, wie es z.B. beim Weg nach Golgotha der Fall ist, sie lassen zum anderen die Häßlichkeit der Gesichter zum Ausdruck kommen.

So werden die Wandmalereien der Perívleptos-Kirche nebst ihrem klassizistisch-akademischen und malerischen auch durch einen realistisch-expressiven Zug gekennzeichnet.

Pantánassa-Kloster (7)

Das von allen Richtungen her sichtbare Kloster der Panagía Pantánassa ist das letzte große Bauwerk, das im byzantinischen Mystras entstand. Es wurde im Jahre 1428 gegründet, d.h. in einer Zeit, in der sich das Despotat noch auf seinem Höhepunkt befand, und ist der Muttergottes Pantánassa, der „Allherrscherin", geweiht. Es ist das besterhaltene von allen Baudenkmälern der mittelalterlichen Stadt und wird heute noch von Nonnen bewohnt.

Der Stifter des Klosters war der Árchon Johannes Phrangópoulos, der Ministerpräsident unter dem Despoten Konstantínos XII. Dragázes, dem späteren letzten Kaiser von Konstantinopel, war. Seine Insignien sind am Kapitell der Südwestsäule der Kirche zu sehen, und an den Bögen der Westfassade findet sich die Inschrift mit Namen und den Titeln des Erbauers: „Der Stifter Johannes Phrangópoulos, Protostrátor und katholikós Mesázon" (sowie: Herrscher und Oberbefehlshaber). Schließlich kann man um die Basis der Narthexkuppel eine weitere Stiftungsinschrift in Vers-Form erkennen.

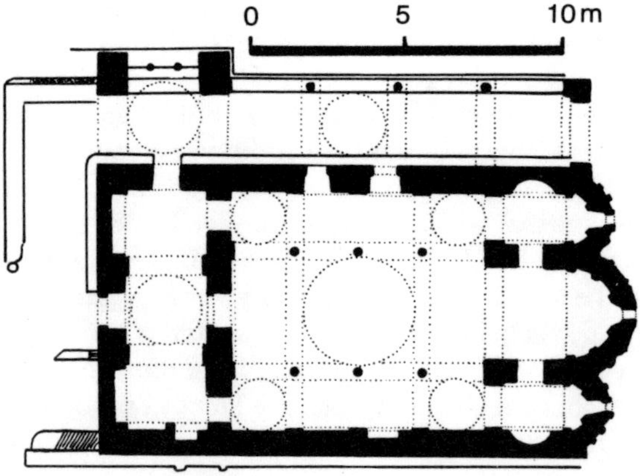

Mystras,
Panagía Pantánassa-Kirche

Das Kloster wurde am steil abfallenden Hang der Ostseite des Berges, direkt an der Mauer, die die Ober- von der Unterstadt trennt, erbaut, und besitzt die bereits besprochene kombinierte Form einer dreischiffigen Basilika im unteren und einer Kreuzkuppelkirche mit Emporen und fünf Kuppeln im oberen Teil.

Die Achse des Bauwerkes ist, durch die Hanglage bedingt, leicht gedreht, so daß der Chor etwas nach Süden zeigt. An der nordöstlichen Seite wurde nach dem Beispiel der Afendikó-Kirche eine Stoá aus vier Arkaden errichtet, die sich jedoch hier, im Gegensatz zum Vorgängerbau, völlig unversehrt erhalten hat. Sie besitzt drei Säulen mit Rundbögen darüber und einer Flachkuppel über jedem Joch. Ein ähnlicher Arkadengang – heute nicht mehr erhalten – verlief ursprünglich auch vor dem Narthex. An der nordwestlichen Ecke des Arkadengangs erhebt sich ein dreistöckiger Glockenturm, gänzlich im backsteinumschlossenen System gebaut. Er ist reich verziert mit Drillingsfenstern, die in den oberen Stockwerken jeweils von einem großen gotischen Blendbogen überfangen werden. Im obersten Geschoß bereichern zusätzlich noch kleine Kleeblattöffnungen (Dreipässe) die Fenstergruppe. Die hohe, fast spitz zulaufende Kuppel des Turms wird an den vier Ecken von kleinen Türmchen flankiert, zwischen denen Dreiecksgiebel aufsteigen. Diese letztgenannten architektonischen Details verraten am stärksten den fränkischen Einfluß, der uns hier stärker als in allen anderen Bauten von Mystras begegnet.

Der Chor ist entsprechend seiner Bedeutung der am schönsten und aufwendigsten dekorierte Teil der Kirche. Die Apsiden, die wie in der Afendikó-Kirche sehr hoch sind, werden durch zwei Gesimse (Ziegel-Sägefriese) in drei Zonen gegliedert, von denen die Sockelzone schmal und schmucklos ist und die übliche Bauweise mit Bruchsteinen aufweist. Die mittlere Zone ist die breiteste von allen und besitzt eine durchgehende Blendbogenreihe. Diese Spitzbogenarkaden sind schmal und hoch und weisen gotischen Zierat und einen Palmettenabschluß auf. Der freie Raum zwischen den Bögen und dem oberen Gesims ist mit einer Reliefgirlande geschmückt, die die Bögen und deren Palmetten spiegelbildlich wiederholt. Die dritte Zone zeigt stilistisch eine andere Ausgestaltung: Sie besitzt ebenfalls eine durchgehende, von Säulen getragene Bogenreihe, unter der jedoch jeweils ein Fenster mit einem Blendfenster abwechselt. Außerdem sind die Arkaden rundbogig. Sonst hat der Außenbau keinen weiteren nennenswerten Schmuck mehr aufzuweisen. Das Mauerwerk besteht aus ziegelgerahmten Quadersteinen und betont besonders die tragenden Bauglieder, wie Pfeiler, Bögen und die Tamboure der Kuppeln.

Die ursprüngliche Freskenausschmückung im Inneren hat sich nur in den Kreuzarmen und im Obergeschoß gut erhalten. Dagegen sind die Wandmalereien im Untergeschoß spätere Übermalungen aus dem 17. und 18. Jahrhundert. Zu diesen neueren Fresken gehören die Darstellungen von Heiligen und der vierundzwanzig Strophen des Akáthistos Hymnos an der Nord-, West- und Südwand, sowie die Bilder im Narthex mit Martyrien von Heiligen und Szenen aus dem Leben Johannes des Täufers.

Das ikonographische Programm der Pantánassa entspricht im großen und ganzen dem der Afendikó-Kirche. An den Gewölben der Kreuzarme sind die großen Feste zu sehen: Der Zyklus beginnt mit der Verkündigung an Maria auf dem Bogen vor dem Altarraum. Es folgen die Szenen: Christi Geburt im Südarm, Darstellung Christi im Tempel und Taufe Christi im Westarm, Verklärung Christi und Auferweckung des Lazarus im Nordarm, Einzug in Jerusalem und Höllenfahrt Christi (das Auferstehungsbild) im Ostarm.

Bilder aus der Passion wie auch Darstellungen der Wunder Christi haben sich nicht erhalten. Sie sind aller Wahrscheinlichkeit nach durch die Übermalungen des 17. Jahrhunderts im Erdgeschoß und Narthex verlorengegangen. Auf den Bogenfeldern der Kreuzarme sind weitere Bilder zu sehen wie die Flucht nach Ägypten, Jesus im Tempel und Jesus mit den Aposteln. Die Zentralkuppel zeigt das traditionelle Bild des Pantokrators, und in den Kuppelzwickeln nehmen, wie üblich, die vier Evangelisten ihren Platz ein. Die ebenso traditionellen Gestalten der Propheten im Tambour der Kuppel sind auch verschwunden. Dagegen haben sich Propheten jeweils im Tambour der vier kleineren Kuppeln erhalten. In den Flachkuppeln waren Propheten und Patriarchen mit Cherubim und an den Wänden der Emporen die siebzig Jünger abgebildet. Die Apsis des Altarraums war der Muttergottes vorbehalten, die hier als Platytéra tón Ouranón, als „den Himmel umfassende", thronend und von zwei Erzengeln flankiert, dargestellt ist. Darunter sieht man die Eltern Mariens, Joachim und Anna. Das gesamte Gewölbe des Altarraums nimmt die Szene Christi Himmelfahrt ein. Die übrigen Wandflächen zeigen die heiligen Basílios und Johannes Chrysóstomos, die Apostelkommunion und die himmlische Liturgie. Die Kuppel des östlichen Seitenschiffes beherrscht das Bild der Maria Vlacherniótissa, so genannt nach dem gleichen Bild der Maria in der Vlachérnai-Kirche in Konstantinopel. Im Seitenschiff gegenüber sieht man die Dreifaltigkeit, in den benachbarten Kuppeln Johannes den Täufer und Abraham in Medaillons. Ferner ist die Koímesis (Marientod) links neben der Tür, die zum Narthex führt, abgebildet. Im Narthex selbst ist über der Tür der Baum Jesse und gegenüber der Bethlehemitische Kindermord zu sehen.

Die Fresken der Pantánassa-Kirche, letzte Vertreter spätbyzantinischer Malerei, schließen eine jahrhundertelange Entwicklung in Mystras ab. Diese Fresken, die eine auffallende Ähnlichkeit mit jenen der Perívleptos-Kirche zeigen, werden durch ihre Vorliebe zu malerischen Details, figurenreichen Szenen, kräftigen (z. T. pathetischen) Bewegungen und nicht zuletzt durch die Tendenz zu einer gewissen Unnatürlichkeit charakterisiert. Die Szenen setzen sich oft aus Einzelepisoden zusammen, sie beeindrucken durch ihre intensive Farbigkeit. Von der Perívleptos-Kirche ist das Nebeneinanderstellen von kräftigen Farben und Schattierungen wie auch die Gelassenheit der vielen Gestalten (z.B. beim Einzug in Jerusalem) übernommen. Die landschaftlichen Elemente sind von der gleichen Kompliziertheit wie bei diesem Vorgänger, sie vermitteln oft einen leicht unruhigen Eindruck. Gleiches ist auch bei den Gebäudekomplexen zu beobachten. Insgesamt zeigen diese Fresken, sowohl in der gesamten Komposition als auch im Detail, einen ausgesprochenen Manierismus, eine Stilrichtung, die für die Zeit der Entstehung dieser Fresken – um das Jahr 1430 –, d. h. für die letzte Phase der palaiologischen Malerei, kennzeichnend ist.

Kapellen (3, 22, 23)

Wenn man von der Architektur in Mystras spricht, so kann man die vielen kleinen Kapellen – mindestens zwanzig – nicht unerwähnt lassen, die im gesamten Nekropolen-Bereich, sowie zwischen Häusern, Palästen und Kirchen verstreut liegen. Sie sind in der Regel private Gründungen und kennzeichnen unter anderem auch den gesellschaftlichen Stand der jeweiligen Gründerfamilie. Es galt als selbstverständlich, daß wohlhabende und angesehene Familien, wie z.B. die Phrangópoulos oder Láskaris, auch ihre eigenen Kapellen besaßen, die sich in unmittelbarer Nähe ihres Hauses oder Palastes befanden. Diese Kapellen sind in der Regel kleine Räume, von einem Tonnengewölbe bedeckt. Sie waren manchmal so klein, daß in ihnen oft nicht mehr als vier oder fünf Personen sich zur Andacht versammeln konnten. Meist waren sie als Grabkapellen einzelner Familien gestiftet.

Von all diesen Kapellen sind uns zwei am besten erhalten: Ágios Christóphoros in der Nähe des Marmára-Tors und Ágios Geórgios auf dem Weg zur Perívleptos-Kirche.

Die Kapelle des *Ágios Geórgios* wurde 1953 restauriert und ist vielleicht die charakteristischste Kapelle in Mystras. Sie ist einschiffig, mit einem zierlichen Narthex an der Südseite, die mit schönem Wandschmuck aus farbigen Ziegelsteinen dekoriert ist. Die Fragmente der Fresken lassen die frühere Innenausschmückung der Kapelle noch gut erkennen. Nicht weit von Ágios Geórgios, am Weg von der Metrópolis zur Perívleptos, steht die ebenfalls restaurierte Kapelle des Ágios Christóphoros. Im Inneren haben sich Teile einer gemauerten Ikonostase erhalten, die, wie auch die übrigen Wände der Kapelle, mit Fresken geschmückt sind. Sie stellen meist thronende Gestalten von Heiligen und Aposteln und dekorative Vasen mit stilisierten Blumen dar. Der Stil dieser Wandmalereien, den man teils manieriert, teils stilisiert nennen kann, weist starke Verwandtschaft mit dem Malstil in der Perívleptos-Kirche auf, was uns veranlaßt, die Kapellenfresken ans Ende des 14. Jahrhunderts zu datieren.

Unterhalb des gleichen Weges nach Perívleptos, außerhalb der Stadtmauer und nicht weit vom Láskaris-Haus, befindet sich die *Ái-Giannákis-Kapelle* (= St. Johannes), wahrscheinlich die Hauskapelle der Familie Láskaris. Reste der ursprünglichen Wandmalereien, die man allgemein in das 15. Jahrhundert datiert, sind noch zu erkennen, so Spuren der Verkündigungsszene, Teile einer vielfigurigen Kreuzigung, einer kreisförmigen Abendmahlszene, der Himmelfahrt und zum Schluß der Szene des ungläubigen Thomas.

Erwähnenswert sind noch zwei weitere Kapellen, die *Agía Kyriakí* unterhalb des Phrangópoulos-Hauses mit Resten einer Wandmalerei mit der Taufe Christi und die *Kapelle der Taxiárchen* oberhalb des Phrangópoulos-Hauses.

Der Brunnen (19)

Auf dem Weg zwischen den beiden Eingangstoren, dem Marmára- und dem Haupttor der Unterstadt, in unmittelbarer Nähe des Láskaris-Hauses, befindet sich der türkische Brunnen. Er besteht aus einem großen Bogen, in dessen Nische auf halber Höhe zwei kleinere Nischen mit Kielbogen angebracht sind. An der linken Seite des Bogens sind Reste zweier Marmorfriese zu sehen, das einzige was von der ehemaligen Marmordekoration übriggeblieben ist.

Brunnen hat es in Mystras nur im Bereich der Unterstadt gegeben, in der Oberstadt und im Zitadellen-Bezirk hat man ausschließlich vom Regenwasser der Zisternen Gebrauch gemacht. Das Wasser für die Brunnen der Unterstadt führte man von dem gegenüberliegenden Hügel namens Pikouliánika heran.

Diavatiká (= überwölbte Durchgänge)

Betrachtet man die architektonischen Besonderheiten von Mystras, fallen ferner die sog. Diavatiká, d.h. die überwölbten Durchgänge auf. Diavatikó heißt der überwölbte Teil der Gasse oder des meist gepflasterten Weges, der zwischen den Häusern verläuft. Auf diesen Bögen ist dann ein weiteres Haus gebaut. Der Sinn dieser Konstruktion besteht darin, daß man dadurch zusätzlichen Raum für die Bebauung gewinnt. Konstruktionen solcher Art waren im Mittelalter üblich, da man sich aus Mangel an bebaubarem Raum innerhalb der Stadtmauern gezwungen sah, alle Möglichkeiten zur Ausnutzung der vorhandenen Fläche wahrzunehmen. Ähnliche Straßenzüge sieht der Besucher heute noch in der mittelalterlichen Felsenstadt von Monemvasía, im Südosten Lakoniens.

Die Häuser (Mystras' profane Architektur) (6, 21, 20, 13)

Die Ruinenstadt von Mystras zeigt uns heute noch das Bild einer Stadt, wie sie in byzantinischer Zeit ausgesehen hat. Denn neben den Kirchen mit ihrer malerischen Ausschmückung hat die profane Architektur (Paläste und Privathäuser) ein fast gleiches Gewicht. In Mystras sind die authentischen Formen – wenn auch in ruinösem Zustand – byzantinischer Stadthäuser erhalten geblieben.

Diese Häuser waren alle am Berghang gebaut und besaßen einen Kellerraum, ein Erdgeschoß (= messópaton), in dem sich die Vorratsräume oder die Stallungen befanden, und ein erstes (bei den reicheren Häusern eventuell noch ein zweites) Stockwerk, das sogenannte Tríklinon oder Triklínion, welches den großen Wohn- und Empfangsraum der Familie aufnahm. An seinen Längsseiten waren mehrere Fenster und Nischen symmetrisch angebracht. Letztere dienten als Schränke. Die Schmalseite wurde oft durch einen Balkon bereichert.

Ein typisches Beispiel für diese Hausform ist das *Haus der Familie Phrangópoulos*, ein Patrizierhaus aus dem 15. Jahrhundert, das sich zwischen der Perívleptos- und der Pantánassa-Kirche befindet. An der nordöstlichen Ecke der Fassade hat man kleine Ziegelsteine gefunden, die so gruppiert waren, daß sich daraus der Buchstabe ,,Φ" ergab. Ein Mitglied der Familie Phrangópoulos war auch Stifter des benachbarten Pantánassa-Klosters.

Diese Hausform heißt auch ,,Haus mit Heliakón" (von ,,Hélios" = die Sonne), da die Fassade der Schmalseite mit einem Söller nach Osten zum Tal hin gerichtet war. Das Haus selbst, zwischen steilen und engen Gassen erbaut, zeigt vom Architektonischen her eine eher schlichte Form. Es ist mit den Längsseiten senkrecht in den Abhang hineingebaut, und sein einziger Schmuck ist der Söller, der – durch ein Blendbogenfries auf Konsolen abgestützt – hervorspringt und dadurch den ,,treppenartigen", in den Abhang ,,hinaufkletternden" Charakter des Gebäudes betont. Durch diesen Blend-

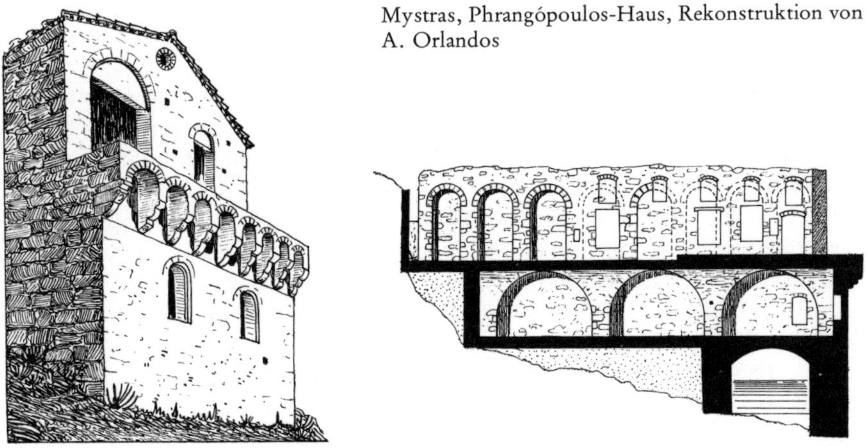

Mystras, Phrangópoulos-Haus, Rekonstruktion von A. Orlandos

bogenfries, auf dem der Söller ruht, wird aber noch etwas erreicht, nämlich eine Auflockerung der Monotonie der Fassade, sie selbst wirkt leichter – da die gesamte Hauskonstruktion eher kompakt und schwer ist. Gleichzeitig wirkt die Fassade auch malerisch. Die wehrhafte Konstruktion des Hauses zeigt sich am besten im Erdgeschoß und an den Längsseiten des Gebäudes, die aus Sicherheitsgründen wie eine Befestigungsmauer errichtet sind: Sie weisen nur zwei kleine Rundbogenfenster auf. Im 13. Jahrhundert war sogar die Fassade des Erdgeschosses häufig ohne jede Fensteröffnung, und es gibt Beispiele von Fassaden, die nur schmale schießschartenartige Öffnungen aufweisen.

Mystras, Láskaris-Haus nach Orlandos

Ferner enthielt der Kellerraum dieser Hausform, dessen Decke ein Tonnengewölbe bildete, neben den Wirtschaftsräumen auch eine Zisterne, in der man das Regenwasser sammelte. In den Wirtschaftsräumen wurde unter anderem auch der Vorrat an Öl in großen Píthoi (tönernen Krügen) aufbewahrt. Oft befand sich unter dem Kellerraum, zur Gasse hin durch eine Arkade offen, der Stall für die Pferde und Esel.

Dies erkennt man am besten am Beispiel des bekannten *Láskaris-Hauses*, so genannt nach der Familie Láskaris, die eine der bedeutendsten Familien in Mystras war. Das Láskaris-Haus befindet sich auf dem Weg vom Eingang des Marmára-Tors zur Metrópolis. Es ist ein schönes zweistöckiges Gebäude mit Söller nach Osten – ähnlich wie beim Phrangópoulos-Haus.

Von der seitlichen Gasse aus erreicht man die Keller- und Wirtschaftsräume und über eine Außentreppe das Triklínion, den eigentlichen Wohnraum, in dem sich das Leben der Familie abspielte.

Zu dieser Gruppe von Patrizierhäusern gehört ein weiteres Gebäude, das älteste und größte in Mystras, das uns in einem relativ guten Zustand erhalten geblieben ist und wegen seines großartigen Aussehens „*Palatáki*" (= kleiner Palast) genannt wurde. Dieser „Palast" befindet sich in der Oberstadt, oberhalb der Nikólaos-Kirche und ist aus zwei Bauteilen verschiedener Epochen zusammengesetzt: aus einem länglichen, hallenartigen Bau im Norden mit einem großen, viereckigen Turm des 13. Jahrhunderts und aus einem jüngeren, südlichen Bau des 14. Jahrhunderts. Der Turm ist zweistöckig, zinnengekrönt und zeigt im Osten einen großen repräsentativen Balkon mit einem reichdekorierten Fenster im Blendbogen. Von diesem Turm aus erreicht man über eine Treppe den ersten Stock des Langbaus, der außen sehr schlicht erscheint und bis auf drei Schießscharten keine weiteren Fensteröffnungen oder sonstigen architektonischen Schmuck aufweist. Dagegen ist der zweite Stock reichlich mit Rundbogenfenstern versehen.

In diesem Stockwerk befanden sich die eigentlichen Repräsentationsräume, so daß sich hier die Wohnräume der Familie in einer viel großzügigeren Weise auf zwei Stockwerke verteilen konnten.

Mystras, „Palatáki" (Kleiner Palast) nach Orlandos

Dieser kleine Palast ist der charakteristische Vertreter der zweiten Häuserform (B), der man in Mystras begegnet und bei der die Längsseiten parallel zum Abhang verlaufen, sehr zu unterscheiden von der bereits besprochenen Häuserform (A), die senkrecht in den Abhang hineingebaut ist. Bei der Form B ist der Turm nicht immer vorhanden, und meist sind die Häuser kleineren Ausmaßes und schlichter in ihrer architektonischen Konzeption.

Zwischen den beiden Hausformen bestehen folgende Unterschiede:

1. Bei der ersten Form (A) erstrecken sich die Längsseiten 17 bis 20 m, so daß man entsprechend tief in den Hang hineinbohren muß; im Gegensatz zur zweiten Form (B), deren Schmalseiten nur eine Tiefe von 4 bis 7 m aufweisen. Daher ist im ersten Fall die Bebauung schwieriger und auch kostspieliger als im zweiten Fall.

2. Ebenso schwierig und kostspielig ist auch das Anbringen von mehreren Arkaden, Bögen und Gewölben im Keller und im Erdgeschoß der Form A, was für das Abstützen des oberen Stockwerkes unerläßlich ist. Bei der Form B fallen all diese Gewölbe-Konstruktionen aus – wenn man von Türmen im Stil des kleinen Palastes und von überwölbten Durchgängen (Diavatiká) absieht.

3. Die Gebäude der Form A machen dank ihres treppenartigen Aufbaus einen leichten, verspielten und interessanten Eindruck, der nicht zuletzt von dem Söller unterstützt wird. Dagegen wirken die Gebäude der Form B schwerer, kompakter, sachlicher und hier und da auch etwas monoton.

4. Hinzu kommen einige Aspekte bezüglich der Orientierung der beiden Häuserformen. Der Hang, auf dem Mystras gebaut ist, schaut nach Osten bzw. Nordosten. So zeichnen sich bei den Häusern der Form A einige Vorteile ab, die man bei den Häusern der Form B nicht in diesem Umfang findet. Bei der Form A werden entschieden größere Wandflächen den Sonnenstrahlen ausgesetzt (es sind dies die beiden Längsseiten und die Ostfassade) als bei der Form B. Das Ergebnis ist, daß im heißen Sommer auf eine der Längsseiten die frische Luft vom Norden her weht, während im Winter die ganze lange Südseite ständig von den Sonnenstrahlen erwärmt wird.

5. Schließlich boten die beiden Längsseiten und die Ostfassade mit dem großen Söller – der ja während der warmen Jahreszeiten durchaus als ein zusätzlicher Raum benutzt werden konnte – größere Möglichkeiten, die wunderschöne Sicht über das Eurotas-Tal bis weit zum Parnon-Gebirge und nicht zuletzt bis zum lakonischen Golf hin zu genießen.

Die Oberstadt

Despoten-Paläste (9)

In die Oberstadt, das Archónten- und Patrizierviertel mit den Despoten-Palästen und der Kirche Agía Sophía, gelangt man durch das restaurierte Monemvasía-Tor, so genannt, weil durch dieses Tor alle diejenigen gingen, die vom Meer kamen. Das Tor, ein überwölbter Durchgang, ist durch einen mächtigen, viereckigen Turm geschützt und wurde früher durch ein Fallgatter geschlossen. Von hier aus führt der Pfad in nördlicher Richtung zum großen Platz mit den Palästen. Dieser Platz bildet die einzige größere ebene Fläche in der gesamten Oberstadt, auf der man in byzantinischer Zeit öffentliche Versammlungen abgehalten hatte. Während der Türkenherrschaft wurde der Platz wegen seines Ausmaßes als „Bazar" (Markt) benutzt, und schließlich wurde am südöstlichen Teil unterhalb des Palastkomplexes eine Moschee errichtet.

Imposant ist der Palastkomplex der byzantinischen Despoten. Diese Gebäudegruppe nimmt in Winkelform die gesamte Nordost- und Nordwestseite des Platzes ein und ist in drei verschiedenen Bauabschnitten entstanden.

Das östlichste Gebäude, das auf sämtlichen Rekonstruktionsplänen des griechischen Archäologen Orlandos als Gebäude „A" bezeichnet wird, gilt heute als das älteste des Komplexes; es wird von einigen Fachleuten sogar vermutet, daß es unter Umständen von den Franken errichtet sein könnte. Man stützt sich dabei auf einen gewissen fränkisch-gotischen Einfluß, der

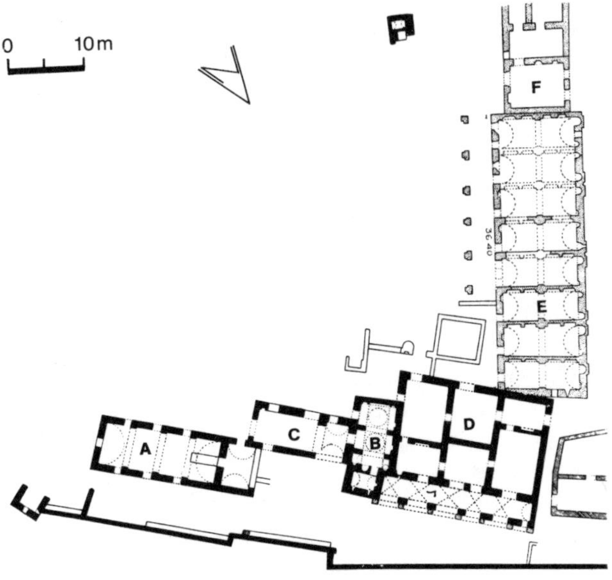

Mystras, Oberstadt: Despoten-Paläste

Mystras, Palast (D) des Despoten Manuel Kantakouzenos, Nordostseite nach Orlandos

Mystras, Palast (E) der Palaiologen nach Orlandos

sich insbesondere bei den Spitzbogenfenstern des Gebäudes bemerkbar macht. Es ist daher anzunehmen, daß dieser älteste Teil vielleicht bald nach 1250 fertiggestellt wurde: Er umfaßt eine langgestreckte Halle mit einem Tonnengewölbe und darüber ein niedriges Obergeschoß, das mit mehreren Spitzbogenfenstern und einem Balkon geschmückt war. Dieser Halle war im Norden ein dreistöckiger Turmbau angeschlossen.

Aus etwa der gleichen Zeit stammt auch das kleinere Gebäude „B“. Es dürfte wohl die Wirtschaftsräume für das Gebäude „A“ (Küche, Kamin und zwei Zisternen) enthalten haben.

Erst nach 1350 wurde der vierstöckige Bau „C“ als Zwischentrakt zwischen den Gebäuden A und B errichtet. Hier befanden sich auch die Kammern für die Dienerschaft. Zusammen mit dem Gebäude „C“ entstand dann auch der größere Bau „D“, der an den Nordwesttrakt anschließt, als Palast des Despoten und seiner Familie. Es handelt sich um ein zweistöckiges Gebäude mit sechs Zimmern in jedem Stockwerk, einer kleinen Kapelle im Obergeschoß und einer offenen Stoá an der Nordostseite, deren mächtige Pfeiler das Blendbogengesims der Terrasse tragen. Die Stoá ist heute restauriert. Dieses Gebäude „D“ ist in der Zeit zwischen 1350 und 1400 vom Despoten Manuel Kantakouzenós (1348–1380), dem zweiten Sohn des byzantinischen Kaisers Johannes VI. Kantakouzenós (1347–1354), erbaut worden, der auch der Bauherr der Palastkirche Agía Sophía war.

Der nordwestliche Flügel des Palastkomplexes, als Gebäude „E“ bezeichnet, stammt aus der Zeit zwischen 1400 und 1460 und ist als der „Palaiologen-Palast“ bekannt, da er von Mitgliedern der palaiologischen Dynastie erbaut wurde. Der Palast besteht aus einem langgestreckten, einheitlichen Bau mit drei Stockwerken und einem jetzt halb im Boden versunkenen Erdge-

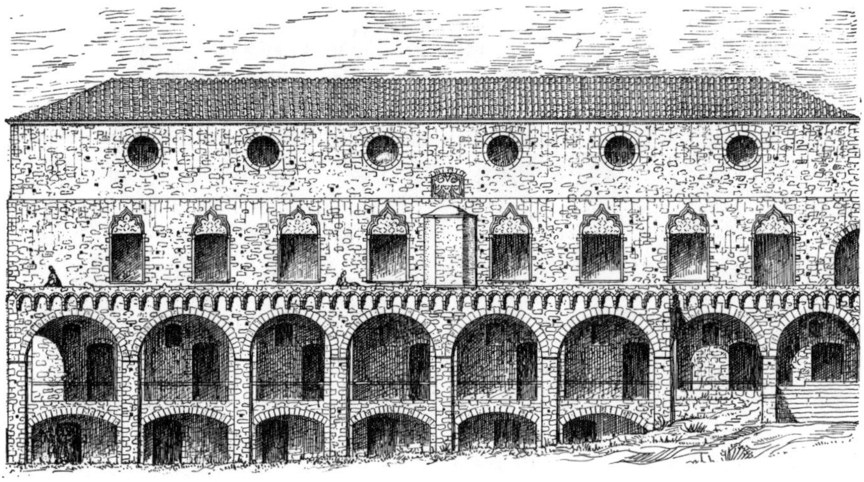

schoß mit gewölbter Decke, in dem Vorratsräume lagen. Das erste Stockwerk besaß acht Einzelkammern, jede mit Kamin und einem kleinen Fenster versehen; sie dienten wahrscheinlich der Verwaltung als Büroräume. Vor jeder Kammer öffnete sich früher eine große Arkade, wodurch eine Art Stoá entstand, ähnlich wie im Kantakouzenós-Palast. Diese Stoá trug in der ganzen Länge des Gebäudes einen Balkon, der dem zweiten Stockwerk vorgelagert war. Von diesen Arkaden ist heute nichts mehr erhalten, man kann lediglich den untersten Teil der tragenden Pfeiler an der Südseite der Fassade noch sehen. Das zweite Geschoß wurde von einem einzigen großen Saal von 36,30 m Länge und 10,50 m Breite eingenommen, der den Thronsaal, den sogenannten „Chrysotríklinos" der Byzantiner, bildete. Der Saal war sehr hoch, da er sich über zwei Stockwerke erstreckte und nur von einer flachen Decke abgeschlossen war. Die Hoffassade dieses Saals war mit mehreren, symmetrisch zu der nach außen als Erker vorspringenden Thronnische angebrachten Fenstern geschmückt, die im unteren Teil groß und viereckig mit spätgotischem Spitzbogen-Rahmen, im oberen Teil aber rund (Ochsenaugenfenster) waren. Der in der Mitte der Südwand befindlichen Thronnische war eine umlaufende steinerne Wandbank für die Hofleute, die Archonten und Besucher zugeordnet.

Die Nordwand (Rückseite) des Palastes wird durch die acht Schornsteine, die von den Kaminen der acht Kammern im ersten Stock ausgehen und den Thronsaal mitheizten, besonders betont und zugleich gegliedert.

Die Fortsetzung des Gebäudes an der Westseite „F" ist eine spätere Hinzufügung. Es handelt sich dabei um ein schmaleres dreistöckiges Gebäude, das nach 1421 für die Hofdamen der italienischen Gemahlin des Despoten Theódoros II., Kleopatra Malatesta, errichtet wurde.

Mystras, Palaiologenpalast, Rückseite nach Orlandos

Insgesamt wirkt dieser palaiologische Bau in seiner architektonischen Gliederung renaissancehaft (er erinnert zwar im Entwurf und in der Konstruktion an den Porphyrogénnetos-Palast aus dem 13. Jahrhundert, weist aber im Fensterbereich Ähnlichkeit mit Palästen der italienischen Frührenaissance auf), bietet in seinem guten Erhaltungszustand ein treffliches Beispiel profaner byzantinischer Baukunst und dokumentiert darüber hinaus vielleicht am besten die wechselseitigen Beziehungen, welche zwischen Mystras und Italien existierten.

Nauplia-Tor

Westlich des Palast-Komplexes befindet sich das von zwei hohen, mächtigen Türmen flankierte Nauplia-Tor, das zweite wichtige Tor der Oberstadt, so genannt, da es für diejenigen bestimmt war, die – im Gegensatz zum Monemvasía-Tor – vom Festland kamen. Die imposante Konstruktion des Tores läßt uns vermuten, daß es sich hier um den Haupteingang in die Stadt handelte.

Palast-Kapelle

Wenn man das Paläste-Plateau verläßt und den Pfad in Richtung Agía Sophía-Kirche einschlägt, kommt man unmittelbar bei einer 1952 freigelegten Kapelle vorbei. Sie besitzt Reste schöner Wandmalereien. Man erkennt an der Nordmauer der Kapelle einige Gestalten von Soldaten-Heiligen, die stilistische Ähnlichkeit mit jenen der Perívleptos-Kirche aufweisen.

Agios Nikólaos-Kirche (14)

Die zweite große Kirche der Oberstadt steht dem Paläste-Plateau gegenüber an der Straße, die zum Montemvasía-Tor führt, und ist dem heiligen Nikolaus von Myra geweiht. Sie wurde erst während der türkischen Zeit, in der 1. Hälfte des 17. Jahrhunderts, erbaut und stellt in ihrer architektonischen Konzeption nichts Besonderes dar, wenn man sie mit den byzantinischen Kirchen in Mystras vergleicht. Das schlichte Gotteshaus besitzt eine zentrale Kuppel, einen Narthex und einen Exonarthex. Im Inneren sind Fresken erhalten geblieben, die die Geschichte des heiligen Nikólaos erzählen. Ferner verdienen Erwähnung eine große Darstellung des Jüngsten Gerichts an der Südwand der Kirche und der Verkündigungsengel am Pfeiler des Triumphbogens. Die Wahl dieses Platzes für den Erzengel Gabriel ist typisch für byzantinische Kirchenräume. Obwohl sich die Darstellung des Jüngsten Gerichts ikonographisch auch von den bekannten byzantinischen Vorlagen herleitet, bleibt ihr Stil jedoch provinziell und volkstümlich, charakteristisch für die Volkskunst im 17. und 18. Jahrhundert.

Die Kirche des Ágios Nikólaos ist dennoch sehr interessant – wenn man sie unter dem Blickwinkel der historischen Entwicklung von Mystras sieht –, ist sie doch die einzige nachbyzantinische Kirche der Ruinenstadt. Sie bildet zusammen mit den anderen großen Kirchen (Serbítsa, Chrýssapha), ebenfalls aus dem 17. Jahrhundert, eine Kette im lakonischen Raum, die für einen gewissen wirtschaftlichen Aufschwung Lakoniens während dieser Zeit spricht und uns ein Beispiel dafür gibt, daß man im 17. Jahrhundert in Lakonien noch die Möglichkeit hatte, große Kirchen zu bauen und sie reich mit Fresken zu schmücken.

Kleiner Palast („Palatáki") (13)

Etwas oberhalb der Kirche von Ágios Nikólaos befindet sich das sogenannte „Palatáki" (= kleiner Palast), auch „Archontikón" (= Patrizierhaus) genannt. Es ist nach den Despotenpalästen das vielfältigste profane Gebäude in Mystras, denn es besteht aus zwei Bauten verschiedener Perioden: aus einem nördlichen mit Turm, der auch der ältere ist, und aus einem südlichen, jüngeren Bau (siehe auch Beschreibung auf Seite 105).

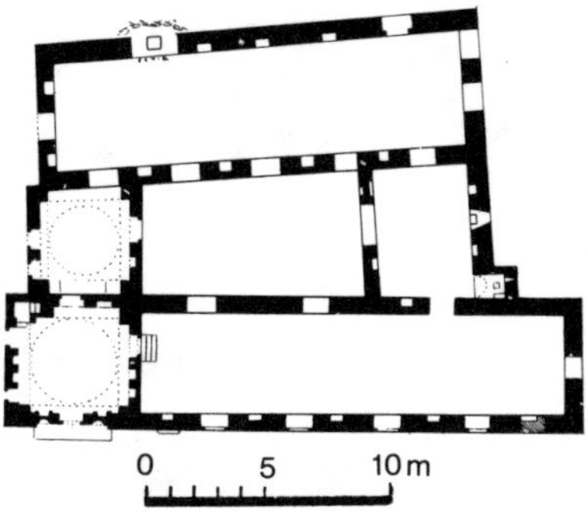

Mystras, Oberstadt: Kleiner Palast

Diese zwei parallel zum Hang liegenden Bauten hat man mit Querflügeln verbunden, so daß in der Mitte ein Innenhof entstand, unter dem eine Zisterne liegt. Der Innenhof ist ebenfalls eine Seltenheit in Mystras.

Das Repräsentative und Großzügige des gesamten Baukomplexes verleiht dem Gebäude einen herrscherlichen Charakter, so daß man hier den Wohnsitz der Kaiserin Helena vermutet, die sich nach dem Tode ihres Mannes, Manuel II. Palaiologos, 1425 nach Mystras zurückzog, wo sie bis zu ihrem Tode 1450 lebte.

Agía Sophía-Kirche (11)

An der Südwestseite des Hügels, oberhalb der Despoten-Paläste, steht die Kirche der Agía Sophía (= Kirche zur Heiligen Weisheit), die größte Kirche der Oberstadt, gleich der Agía Sophía in Konstantinopel und in Monemvasía als Palastkirche (der Despoten von Mystras) und zugleich als Katholikón eines kleinen Klosters gebaut. Dafür spricht die Tatsache, daß die Kirche im Palastbereich erbaut wurde und ihr Erbauer der erste Despot von Mystras, Manuel Kantakouzenós (1348–1380), war, der ihr auch den Namen der großen Kirche in der Hauptstadt gab. Das Monogramm des Erbauers „Manuel Kantakouzenós Palaiologos, Despot-Stifter" ist auf den Kapitellen der Pfeiler und an den Säulen der Kirche zu lesen. Für die These, daß es sich hier um eine Palastkirche handelt, spricht ferner die schriftliche Überlieferung, daß zwei fürstliche Frauen, Theodóra Tocco, die Gattin von Konstantínos XII. Palaiologos, und Kleopatra Malatesta, die Gemahlin des Despoten Theódoros II. Palaiologos, im Kloster des Christus Zoodótes (= des Lebensspenders) ihre letzte Ruhestätte gefunden haben. Denn die Kirche Agía Sophía ist mit dem Katholikón des Klosters Christus Zoodótes identifiziert worden, das Manouel wohl in den Jahren 1350–1365 gegründet hat. Die drei quadratischen Kapellen mit Kuppeln (K, L, M) im Westen und Süden des

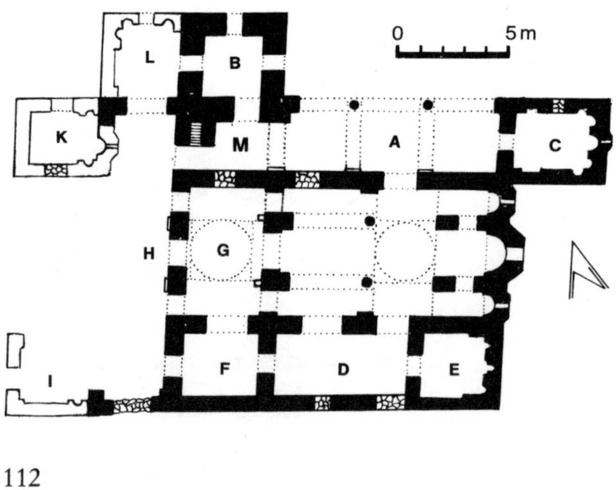

Mystras, Oberstadt: Kirche der Agía Sophía

50 Hauptplatz von Monemvasia mit Glockenturm der Christós Elkómenos-Kirche

51 Blick auf die Ober- und Unterstadt von Monemvasia

◀
52 Eines der wiederaufgebauten Häuser in der Unterstadt von Monemvasia

▶
53 Hauptstraße von Monemvasia

56 Blick von der Unterstadt von Monemvasia auf die Befestigungsmauern der Oberstadt

◀ 54 Blick über die Unterstadt von Monemvasia
◀ 55 Panagía Chryssaphiótissa-Kirche in Monemvasia

57 Der imposante Felsen von Monemvasia

58-61 Skulptierte Kapitelle an den Fenstern der Agía Sophía-Kirche in der Oberstadt von Monemvasia ▶

64 Panagía Myrtidiótissa-Kirche in Monemvasia mit Blick zur Oberstadt

◀ 62/63 Agía Sophía-Kirche in der Oberstadt von Monemvasia mit venezianischer Loggia (unten)

65 Am Hafen von Neápolis

66 Blick über Chóra auf die Insel Kythira ▶
67 Blick auf die venezianische Festung von Chóra und Kapsáli (Kythira) ▶

70 Der Hafen von Gythion (Mani)

◀ 68 Eingang zum Kastell von Mylopótamos auf Kythira
◀ 69 Gasse von Mylopótamos auf Kythira

73 Kapetanákis-Turm in Areópolis (Mani)

◀ 71 Grigorakis-Turm auf der Insel Kranáe gegenüber von Gythion (Mani)
◀ 72 Antikes Theater von Gythion (Mani)

Nächste Seiten:

74 Gasse in Areópolis (Mani)
75 In „megalithischer Art" gebaute Kirche in Areópolis (Mani)
76 Nachbyzantinische Kirche in Areópolis (Mani)
77 Gasse in Areópolis (Mani)

teilweise restaurierten Glockenturms (B) hält man im allgemeinen für die fürstlichen Mausoleen.

Der Kirche war im Westen ein Exonarthex (= äußerer Narthex) vorgelagert, der heute nicht mehr vorhanden ist; dies gilt auch für die eine der beiden Kapellen (I), von denen er flankiert war. Im Süden erstreckt sich längs des Kirchenraumes eine schmale Halle (D), die an ihrem westlichen und östlichen Ende je eine Kapelle besitzt (F, E). Schließlich wurde an der Nordseite der Kirche eine Säulenhalle angefügt, die im Westen an den Glockenturm (B) und die Grabkapelle (M) angrenzt, während sie im Osten durch eine weitere Kapelle (C) abgeschlossen ist.

Die Kirche gehört zum selben Typus wie die Perívleptos und die Evangelístria: Sie ist eine einfache zweisäulige Kreuzkirche mit Kuppel. Dieser Typus ist der häufigste auf griechischem Boden und vom sogenannten „komplexen" Typus von Konstantinopel zu unterscheiden, bei dem die Kuppel von vier Säulen getragen wird. Die Kirche besitzt ferner einen geräumigen Narthex (G) mit einer Kuppel im Zentrum – einziges Beispiel dieser Art in Mystras –, die nur etwas niedriger ist als die Hauptkuppel. Die Westfassade war in Arkaden geöffnet, die heute zugemauert sind.

Der gesamte Kirchenkomplex wirkt von außen breit und kompakt. Doch das Kircheninnere beeindruckt durch seine schlanken, hohen Proportionen, die für die byzantinische Architektur recht ungewöhnlich sind. Die wenigen schmalen Fenster der Kuppel und der Kreuzarme – letztere sind ebenfalls hoch oben angebracht – und die hohen Tonnengewölbe betonen noch mehr die Höhe und verraten, wie der Glockenturm und die Säulenhalle im Norden, einen westlichen Einfluß.

Die Sophienkirche besitzt einen Freskenschmuck, der größtenteils noch unter einer durch Feuchtigkeit entstandenen Salzschicht liegt. Doch die wenigen erkennbaren Reste lassen sich zu einem ikonographischen Programm ergänzen, wie wir es bereits von der Perívleptos-Kirche kennen. In der Konche der Mittelapsis ist ein monumentaler thronender Christus-Pantokrator mit segnender rechter Hand, in der Linken das Evangelium haltend, dargestellt. Er findet sich allerdings an einer Stelle, wo sonst – seit der mittelbyzantinischen Zeit – ausnahmslos das Bild der Gottesmutter seinen Platz einnimmt. Diese Abweichung von dem sonst streng eingehaltenen ikonographischen Programm der byzantinischen Kirche deutet auf die frühere Benennung der Kirche als Kirche des „Christus Zoodótes" hin. Unterhalb dieser Christus-Darstellung haben sich Spuren von der Melismós-Szene mit den Hierarchen Basílios und Johannes Chrysóstomos erhalten, bei der das Jesuskind als Meßopfer dargebracht wird. Im Gewölbe sieht man Spuren von der Himmelfahrt Christi. In den drei hohen Gewölben der Kreuzarme sind die großen Kirchenfeste abgebildet, in den beiden niedrigen westlichen Gewölben erkennt man noch die Passionsszenen.

Wandmalereien schmücken auch die beiden östlichen Kapellen. In der nordöstlichen Kapelle (C) ist im Gewölbe Christus als Pantokrator zu erkennen, umgeben von Seraphim und Cherubim. In der Apsis sieht man die Gottesmutter als Platytéra mit zwei Engeln, an der Ostwand die Verkündigung, die Kreuzigung im Westen, die Höllenfahrt Christi (das Auferstehungsbild) im Norden mit einem Schmerzensmann in der kleinen Nische, schließlich die Koímesis (den Marientod) im Süden.

In der verhältnismäßig großen Kuppel der südöstlichen Kapelle (E) ist das Bild der Gottesmutter in der Art der Vlacherniótissa, mit dem Christus-Medaillon auf der Brust, zu erkennen. An der Nordwand ist der thronende Christus zu sehen und an der Westwand die Szene mit der Geburt Mariens. Anna liegt, von mehreren Personen umgeben, auf dem Wochenbett, im Hintergrund sind Häuser dargestellt. Eine fast intime Atmosphäre herrscht im Bild. Seine Farbigkeit, überwiegend in warmen gelblichen und rötlichen Tönen gehalten, ist charakteristisch für die Malerei in den Kirchen von Mystras. Die Phantasiegebäude, die einen kulissenartigen Hintergrund bilden, sind ebenfalls typische Architekturformen der Palaiologenzeit, die dem Bild seinen charakteristischen, malerischen Ausdruck verleihen – ein Hauptelement der Stilrichtung in der Kunst jener Epoche, die man nicht zu Unrecht als ,,palaiologische Renaissance" bezeichnet hat.

Nordwestlich der Kirche befindet sich das ursprünglich zweistöckige Refektorium des ehemaligen Zoodótes-Klosters, in dessen Nischen noch einige wenige Köpfe von Heiligen zu sehen sind, und weiter westlich eine schöne überdachte Zisterne.

Die Festung (12)

Von der Oberstadt aus führt der Pfad in steilen Serpentinen zum Gipfelkastell (Kástron), 621 m ü.d.M., dessen wohlerhaltener Mauerring auf die fränkischen Eroberer zurückgeht. Der Besucher wird hier für den recht mühevollen Aufstieg durch die herrliche Aussicht auf die meist schneebedeckten Gipfel des Taýgetos im Hintergrund, sowie das fruchtbare Eurotas-Tal im Osten (und bei klarem Wetter sogar bis zum lakonischen Golf) entschädigt.

Das Kastell selbst ist das älteste Bauwerk von Mystras. Es entstand 1249 und sollte einerseits die bereits eroberten Gebiete Lakoniens kontrollieren und andererseits die weiteren Eroberungszüge auf dem südöstlichen Peloponnes absichern. ,,Und er (Villehardouin) hat viel in dieser Gegend gesucht und einen eigenartigen Felshügel abgetrennt von dem Gebirge gefunden . . . und hat ihm den Namen Mysethrás gegeben, weil er so genannt wurde. Er hat ihn mit einer Burg gekrönt und sie zu einer starken Festung ausgebaut" (Chronik von Morea, V. 2985 ff.).

Es handelt sich dabei um eine Anlage von 170 m Länge und 50 m Breite,

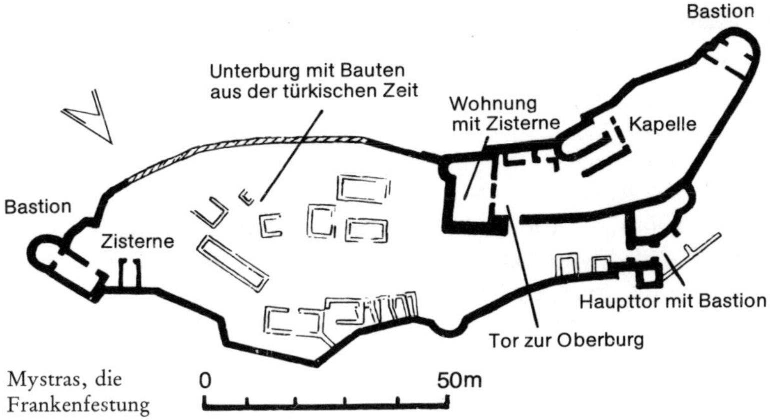

Mystras, die
Frankenfestung

die das gesamte Plateau um die Bergspitze einnimmt. Ihre ursprüngliche Form hat sich zwar durch mehrere Reparaturen und Anbauten in türkischer und venezianischer Zeit verändert, man kann sie jedoch heute noch in ihrer Anlage und nicht zuletzt wegen ihres Bergfriedes als eine typische „Kreuzritterburg" erkennen.

Das einzige Festungstor befindet sich an der nördlichen Seite der Außenmauer und wird von einem großen viereckigen Turm aus byzantinischer Zeit geschützt. Von hier aus gelangt man in den äußeren Kastellbereich (Burghof), der bis zu seinem südlichen Ausläufer voll von Gebäuderuinen aus türkischer Zeit ist. An der Südostseite des Burghofes liegt eine große Zisterne, die als Wasserreservoir während der Belagerungszeit diente; in der Nähe ist ein mächtiger runder Turm, wohl ein Beobachtungsturm, zu sehen. An dieser südlichen Seite des Kastells wie auch an der westlichen, mit Blick auf den Taÿgetos, fällt der Hügel steil in eine tiefe Schlucht ab. Auf dem gleichen Pfad zurück zum Festungstor kommt man bei einem zweiten Tor vorbei, das den Zugang zum höher gelegenen, inneren Burghof, dem eigentlichen Kern des Kastells, bildet. Gleich links von diesem Tor befinden sich die Ruinen der Wohnung des Statthalters mit großer Zisterne im Untergeschoß, etwas weiter oben die der Burgkapelle. Es handelt sich dabei um zwei nebeneinander gebaute einschiffige Kapellen (Doppelkapelle), von denen nur ein Fensterbogen erhalten geblieben ist. Geringe Spuren von Wandgemälden, die offensichtlich zu den ältesten in Mystras gehören, lassen die Gestalt eines Hierarchen erkennen.

Auf der höchsten Stelle, an der Westseite, erhebt sich die Ruine eines zweiten runden Wachtturmes aus fränkischer Zeit. Von hier aus hat man einen weiten Blick über das lakonische Gebiet.

VI. Geraki (= Geráki) und seine Ruinenstadt

Geraki ist ein befestigter Ort zwischen Sparta und Monemvasia. Es liegt, 40 Kilometer südöstlich von Sparta, am südwestlichen Fuß des Parnon-Gebirges in einer Höhe von 320 Metern über dem Meeresspiegel und ist von Sparta aus durch eine asphaltierte Straße schnell und bequem zu erreichen.

Geschichte

Das heutige, sehr malerische Dorf mit seinen knapp 2000 Einwohnern wird seit dem Neolithikum (Jungsteinzeit) ununterbrochen bewohnt. Es hat eine Akropolis vorzuweisen, deren Überreste zyklopischer Mauern aller Wahrscheinlichkeit nach in die Zeit um 1100 v. Chr. zu datieren sind (Bronzezeit). Diese pelasgische Mauer ist von Franken, Türken und Venezianern restauriert worden. Die verschiedenen Ausgrabungen auf dem Burghügel und im benachbarten Gebiet haben viele Funde ans Licht gebracht, überwiegend aus der mykenischen Zeit. Sie sind alle in dem kleinen Dorf-Museum zu besichtigen.

Aus der neolithischen Siedlung muß sich später eine recht bedeutende Stadtanlage entwickelt haben. Sie wird von Pausanias (III, 21,7) als „die Stadt Gheronthrai" erwähnt, und zwar als eine der achtzehn selbständigen Städte, die sich zum Bund der „freien Lakonen" zusammengeschlossen hatten. Dazu gehörten z. B. auch Epídauros Limerá mit Monemvasia und Gythion, die alte Hafenstadt Spartas. Die Vermutung liegt nahe, daß Gheronthrai in klassischer Zeit eine wichtige Rolle gespielt hat. Die Stadt muß zusammen mit Sparta, Gythion und Monemvasia einen entscheidenden Stützpunkt innerhalb des lakonischen Gebiets gebildet haben. Ihre Lage ist dafür charakteristisch: Das Parnon-Gebirge im Rücken, beherrscht sie (mit Blick auf den Taÿgetos) die gesamte lakonische Ebene weit über den Eurotas hinaus bis ans Meer. Es ist ein wunderschöner Blick, der sich dem Besucher von Geraki, diesem „Balkon Lakoniens", bietet.

Kriegerisch und musisch zugleich veranlagt, haben die Bürger von Gheronthrai den Göttern Ares und Apollon je einen Tempel gebaut. Diese Tempel kann man heute nicht mehr sehen, doch existiert von ihnen eine Menge von archäologischen Funden, größtenteils Marmorstücke und Reliefs, die in späteren Zeiten als Spolien für die fränkischen Gebäude und byzantinischen Kirchen wieder verwendet worden sind.

Die antike Stadt von Gheronthrai lag etwa auf dem kleinen Hügel, auf dem auch das heutige Dorf Geraki gebaut ist. Ihm gegenüber, etwa eine Gehstunde entfernt, befindet sich auf einem anderen Nord-Süd verlaufenden Hügel, dem Malewó, der vom Parnon getrennt ist, die alte Stadt Geraki, heute eine Ruinenstadt ganz nach dem Muster von Mystras – wenn auch in kleinerem Maßstab – mit den imposanten Ruinen einer Frankenburg auf dem Gipfel des Hügels darüber.

Mit der Eroberung von Konstantinopel im Jahre 1204 öffnete sich den Lateinern der Weg auch in die übrigen Provinzen des byzantinischen Reiches. Griechenland und vor allem der Peloponnes, der bereits damals eine vernachlässigte und bedeutungslose Provinz des Reiches war, wurde bald das Ziel eines neuen Eroberungszuges: 1205 wurde er von Gottfried von Villehardouin und seinen hundert Rittern erobert und unter ihre Führer verteilt. Das neue „Fürstentum von Achaja", wie von nun an der fränkische Ritterstaat auf dem Peloponnes hieß, war in zwölf Baronien aufgeteilt, und jeder Baron ging bald daran, seine Burg zu errichten. Geraki fiel dem Baron Guy de Nivelet zu, der hier 1254 seine Burg baute. Sie war ein Teil der Befestigungslinie, die in einem Bogen von Süden über Westen nach Norden und weiter nach Osten die fruchtbare lakedaimonische Ebene abschirmen sollte. Und sie sollte zugleich als Grenzsicherung gegen den unruhigen Stamm der Tsákones (Tsakonen) dienen, die das Gebiet um das arkadische Leonídion bewohnten. Zu dieser Zeit entstanden auch die mittelalterliche Stadt Geraki und die meisten ihrer Kirchen an dem westlichen Hang des Burghügels.

Im Jahre 1261 wird Konstantinopel durch die Palaiologen zurückerobert, und damit beginnt auch die Rückeroberung des Peloponnes. Ein Jahr später, 1262, geht die Burg von Geraki zusammen mit drei anderen sehr wichtigen Stützpunkten der Franken, nämlich Mystras, Monemvasia und Maina, an die Byzantiner über, und zwar im Tausch für den durch die Byzantiner nach der Schlacht von Pelagonia gefangengenommenen „Fürsten von Achaja", Villehardouin.

Geraki mit seiner Burg blieb auch unter den neuen Herren ein strategischer Stützpunkt innerhalb des Despotats von Moréas. Unter den Byzantinern entstanden viele neue Kirchen in der kleinen Stadt. Sie war bis zur Eroberung durch die Türken 1460 bewohnt. Dann geriet sie in Vergessenheit. Ein kurzes Zwischenspiel unter den Venezianern von 1463 bis 1468 und 1687 bis 1715 vermochte ihren Verfall nicht mehr aufzuhalten.

Der Name Geraki ist aller Wahrscheinlichkeit nach von einem Mann namens Hierax abzuleiten, der als Feudalherr gegen Ende des 12. Jahrhunderts das gesamte Gebiet um das alte Gheronthrai in seinem Besitz hatte. Nach ihm wurde Gheronthrai in „Hierákion" umbenannt, das in byzantinischen Quellen zu finden ist. Das Wort „Geraki" scheint sich durch Abschleifung daraus entwickelt zu haben (Hierákion – Gerákion – Geráki).

Rundgang

Die Gegend von Geraki ist voll von kleineren und größeren byzantinischen Kirchen aus der Zeit des 12.–15. Jahrhunderts, die alle verschlossen sind. Die Schlüssel zu den Kirchen hat der Fýlax (offizieller Wärter), der auch für die Kirchen der Festung sowie für den gesamten Festungsbereich zuständig ist. Im Dorf selbst befinden sich in der Nähe des Brunnens die Fundamente einer dreischiffigen Basilika aus frühchristlicher Zeit (5. Jh.), wohl das älteste von allen Gotteshäusern in dieser Gegend (Ágios Ioánnis?).

Aus der Mitte des 12. Jahrhunderts stammt die älteste bestehende Kirche von Geraki: *Evangelístria*, ein kleiner wunderschöner Bau in Kreuzkuppelform inmitten eines Zypressenhains am Ortsrand des Dorfes. Die Kirche mit der verhältnismäßig hohen Tambourkuppel weist einen einzigen Raum auf.

Die für die mittelbyzantinische Zeit übliche Vorhalle, der Narthex, ist hier nicht vorhanden. Etwa dreißig bis vierzig Jahre nach ihrer Entstehung erhielt die Kirche ihre Wandmalereien, die heute noch in sehr gutem Zustand sind. Sie sind sehr qualitätvoll und gelten nach Meinung vieler Fachleute als das Werk eines hauptstädtischen Künstlers – was wohl seine Richtigkeit haben dürfte, wenn man bedenkt, daß das byzantinische Geraki ein ebenso wichtiger Stützpunkt für das Reich war wie das benachbarte Mystras und aus diesem Grunde auch rege Beziehungen zu Konstantinopel unterhielt. Die Wandmalereien der Evangelístria zeigen die uns aus der mittelbyzantinischen Zeit bekannten ikonographischen Motive: In der Kuppel ist Christus-Pantokrator (der Weltenherrscher) inmitten von Engeln und Cherubim (in der oberen), sowie von Propheten und Heiligen (in der unteren Kuppelzone) dargestellt. In den Kuppelpendentifs sind die vier Evangelisten zu sehen, in Verbindung mit Szenen aus dem Marienleben, während in der Apsis die Gestalt der Maria Orans, der Gottesmutter als Fürbitterin der Menschheit, ihren Platz einnimmt. Im Apsisgewölbe wird Christus in der Mandorla von vier Engeln getragen (Himmelfahrt) – eine Darstellungsweise, wie wir sie aus dem Kuppelmosaik der Sophienkirche in Thessaloníki kennen. Die übrigen Wände und Wölbungen des Kircheninneren werden mit Szenen aus dem Leben Christi (Dodekáorton), bzw. – ebenfalls nach hauptstädtischem Muster – mit einer Reihe von Märtyrern und Soldatenheiligen geschmückt.

Die Kirche des *Ágios Sóson* (Erlöser-Kirche, auch Ai Sóstis genannt) am südöstlichen Rande von Geraki ist ebenfalls eine Kreuzkuppelkirche, allerdings größer als die Evangelístria und auch etwas jünger: Sie wurde um 1200 gebaut, aus der gleichen Zeit stammt wohl auch ihr Freskenschmuck. In ihrer erweiterten architektonischen Form kommt die Kirche den mittelbyzantinischen Bildungen näher und dokumentiert so die Beziehungen zu Konstantinopel.

Den gleichen Bautypus vertritt die Kirche *Ágios Athanásios*, die Friedhofskirche am südlichen Ende des Dorfes. (Von hier aus führt die nicht asphaltierte Dorfstraße auf die fränkische Burg.) Kirche und Freskenschmuck sollen um 1400 entstanden sein. Die Kuppel der Kirche wurde 1964 nach dem Vorbild von Ágios Sóson wiederhergestellt. Von den ursprünglichen Wandmalereien sind noch einige Reste (so links der Ikonostase der hl. Georg und rechts oberhalb der Ikonostase im Gewölbe das Abendmahl und Szenen aus dem Leben Christi, im lokalen Stil ausgeführt) zu sehen.

Während der Frankenherrschaft wurden im Dorf weitere Kirchen gebaut, so die kleine einschiffige Kirche des heiligen *Johannes Chrysóstomos* aus dem 13. Jahrhundert. Sie besitzt ein Tonnengewölbe, sowie eine mit spärlichem Keramikschmuck dekorierte Apsis und ist reich freskiert. Im Inneren der Kirche werden die beiden Wände längs des einschiffigen Raumes von je drei Rundbogennischen durchbrochen, die mit Bildern von Heiligen ausgemalt sind. Oberhalb dieser Nischen verläuft um den ganzen Raum ein Medaillonfries mit Büsten von Heiligen, während das Gewölbe Szenen aus dem Leben Christi und Mariens, darunter eine schöne „Anbetung durch die Erzengel" zeigt; in der Nordhälfte: Christi Geburt, Himmelfahrt, Tod und Auferstehung Mariens; in der Südhälfte: Gethsemani und die Darstellung im Tempel. Auf dem Templon ist rechts Christus und links der hl. Johannes Chrysóstomos dargestellt, nach dem die Kirche benannt ist. Der Zustand der Wandmalereien ist recht gut, sie selbst sind sehr ausdrucksvoll.

An der südlichen Außenwand findet man ein interessantes Wechselspiel von Ziegelmustern und Marmor- bzw. Steinplatten; doch die Rarität der Kirche bleiben die Türpfosten beim Eingang. Sie zeigen Marmorbruchstücke mit Inschriften aus dem Jahre 301 n. Chr. Es handelt sich um Abschnitte aus dem Preisedikt des Kaisers Diokletian. Die Marmorinschriften sind als Spolien am Eingang der Kirche wieder verwendet worden.

Eine interessante architektonische Konzeption zeigt die kleine Doppelkirche *Ágios Nikólaos* vom Ende des 13. Jahrhunderts – auch „Zwillingskirche" bezeichnet. Sie befindet sich im südlichen Teil von Geraki, unweit von Ágios Sóson, inmitten eines Olivenhains. Die Kirche besteht aus zwei Schiffen. Da diese jedoch nach außen hin wie zwei voneinander getrennte Kirchen wirken, spricht man auch von einer „Zwillingskirche". Der Haupteingang zur Kirche befindet sich am westlichen Teil des nördlichen Schiffes, und dieses Schiff mündet auch in die Apsis im Osten, während die Ostwand des südlichen Schiffes eine große Rundbogennische mit Keramikschmuck als einzige Dekoration aufweist. Das Kircheninnere besitzt wenige Wandmalereien in leider schlechtem Zustand, darunter eine Darstellung der Maria Ägyptiaca, die aus der Hand des Mönchs Sosimos die Kommunion empfängt (auf der Rückseite des Templon). Die Spuren dieser recht qualitätvollen Arbeiten werden heute durch zwei Betongewölbe geschützt.

Außerdem ist noch die Kirche *Ágii Theódori* zu erwähnen, mit kreuzförmiger Überdachung und schmucklosem Innern.

Im Bereich der Nekropole unterhalb der fränkischen Burg, gleich am Eingang der Ruinenstadt, befindet sich links eine einschiffige Kapelle, die *Agía Kateríni*. Der kleine Bau ist stark beschädigt, die Decke eingestürzt. Die wenigen, eher schlecht erhaltenen Fresken stammen aus dem 15. Jahrhundert.

Ihr gegenüber, inmitten von Ruinen, steht die einschiffige Kirche der *Agía Paraskeví* aus dem 13. Jahrhundert. Sie ist mit Fresken aus dem 15. Jahrhundert geschmückt und enthält eine Votivkapelle aus Kalkstein mit eingeritzten geometrischen Motiven und Tierdarstellungen in einer naiv-primitiven Form.

Steigt man langsam den schmalen Pfad zwischen halbzerstörten Häusern und Kapellenruinen hoch, stößt man auf die Doppelkirche *Ágios Dimítrios* (17. Jh.). Das Apsisfresko zeigt im oberen Teil die Maria Orans, im unteren Teil die recht seltene Darstellung des Melismós, bei der das Christkind auf dem Altar – wohl als Opfer dargebracht –, von zwei Erzengeln flankiert dargestellt ist. Unterhalb des Festungseinganges befindet sich die einschiffige Kirche *Zoodóchos Pigí* (die Kirche zur lebenspendenden Quelle) aus dem 13. Jahrhundert mit später hinzugefügtem Narthex. Gerade bei diesem Bau wird deutlich, daß die meisten Kirchen und Kapellen im Bereich der Ruinenstadt wohl in der Zeit der Frankenherrschaft erbaut worden sind. Sie besitzen häufig Spitzbogen-Formen, sind oft mit Reliefs und sonstigem Marmorschmuck im lokalen gotischen Stil versehen und weisen zum Teil ikonographisch seltene Wandmalereien auf. Wie bei den bisher erwähnten Kirchen sind auch die Fresken der Zoodóchos Pigí zu einem späteren Zeitpunkt ausgeführt worden. Sie stammen aus dem späten 15. Jahrhundert, d.h. aus einer Zeit, in der hier bereits die Byzantiner herrschten. Das Kircheninnere ist ganz ausgemalt. Die Fresken sind mit roten Streifen in Felder geteilt und zeigen Szenen aus dem Leben Christi im oberen Teil der Wände und an der Dek-

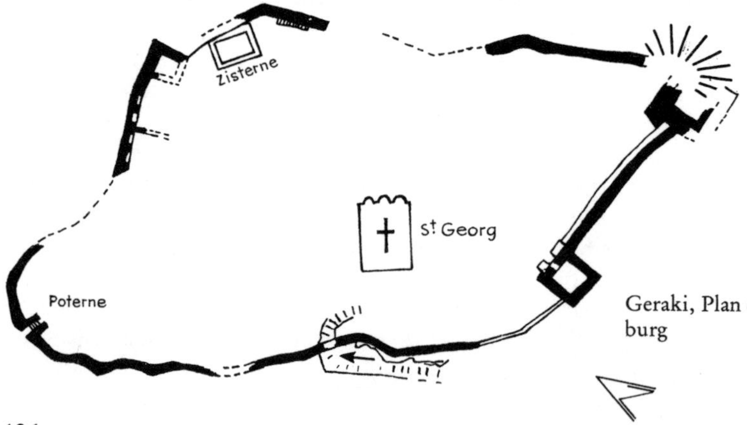

Geraki, Plan der Frankenburg

Geraki, Ágios Geórgios-Kirche, Zeichnung der Votivkapelle

ke, während sich im unteren Teil Heiligengestalten reihen. Die Apsis ist mit dem Bild der von zwei Engeln flankierten Platytéra geschmückt.

Das besterhaltene Gotteshaus der Ruinenstadt befindet sich jedoch im Inneren des Festungsbereiches: die Kirche *Ágios Geórgios,* in der heute noch am Namenstag des Heiligen die Messe gehalten und anschließend ein Volksfest gefeiert wird. Sie wurde zweifellos vom fränkischen Baron de Nivelet als Burgkapelle etwa gleichzeitig mit der Burg errichtet; denn sie besaß ursprünglich zwei Schiffe, von denen je eines dem orthodoxen und dem katholischen Glauben dienen sollte. Als die Burg in die Hände der Byzantiner fiel, fügte man das südliche Schiff und den Narthex hinzu, so daß der Bau mit seinen nunmehr drei Apsiden im Osten die übliche Form eines byzantinischen

Gotteshauses erhielt. Die Wandmalereien entstanden in der zweiten Hälfte des 14. Jahrhunderts: im Mittelschiffgewölbe von links nach rechts „Verrat des Judas", „Pfingstfest", „Jesus im Tempel" und „Kreuzigung". In der Südhälfte des Mittelgewölbes ist die „Himmelfahrt" zu sehen. Unten neben der Tür sind die Heiligen Dimítrios, Michael und Nikólaos dargestellt. Am Templon links Christus, rechts die Muttergottes mit Kind. Am Ausgang nochmals die „Kreuzigung". An der Nordwand der Kirche, zum Altarraum hin, hat man eine kleine Votivkapelle („Proskynetári") aus Kalkstein angebracht, die das Freskobild des heiligen Georg birgt. Es handelt sich um eine gotische Tabernakel-Form, bei der zwei, etwas grob gearbeitete, geknotete Säulen einen Bogen tragen. Hier ist auch ein Wappenschild mit geteiltem Rautenmuster eingraviert, das sich an der inneren Narthextür wiederholt und das im allgemeinen als das Wappen der Familie de Nivelet gilt (s. Zeichnung).

Neben den Schnitzereien und Steinmetzarbeiten aus fränkischer Zeit gehören zum weiteren Schmuck des Kircheninneren antike marmorne Reliefplatten, die man aller Wahrscheinlichkeit nach aus den benachbarten Heiligtümern des Apollon und Ares holte und hier in Form von Spolien wieder verwendete. Vielleicht die schönste all dieser Spolien ist die rechte untere Marmorplatte der Ikonostase mit einem symmetrisch wiedergegebenen, sehr hübschen Akanthus-Ornament.

Von der *Festung* selbst, die sich auf dem Gipfelplateau des Malewó in einer Höhe von 591 Metern weiträumig erstreckt, sind recht viele Teile erhalten geblieben, so daß der Besucher heute einen guten Eindruck von der ehemaligen Anlage gewinnen kann. So ist im Süden der Festungswall mit Zinnen, kleinen Toren und Gängen sowie den übrigen Behelfsräumen zu sehen, im Osten befindet sich ein größeres Mauerfragment mit Treppe zum Wehrgang und in der Nähe eine große, in den Fels gehauene Zisterne.

In der südlichen Fortsetzung dieses Festungshügels, der in seiner ganzen Länge mit Befestigungsanlagen versehen ist, sind zwei weitere kleine Kirchen zu sehen, von denen die eine, die Kapelle des *Propheten Elias,* schöne Fresken aus dem 15. Jahrhundert enthält.

Von der Festung aus kann man bei klarem Wetter weit hinaus bis zum gegenüberliegenden, schneebedeckten Taýgetos-Gebirge und zur anderen großen Ruinenstadt Lakoniens, Mystras, sehen. Dazwischen fällt der Blick auf die „Vígles" (= Wachttürme), die in mittelalterlicher Zeit durch Feuersignale die Nachrichten von der Festung Monemvasia nach Geraki und Mystras und umgekehrt vermittelten.

VII. Die Felsenstadt Monemvasia (= Monemvasía)

Monemvasia liegt 95 km südöstlich von Sparta am Südhang eines Gebirgsvorsprungs, einer bizzaren Felsenhalbinsel, auf der im frühen Mittelalter die Stadt, die damals Malvoisie hieß, anstelle der antiken verlassenen Stadt Epídauros Limerá entstand. Wenn man von Sparta kommt, erreicht man die Küste bei Epídauros Limerá und fährt dann weiter in südliche Richtung, dem Meer entlang, bis zur nächsten Ortschaft namens Jéphyra (= Brücke). Jéphyra liegt direkt vor dem Felsenvorsprung, es ist sozusagen die Festlandssiedlung von Monemvasia. Man kann aber auch die Strecke von Sparta über Geraki und Wrontamás wählen. In beiden Fällen ist die Straße asphaltiert und recht breit.

Geschichtliches

Der 300 m hohe und 1,8 km lange, steil aufragende Felsen bildet einen Teil des einstigen Kaps „Akra Minoa“ (Pausanias III, 23,11), das schon in der Antike der Küstenverteidigung und dem Schutz des Gebietes um Epídauros Limerá diente und durch ein starkes Erdbeben im Jahre 375 n. Chr. vom Festland fast gänzlich abgetrennt wurde. Wie sein Name weiterhin vermuten läßt, diente Minoa den Kretern unter dem König Minos als Hafen. Heute ist der Felsen durch einen Damm mit einer schmalen, steinernen Brücke – alles in allem etwa 160 m lang – mit dem Festland (Jéphyra) verbunden. Davon erhielt er auch seinen heutigen Namen: Monemvasía, aus „moní émvasis“ (= einziger Zugang).

Die Besiedlung des Felsens dürfte in die Regierungszeit des Kaisers Maurikios (582–602) fallen, als die Bevölkerung der Stadt Epídauros Limerá und der Umgebung aus Angst vor dem Sturm nachdrängender Slawen ihr bereits unsicher gewordenes Domizil verließ, um es mit dem benachbarten uneinnehmbaren Felsen zu vertauschen. Urkundliche Zitate aus dem 8. Jahrhundert beschreiben die neue Felsenstadt als die schon wichtigste an der Ostküste des Peloponnes. Strategisch und handelspolitisch war sie von gleich großer Bedeutung: strategisch, da sie durch ihre exponierte Lage einen weiten Überblick über das südliche und südöstliche Mittelmeer hatte. Kein Schiff und keine Flotte, die auf der üblichen Route von Westen kamen, waren in der Lage, weiter in Richtung Konstantinopel oder Kleinasien zu segeln, ohne von Monemvasia beobachtet zu werden. Handelspolitisch blühte die Stadt

Monemvasia, Stich von A. Winkler nach einer Zeichnung von P. Baccouel

schnell auf und wurde durch ihre günstige Lage, ihre tüchtigen Kaufleute und nicht zuletzt durch ihren berühmten „Malvasier"-Wein zu einem wichtigen Knotenpunkt für den Levantehandel. Man hat die Stadt mit Recht „Gibraltar des Ostens" genannt.

Monemvasia galt als stark und uneinnehmbar. So mußten die Araber im beginnenden 10. Jahrhundert unverrichteter Dinge die Belagerung der Stadt aufgeben und ebenso sahen sich 1147 die Normannen Siziliens gezwungen, nach erfolglosem Kampf von Monemvasia abzuziehen. Selbst die lateinische Eroberung Konstantinopels 1204 ließ die Felsenstadt unberührt. Monemvasia war eine der vier Städte – neben Korinth, Argos und Nauplion –, die ebenso wie das Despotat von Epirus im Nordwesten Griechenlands als einzige Gebiete unter griechischer Herrschaft blieben. Erst im Jahre 1246 entschlossen sich die lateinischen Eroberer zu einer Blockade des Felsens. Sie dauerte drei Jahre und endete 1249 mit der Übergabe der ausgehungerten Stadt.

Wilhelm II. de Villehardouin behielt Monemvasia allerdings nur kurz. Denn schon 1262 sah er sich gezwungen, die Festung zusammen mit Mystras, Geraki und Maina gegen seine Freiheit einzutauschen. Monemvasia wurde zu einem der wichtigsten Stützpunkte innerhalb des nunmehr byzantinischen Despotats von Moreas. Es diente diesem als die bedeutendste Hafenstadt in dieser Region.

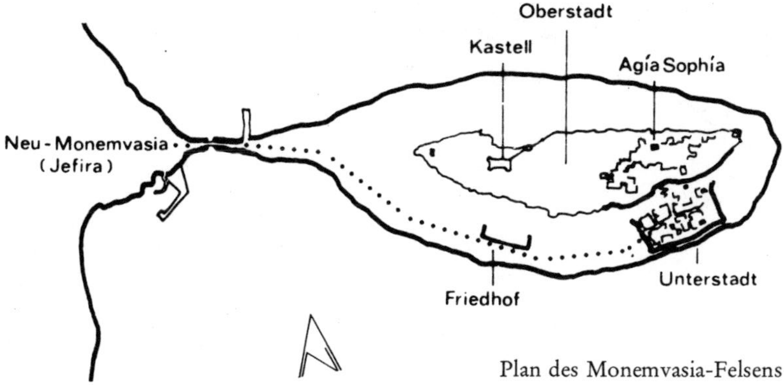

Plan des Monemvasia-Felsens

Zu den bereits vorhandenen kirchlichen, politischen und wirtschaftlichen Privilegien erhielt es zusätzliche Sonderrechte für seine Bürger. Besonders in Kaiser Andrónikos II. Palaiologos (1282–1328) hat Monemvasia einen großen Bewunderer und Gönner gefunden. In seinen kaiserlichen Urkunden, den „Goldenen Bullen" (Chrysobullen) von 1293, 1301 und 1317, wurden der Stadt und ihrem Metropoliten weitere Rechte und Freiheiten verliehen. Der endgültige Fall der byzantinischen Hauptstadt 1453 bedeutete mit kurzer Verzögerung auch das Ende der byzantinischen Ära der kleinen Halbinsel. In den darauffolgenden Jahren wurde sie vom Kirchenstaat (1460–1464), von den Venezianern (1464–1540 und 1690–1715) und von den Türken beherrscht. Unter der türkischen Oberhoheit blieb sie dann bis 1821. Am 23. Juli dieses Jahres fiel die Stadt, als eine der ersten Städte des versklavten Griechenland, in die Hände der griechischen Freiheitskämpfer. Im 19. Jahrhundert blieb die einstige Hafen- und Handelsstadt ein kleines unbedeutendes Provinzstädtchen. 1858 betrug die Einwohnerzahl Monemvasias 646 Einwohner (in der Blütezeit der Stadt dagegen 40 000 bis 50 000). Seit 1911 ist die Hochfläche des Felsens (Oberstadt) unbewohnt und gleicht nunmehr einem Trümmerfeld. Laut Statistik leben heute in der Gemeinde Monemvasia, zu der auch der Ortsteil Jéphyra und das Dorf Agía Kyriakí gehören, 380 Einwohner, in der alten Felsenstadt Monemvasia nur noch 32.

Die Unterstadt

Der Besucher kann von Jéphyra nach Monemvasia zu Fuß gehen (es dauert etwa 15 Minuten) oder aber auch das kurze Stück fahren. Man fährt eine asphaltierte Straße der Felsenküste entlang, kommt an einem kleinen Kiefernwäldchen und sofort danach am Friedhof vorbei. Die Straße wendet sich hier in einer leichten Kurve nach links und gleich darauf steht man vor den

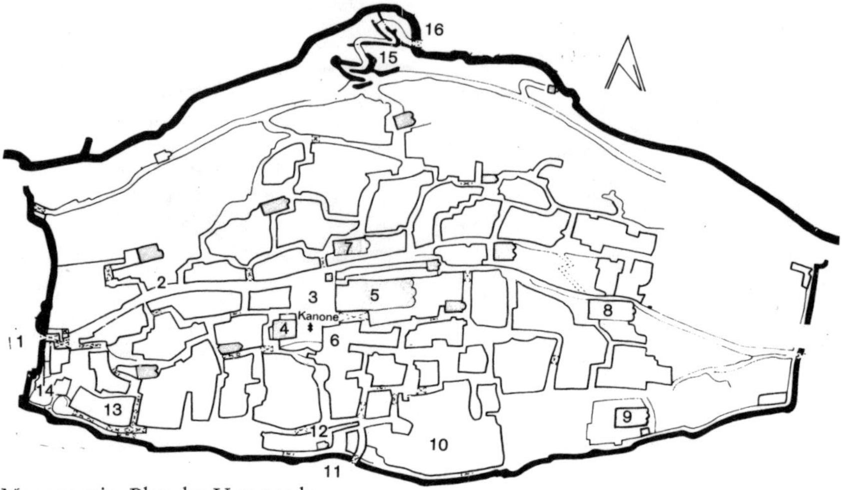

Monemvasia, Plan der Unterstadt
1 Haupteingang an der Westmauer, 2 Hauptstraße, 3 Hauptplatz (Platía Djamí), 4 Kirche des Ágios Petros (Moschee), 5 Kirche des Christós Elkómenos, 6 Haus des Bischofs, 7 Kirche der Panagía Myrtidiótissa, 8 Kirche des Ágios Nikólaos, 9 Kirche der Panagía Chryssaphiótissa, 10 südliche Stadtmauer, 11 Südpforte, 12 Hausruine mit Resten eines Marmorbodens, 13 Stellakis-Haus, 14 Südwestbastion, 15 Aufgang zur Oberstadt, 16 Tor

Mauern der Stadt mit dem Eingangstor im Westen (1). (Der motorisierte Besucher muß hier sein Auto parken und zu Fuß weitergehen.) Diese Mauer, die unversehrt erhalten ist, umzieht auf drei Seiten die gesamte Unterstadt von Monemvasia. Sie geht an ihren beiden Enden vom Fuß des gewaltigen rötlichen Felsens aus; ihre Länge beträgt 200 m, die Höhe zwischen 20 und 30 m. Sie ist im 16. Jahrhundert anstelle des byzantinischen Mauerringes von den Türken errichtet und nach 1690 von den Venezianern erneuert worden.

Vom Eingangstor der Westmauer verläuft die Hauptstraße (2) – eine schmale, kopfsteingepflasterte Gasse – durch die Unterstadt in einer gesamten Länge von etwa 500 m und endet bei einer Ausgangspforte in der östlichen Stadtmauer. Auf halbem Wege erreicht man den Hauptplatz (3). Hier befindet sich das wichtigste und auffälligste Monument der Unterstadt, die *Kirche des Christós Elkómenos* (= ,,Christus in Ketten" oder des ,,Gegeißelten Heilands") (5), die in den letzten Jahren der ersten venezianischen Periode (1464–1540) umgebaut wurde. Diese Kirche ist die größte der Unterstadt. Sie steht höchstwahrscheinlich an der Stelle einer älteren, in der sich die Ikone des Elkómenos – von der auch der Name der Kirche abgeleitet ist – bis zum Ende des 12. Jahrhunderts befunden hat.

Diese Ikone soll als so heilig und kostbar gegolten haben, quasi als das Gnadenbild von Monemvasia, daß der Kaiser Isaákios II. Ángelos sie mit List aus der Stadt entführen ließ, um damit die Kirche des Erzengels Michael ,,En Anapló" außerhalb von Konstantinopel zu schmücken. Man kann aufgrund des plastischen Marmorschmucks der Kirche diesen ersten, älteren Bau genauer datieren, nämlich um das Jahr 1000. Zu diesen Marmorarbeiten gehören in erster Linie der Türsturz über dem Westeingang mit einer wunderschönen Ornamentik, die abwechselnd Rosetten, Rautenmuster und Arkaden mit stilisierten Pflanzen und Bäumen zeigt, und die darüber befindliche marmorne Reliefplatte, wohl die Brüstungsplatte einer Ikonostase, die ein Pfauenpaar darstellt. Die Pfauen haben ihre Schwanzfedern zum „Rad" fächerförmig aufgerichtet und halten mit ihren Krallen eine Schlange, zwischen ihnen liegt der Kopf einer Kuh. Das Relief wurde erst im 19. Jahrhundert – anläßlich der letzten Renovierung der Kirche – über der Tür eingelassen.

Als weiterer und wichtigster Anhaltspunkt für die Datierung der früheren Kirche dürften ferner die Steinbänke der mittleren Apsis gelten, die sich hinter der Ikonostase dem Apsisrund einfügen. Bei ihnen ist wohl anzunehmen, daß sie – da sie nicht so leicht wie die Marmorbruchstücke zu transportieren waren – noch an ihrem ursprünglichen Platz stehen. Die Kirche wurde mehrmals verändert (im 12. und 14. Jahrhundert) und 1697, wohl nach der Zerstörung während der venezianischen Belagerung, von den Venezianern restauriert. Dabei macht sich ein starker westlich-venezianischer Einfluß bemerkbar, der sich nicht zuletzt in dem neben der Kirche stehenden Kirchturm manifestiert. Doch das Grundschema der Kirche bleibt byzantinisch: eine dreischiffige Basilika mit einer über einem Achteck aufsteigenden Kuppel, einem Narthex im Westen und drei Apsiden im Osten.

Von der Innenausstattung der Kirche verdient vor allem eine große Ikone Erwähnung, die sich rechts der Eingangstür zum Altarraum vor der Ikonostase befindet: eine schöne Darstellung der Kreuzigung aus dem Ende des 14. Jahrhunderts, die – obgleich in ihrer Ikonographie rein byzantinisch – doch schon einen gewissen Einfluß einer frühen venezianischen Schule spüren läßt.

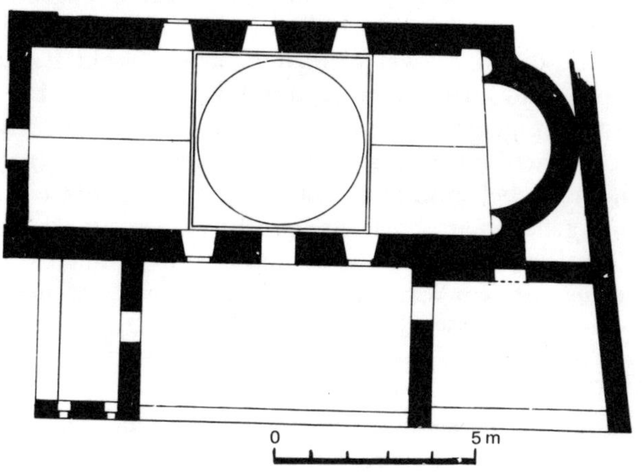

Monemvasia, Kirche der Panagía Myrtidiótissa

Die Kirche des Christós Elkómenos mit seinem hohen weißen Campanile macht die Lage des Hauptplatzes von überall her deutlich sichtbar. Einige Stufen führen hinunter von der Hauptstraße auf den von Bäumen bestandenen Kirchplatz mit einer auf das Meer ausgerichteten Kanone aus dem Jahre 1763. Zwischen der Elkómenos-Kirche und der südlichen Stützmauer liegt das gepflegte *Haus des Bischofs* von Monemvasia (6), wohl Teil des ehemaligen Klosters, das zur Kirche gehörte. Über seiner Eingangstür befindet sich ein Flachrelief aus Marmor, das den Markuslöwen, das Wappentier Venedigs, darstellt. Vor dem Haus links führt ein überwölbter Treppeneingang in den südöstlichen Teil der Unterstadt. Im Westen des Platzes steht ein quadratiches weißes Gebäude, das im 16. Jahrhundert als *Kirche des* Ágios Pétros (4) errichtet wurde. Später wurde es von den Türken zur Moschee umgebaut. Obwohl es zu Beginn dieses Jahrhunderts als Kafeníon (= Kaffeehaus) diente, wird das Gebäude noch heute von den Bewohnern Monemvasias „Djami" (= Moschee) genannt; auch dem Platz gibt es – und nicht die große Kirche – seinen Namen: Platía Djamí (= Platz der Moschee). Von hier aus öffnet sich der Blick nach Süden über die niedriger gelegenen Teile der Unterstadt und weit über das Meer, in das im Südwesten Kap Maléas versinkt. Im Norden wird der Platz von der Hauptstraße mit den dahinter liegenden Häusern begrenzt, und schroff gegen den Himmel hebt sich der befestigte Steilabfall der Oberstadt ab.

In unmittelbarer Nähe der Kirche Christós Elkómenos befindet sich jenseits der Hauptstraße die *Kirche der Panagía Kretikiá* (= Unserer Lieben Frau von Kreta), besser bekannt als Kirche der *Panagía Myrtidiótissa* (= der myrtenbekränzten Maria) (7). Sie wurde im frühen 18. Jahrhundert von den Venezianern für einen von der Insel Kythira stammenden Orden gleichen Namens in einem interessanten italo-byzantinischen Stil errichtet.

Die Kirche besteht aus einem schlichten, längsrechteckigen Saalbau ohne Narthex, aber mit einer hohen Tambourkuppel. Sie besitzt ferner eine große Apsis, die von zwei kleinen Nischen, wohl Reduktionen von Próthesis (links) und Diakonikón (rechts), flankiert wird. Die Westfassade wurde aus regelmäßigem Quadermauerwerk errichtet und verrät am ehesten den westlich-italienischen Einfluß. Die Eingangstür ist von zwei Pilastern und einem Sprenggiebel umrahmt. Darüber befindet sich ein rundes Rosettenfenster und ganz oben ist auf einer rechteckigen, von einer Zierleiste eingefaßten Platte ein Wappen zu sehen, das ein mit Blumen verziertes Kreuz zeigt und früher mit dem Wappen der Villehardouins, einem Ankerkreuz, verwechselt worden ist. Es wird vermutet, daß die Blumen um das Kreuz herum die Blüten des Myrtenstrauches darstellen sollen.

Das Kircheninnere weist keinerlei Dekoration auf, die Wände sind nackt und kahl. Der einzige bemerkenswerte Schmuck der Kirche ist die Ikonostase, eine schöne, holzgeschnitzte Altarwand, die mit einem von zwei Drachen

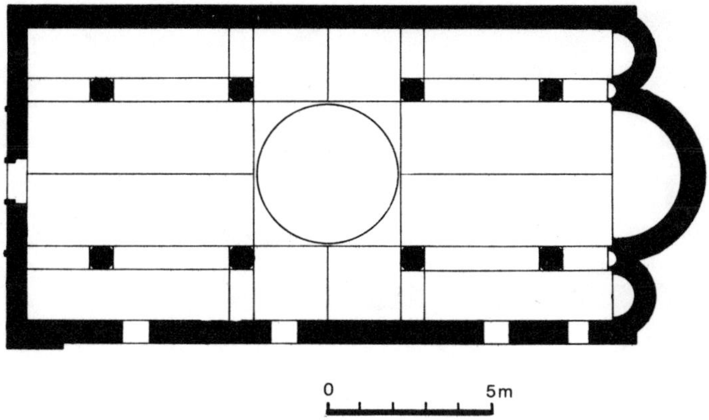

Monemvasia, Kirche Ágios Nikólaos

flankierten Kreuz gekrönt ist. Sie zeigt in ihrer Ornamentik eine Mischung von byzantinischen und westlichen Stilelementen und ist ursprünglich aller Wahrscheinlichkeit nach für die Kirche Christós Elkómenos geschnitzt worden.

Ein weiteres Beispiel für diese italo-byzantinische Stilmischung gibt uns in noch gesteigerter Form die *Kirche des* Ágios Nikólaos (8), die sich kurz vor dem Ruinenfeld im Ostteil der Unterstadt befindet. Sie wurde im Jahre 1703 von dem Arzt Andréas Likínios erbaut – die Stiftungsurkunde kann man im marmornen Dreieck unter einem Flachrelief mit dem byzantinischen Doppeladler über dem Westportal sehen. Die Westfassade ist genauso schlicht wie bei der Myrtidiótissa-Kirche. Die Tür ist von einem mit einer Zierleiste gerahmten Feld aus Quadermauerwerk umgeben, im Giebel der verputzten Wand darüber befindet sich ebenfalls ein Rundfenster.

Dem Grundriß der Kirche liegt das lateinische Kreuz zugrunde. Sämtliche drei Schiffe münden im Osten in je eine Apsis. Über der Vierung erhebt sich auch hier der hohe Tambour mit der halbkegelförmigen Kuppel. Im 19. Jahrhundert wurde die Kirche als Schule benutzt, heute steht sie leer, ihr Inneres ist in recht schlechtem Zustand.

Etwa aus der gleichen Zeit wie die Nikólaos-Kirche stammen auch die Kirchen der Agía Anna, eine Doppelkirche, von der heute nur noch die eine Hälfte steht, und die des Ágios Andréas.

Vom Hauptplatz der Unterstadt aus führt eine kleine Straße zur *Kirche der Panagía Chryssaphiótissa* (= Unserer Lieben Frau von Chrýssapha) (9) im südöstlichen Teil der Unterstadt. Sie wurde früher Ágios Stéphanos von Kreta genannt, da sie wahrscheinlich diesem Heiligen zu Ehren errichtet wurde.

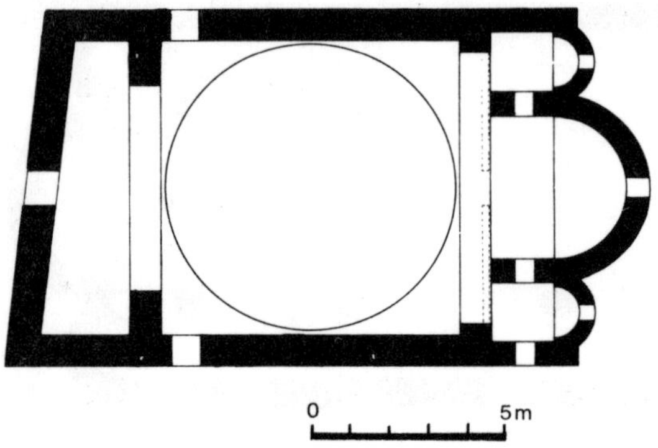

Monemvasia, Kirche der Panagía Chryssaphiótissa

Die von außen weißgetünchte Kirche mit den roten Ziegeldächern zeigt im Inneren einen Saalbau mit großer Kuppel auf unregelmäßigem Grundriß, einen Narthex im Westen und drei Apsiden im Osten: Béma (= Altarraum), Próthesis und Diakonikón. Vom gesamten Komplex stammt jedoch nur der östliche Teil mit den Apsiden aus dem 16. Jahrhundert und dürfte der Überrest eines dreischiffigen Baues sein, der im Jahre 1690 zerstört wurde. Der übrige Bauteil der Kirche, wie wir ihn heute sehen, wurde während der zweiten Venezianerherrschaft den erhalten gebliebenen Apsiden angebaut.

Der heutige Name „Panagía Chryssaphiótissa" steht in Verbindung mit folgender Legende: Es wird berichtet, daß die Ikone der heiligen Jungfrau Maria von Chrýssapha, die in der kleinen Kapelle namens „tó ieró pigádi" (= der heilige Brunnen) neben der Kirche aufbewahrt wird, von der Ortschaft Chrýssapha nach Monemvasia geflogen sei. In der Nähe jener Quelle, wo man die Ikone fand, sei daraufhin die jetzige Kirche errichtet worden. Doch bald kamen die Bewohner von Chrýssapha nach Monemvasia, da sie hinter dieser Geschichte einen Diebstahl vermuteten, und holten sich ihre Ikone zurück. Nun soll die Ikone abermals quer durch die lakonische Landschaft in ihr monemvasiotisches Domizil geflogen sein. Die Chryssaphióten fanden sich schließlich mit einer „Kopie" ab, die ihnen die Monemvasióten schenkten.

Vom Platz der Kirche Panagía Chryssaphiótissa aus läuft man den Weg der Stadtmauer entlang (10) durch mehrere Passagen, bei schönen alten und renovierten Häusern vorbei in Richtung Südwest-Bastion (14), die von den Venezianern nach der Eroberung 1690 errichtet wurde. Von hier aus hat man einen schönen Blick auf die westliche Mauer und bergwärts. Bevor man zur Südwest-Bastion gelangt, erreicht man einen langgestreckten Platz, auf dem sich ein großes, jetzt wiedererrichtetes Patrizier-Haus befindet. Dieses Haus, das nach seinem ehemaligen Besitzer „*Stellákis-Haus*" (13) heißt, ist aus Bruchstein errichtet und zeigt eine Fülle von schönen architektonischen Details, so ein doppeltes Rundbogenfenster, daneben eine Nische im Flamboyant-Stil, mehrere Renaissance-Fenster, einen zum Meer gelegenen Balkon sowie einen Innenhof. Die architektonische Konzeption des Stellákis-Hauses ist für die mittelalterliche Bauweise, wie wir sie auch aus Mystras kennen, charakteristisch. Hier sind es gleich drei wichtige Straßen der Unterstadt, die von diesem Haus überbaut worden sind: Zum einen ragt der Balkon über die Straße, die an der Südmauer entlang führt, hinaus. Eine weitere Straße verläuft parallel zur Südwehr in einer Passage unter dem Haus hindurch und führt in den tiefer gelegenen westlichen Bereich der Unterstadt. Schließlich mündet in diese Passage eine dritte Straße ein, die von der Hauptstraße zur Südmauer hinunterführt, so daß oberhalb dieser Kreuzung der Haupttrakt des Stellákis-Hauses zu liegen kommt – ein interessantes Beispiel für die mittelalterliche Straßenführung in Monemvasia.

Die Oberstadt

Es gibt zwei Wege, die zum Aufgang zur Oberstadt führen: der eine vom Haupttor in der Westmauer und der andere vom Hauptplatz aus. Der Aufgang (15) selbst ist eine stark gesicherte Anlage, teils durch gewachsene Felsblöcke natürlich befestigt, teils durch künstliche Vorsprünge und Bastionen gebildet. Er verläuft im steilen Zick-Zack, mit Schießscharten und Zinnen versehen, bis zum Haupttor der Oberstadt (16).

Über dem Torbogen des von Porosgestein umrahmten Eingangstores befindet sich ein Gipsabdruck – anstelle des einstigen Marmororiginals – mit der Inschrift: „Hier regiert Christus".

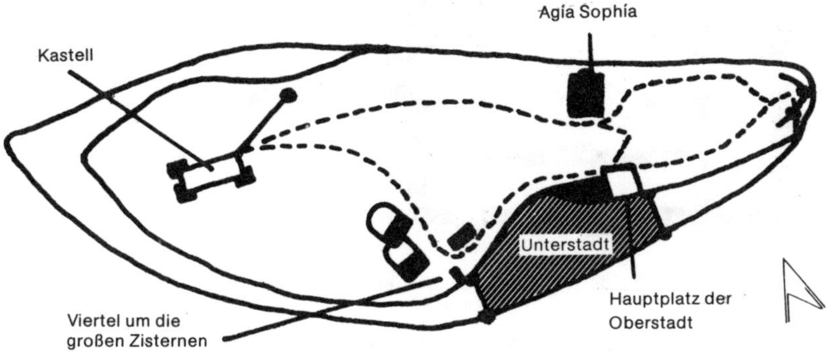

Monemvasia, Plan der Oberstadt

Die lange, gewinkelte Passage des Tores wird von steinernen Sitzbänken und Wachstuben flankiert; etwa in der Mitte des Gewölbes ist ein Loch, das zur Bekämpfung eingedrungener Feinde diente. Der Torgang führt auf den Hauptplatz der Oberstadt, von dem aus drei Wege ausgehen: rechts der Weg zur Ostspitze, geradeaus der zur Kirche Agía Sophía und von dort aus zur Zitadelle der Oberstadt, und nach links der zum Haus des Festungskommandanten, zu den Zisternen und von hier aus wiederum zum Gipfelkastell.

Von der gesamten Fläche der Oberstadt, deren Gipfel eine Höhe von 300 m mißt, wurden nur die Südseite zur Unterstadt hin und die Seite um die Ostspitze herum mit Mauern befestigt, während die West- und Nordseite des Plateaus, wo der Felsen sehr steil abfällt, nur schwache Verteidigungsanlagen aufweisen.

Diese Befestigungen stammen im wesentlichen aus dem 17. und 18. Jahrhundert, d.h. aus venezianischer und türkischer Zeit, während von den byzantinischen Verteidigungsanlagen der Hochfläche, die bereits im 7. Jahrhundert begonnen wurden, heute nichts mehr zu sehen ist.

Im Gegensatz zur Unterstadt vermittelt hier die Fülle der Überreste zuerst einen verwirrenden Eindruck. Doch läßt sich bei intensiverem Betrachten das Bild der früheren Oberstadt herauslesen, die man grob in vier Bezirke teilen kann.

Den ersten Bezirk bildet der nordöstliche Teil dieser Hochfläche mit der Kirche Agía Sophía als Kern und dem direkt an die Kirche angebauten ehemaligen Nonnenkloster, von dem wir heute nur noch einige wenige Reste an der Südseite der Kirche sehen.

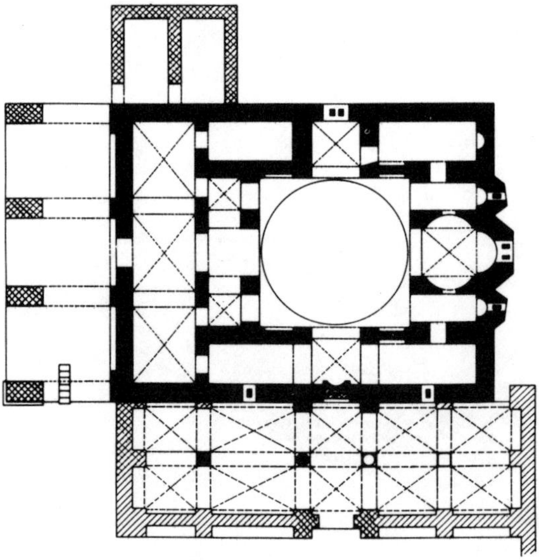

Monemvasia, Oberstadt: Kirche der Agía Sophía

An der Ostspitze des Felsens findet man den zweiten Bezirk. Hier sind die Ruinen der Häuser am dichtesten und imposantesten und deuten auf ein Wohnviertel hin, in dem aller Wahrscheinlichkeit nach reichere Leute und der Adel wohnten. Gleichzeitig war der äußerste Teil der Ostspitze, zum Meer hin, stark befestigt, denn sie konnte jederzeit von beiden Seiten her angegriffen werden.

Der dritte Bezirk nimmt die südwestliche Ecke der Oberstadt ein. Man kommt dorthin, indem man gleich nach dem Toraufgang links abbiegt und in westlicher Richtung entlang des Mauerringes läuft. Dort befinden sich die zwei großen Zisternen und die Ruine eines großen zweistöckigen Hauses, welches höchst wahrscheinlich das Amtsgebäude des Kommandanten der Zitadelle war. In der Nähe dieses Hauses sieht man ein Gelände, auf dem Getreide angebaut werden konnte, was in Belagerungszeiten von größter Bedeutung war.

Als letzten Bezirk haben wir den mit dem Gipfelkastell an der Nordwestseite der Oberstadt. Das Kastell war bereits in byzantinischer Zeit auf der höchsten Stelle des Felsen erbaut und sein Grundriß ist heute noch, trotz des ruinösen Zustandes, gut zu erkennen: ein Rechteck mit Türmen an drei Ekken.

Das einzig erhaltene und bedeutendste Baudenkmal der Oberstadt ist die *Kirche der Agía Sophía*, die älteste und berühmteste Kirche von Monemvasia. Sie ist auf dem (nach der Akropolis) zweithöchsten Platz des Felsens gebaut und beherrscht die gesamte Oberstadt. Der Platz, auf dem sie steht, ist kühn angelegt – unmittelbar über dem steilsten Absturz der Felswand. Ihre Konzeption ähnelt nicht im geringsten der der Kirchen in der Unterstadt: Sie vertritt den sehr selten vorkommenden Typus einer sogenannten Achtstützenkirche, den man von den Klosterkirchen Ósios Lukás bei Delphi und Daphní bei Athen kennt und der auf griechischem Boden nur in der Zeit vom 11. bis 13. Jahrhundert zu finden ist, höchstwahrscheinlich in Anlehnung an ein hauptstädtisches Vorbild. Die große Kuppel mit dem schweren Tambour ruht über der Vierung auf einem achteckigen Unterbau, indem sie alle drei Schiffe des Innenraums überspannt.

Der Legende nach soll die Kirche der Agía Sophía eine Gründung des Kaisers Andrónikos II. Palaiologos sein, der von 1282 bis 1328 regierte und – wie schon erwähnt – ein großer Freund und Förderer von Monemvasia war. Nun widerspricht aber die eben aufgezeigte architektonische Konzeption der Kirche dieser Annahme und gibt uns Anhaltspunkte für eine frühere Datierung ins 12. Jahrhundert.

Das genaue Gründungsjahr dürfte die Stiftungsurkunde beinhalten, die links und rechts vom Mittelportal des Narthex zum Kirchenraum in weißer Schrift auf blauem Grund aufgetragen wurde und die noch zu entziffern ist.

Der Grundriß der Agía Sophía zeigt die typisch byzantinische Form einer

Kreuzkuppelkirche mit zentralem quadratischem Inneren, mit Bema, Próthesis, Diakonikón und Narthex. In der Zeit der ersten venezianischen Herrschaft wurde dem Narthex eine mächtige, zweistöckige Loggia vorgelagert. Sie besteht im Untergeschoß aus einer offenen Halle zu drei Jochen, die auf starken Pfeilern ruhen. Den drei Bögen unten entsprechen drei Renaissance-Fenster im Obergeschoß. Beide Geschosse wie auch der Dachbereich werden deutlich voneinander durch eine schlichte Zierleiste getrennt.

Das Kircheninnere war ursprünglich mit Fresken ausgeschmückt, von denen sich bis heute nur wenige erhalten haben und die ihrem Stil nach in das 13. Jahrhundert zu datieren sind: so die Heiligenbüsten in Medaillons in den acht Zwickeln der Kuppel – abgegrenzt durch den schön verzierten Blattfries der Trommel –, das Bild des Christus Pantokrator im Kreuzrippengewölbe des Altarraums, die Bischofsgestalten im Altarbogen, sowie der Christus-Kopf über der mittleren Tür des Narthex zum Kirchenraum, umrahmt von einem dunkelroten Streifen. Zu den Resten von Fresken gehören ferner einige schöne Ornamentstreifen mit stilisiertem Pflanzenmotiv in Dunkelgrün, Weiß und Dunkelrot.

Sehr interessant sind ferner die die Fenster innen und außen schmückenden Marmorkapitelle. Sie zeigen wunderschöne stilisierte Pflanzenornamente, Tier- und Vogeldarstellungen, wie zwei laufende Hasen, ein Huhn und zwei um eine Pflanze antithetisch angeordnete Tauben, ferner die recht naive Wiedergabe einer menschlichen Figur beim Tanz (Salome?).

Zu diesen schönen Beispielen byzantinischer Ornamentik gehört ebenfalls ein altes Marmorrelief über dem ornamentierten Türbalken der Eingangstür zum Narthex, das zwei antithetisch dargestellte Lämmer und zwei Tauben oder Pfauen zeigt; zwischen den Tieren ist ein gesenktes Schwert anstelle des üblichen stilisierten Lebensbaumes zu sehen. Schließlich sind auch die Narthextüren zum Kirchenraum von Marmorpfosten und ornamentierten Türstürzen umrahmt, nach einem beliebten Dekorationsschema der byzantinischen Reliefplastik.

Beim ersten Blick erinnert sich der Besucher von Monemvasia an die Ruinenstadt von Mystras. Doch im Gegensatz dazu ist die Unterstadt von Monemvasia noch heute von Leben erfüllt: Wo einst die Felsenstadt 8000 Häuser zählte, leben heute 32 Familien in etlichen, noch unversehrten Häusern. Daneben findet man Häuser, die zwar leer stehen, jedoch gut erhalten sind; verfallene Gebäude wechseln mit einer großen Zahl von – in oft beispielhafter Weise – restaurierten Häusern.

All diese Gebäude sind zwei- bis dreistöckig. Sie stehen dicht beieinander und sind sehr schmal gebaut. Da bei dem von Festungsmauern beengten Baugrund vom Anfang an die Möglichkeit einer weiteren Ausdehnung nicht gegeben war, tauchte hier das gleiche Problem auf, mit dem alle mittelalterlichen Städte zu kämpfen hatten: Man mußte sich zum Bau hoher Häuser, zum

Teil über enge Straßen hinweg, entschließen. So zeigen alle älteren Häuser die gleiche Konzeption: Das tonnenüberwölbte Erdgeschoß weist neben einer Eingangstür in der Regel meist nur ein Fenster auf (dies ist besonders schön bei den Häusern der Hauptstraße zu beobachten). Der lange und schmale Erdgeschoß-Raum dürfte zweierlei Zwecken gedient haben: entweder als Geschäftsraum bei Handwerkern und Kaufleuten oder aber als einfacher Wirtschafts- und Vorratsraum. Wohn- und Schlafräume sowie sonstige Privaträume der Familie befanden sich in den darüberliegenden Stockwerken.

Um zusätzlichen Wohnraum zu gewinnen, ließ man Dächer und Erker der oberen Etagen weit über die Straße vorspringen, so daß die ohnehin engen Straßen dadurch noch enger wirken. Dazu kommen noch die bereits geschilderten Überbauungen der Gassen (Diavatiká), die man häufig in der Unterstadt sieht und welche das architektonische Bild der Stadt prägen.

Heute werden in der Unterstadt von Monemvasia immer mehr von den alten Häusern restauriert, bzw. völlig neue auf den Ruinenfeldern des Ostteils gebaut. In beiden Fällen hat man sich streng an die Bauvorschriften der Archaiologikí Etairía (= der griechischen Archäologischen Gesellschaft) zum Wiederaufbau der Unterstadt zu halten. Denn die Felsenstadt gilt heute als nationales Denkmal und unterliegt daher dem Schutz der Etairía. Der Bau- bzw. Restaurationsplan wird von der Etairía nur genehmigt, wenn die historische Baukonzeption der Stadt durch das geplante Bauvorhaben nicht zerstört wird.

VIII. Moláoi – Epídauros Limerá – Neápolis – Maléas

Moláoi

73 km von Sparta entfernt, auf dem Weg nach Monemvasia, befindet sich die Ortschaft Moláoi, das antike Leuke. Mit über 3000 Einwohnern ist das Städtchen am Hang des Hügels ,,Kourkoúla" fast in Amphitheater-Form gebaut. Das Wort ,,Moláoi" ist vom äolischen ,,Mylaoi" abzuleiten, was so viel wie ,,die Stadt der Mühlen" bedeutet. Nach der Überlieferung war Mýles, der Sohn des ersten spartanischen Königs, mit seinem Volk in dieser Gegend ansässig. Er soll das Mühlrad zur Bewässerung der Gärten erfunden haben.

In byzantinischer Zeit soll die Gegend von Moláoi recht fruchtbar gewesen sein – von hier bezog man auch den berühmten Malvasier-Wein. Die Stadt Moláoi war in jener Zeit so bedeutend, daß sie in der an die Monemvasioten gerichteten Urkunde (Chrysóbullon) des Kaisers Andrónikos II. aus dem Jahre 1292 erwähnt wird.

Auf dem Gipfel des Hügels Kourkoúla erheben sich auf steilen Felsen die Ruinen einer kleinen Zitadelle, des sog. ,,Paliópyrgos" (= alter Turm). Am Fuße des Felsens hat man die Ruinen alter Kirchen gefunden. Die Zitadelle selbst ist entweder von den Lateinern oder von den Byzantinern gebaut worden. Die Einheimischen jedoch erzählen, sie sei das Werk eines türkischen Feudalherren aus diesem Gebiet gewesen, der seine wunderschöne Tochter darin gefangen hielt, um sie an der Liebe zu einem jungen Griechen zu hindern.

Weitere Ruinen, überwiegend aus byzantinischer Zeit, sind außerhalb der Stadt in ,,Chalásmata" (= Trümmerfeld) zu sehen.

Epídauros Limerá (Alt-Monemvasia)

Etwa 5 km nördlich des Monemvasía-Felsens (ca. eine Stunde zu Fuß), im innersten Winkel der Bucht, lag auf einer Anhöhe die antike Stadt Epídauros Limerá, heute Palaiá Monemvasía (= Alt-Monemvasía), auch ,,Kastráki" (= kleine Burg) genannt. Sie wurde im 6. nachchristlichen Jahrhundert aus Angst vor Slaweneinfällen von ihren Bewohnern verlassen und mit dem natürlich befestigten Felsen von Monemvasía vertauscht. Nach Pausanias (III, 23, 6–10) war die Stadt eine Kolonie des argolischen Epídauros und pflegte wie die Mutterstadt den Asklepios-Kult. Ihr Beiname Limerá kann entweder – nach vielen antiken und neueren Autoren – eine gekürzte Form von Limenirá (= hafenreich) sein, oder aber von ,,limós" (= Hunger) hergeleitet werden, letzteres wegen des steinigen, armen Bodens und der kargen Landschaft der Umgebung.

Gut erhalten ist noch die Stadtmauer aus dem 5. oder 4. Jh. v. Chr., ebenso der sehr tiefe, sogenannte ,,Teich der Inó" nordöstlich der antiken Stadt am Meer. Inó galt als Gottheit der Quellen und des Meeres. Pausanias beschreibt diesen Inó-Kult wie folgt: ,,In diesen Teich werfen sie (die Einwohner von Epídauros Limerá) beim Fest der Inó Mehlkuchen. Wenn das Wasser sie verschluckt und behält, ist es ein gutes Zeichen für den Hineinwerfenden; wenn es sie wieder emporkommen läßt, gilt das als schlechtes Omen" (III, 23, 8). Außerdem gab es bei Epídauros Limerá ein Heiligtum der Artemis Limnatis, in der Stadt selbst die Heiligtümer des Asklepios und der Aphrodite, sowie einen Tempel der Athena auf der Akropolis.

Die Erwähnung von Epídauros Limerá durch Pausanias im Zusammenhang mit dem argivischen Epídauros und dem Asklepios-Kult bedeutet, daß die Gründung der Stadt nicht alt ist, was im Widerspruch zu den zahlreichen Gräberfunden aus mykenischer Zeit steht, die man im Gebiet des antiken Epídauros Limerá machte. Das wiederum heißt, daß hier ein bedeutendes mykenisches Zentrum existiert hat, das sogar Beziehungen zum minoischen Kreta unterhielt.

Während des Peloponnesischen Krieges wurde Epídauros Limerá als lakonische Stadt zweimal von den Athenern zerstört: 424 (Thukydides IV, 56) und 414 v. Chr. (Thukydides VI, 105).

In römischer Zeit scheint Epídauros Limerá eine gewisse Blüte erreicht zu haben, denn sie war eine der achtzehn Städte im Bund der Eleutherolakonen. Ihre Bewohner bezeichneten sich auf Inschriften schlicht als ,,Epidaurier". In der folgenden Zeit hatte die Stadt keine Bedeutung mehr.

Neápolis

Neápolis ist eine kleine Hafenstadt (2200 Einw.) am Voiátischen Golf, 78 km von Gythion entfernt, am südlichsten Teil der Parnon-Halbinsel. Die Stadt wurde erst um 1840 von den Bewohnern des Dorfes Farakló, die ans Meer umsiedeln wollten, gegründet und bildet das Zentrum des Gebietes Vátika, im Altertum Boiaí genannt, wonach auch der Golf und die Halbinsel benannt wurden. Boiaí war ebenfalls eine der achtzehn eleutherolakonischen Städte (Pausanias, III, 21, 7); von ihm sind einige Reste in der Nähe der Küste, westlich von Neápolis, zu sehen. Boiaí soll seinen Namen von seinem Gründer, dem Herakleiden Boiós aus dem argolischen Tiryns, erhalten haben; es entstand aus der Zusammenlegung von drei älteren Siedlungen: Étis,

Aphrodisiás und Síde („lakonische Trípolis“). Étis lag ca. 2 km südlich von Neápolis auf einem Küstenvorsprung, heute Paleókastro genannt; Aphrodisiás befand sich nördlich von Neápolis, oberhalb des Voiátischen Golfes an der Westküste der Maléas-Halbinsel. Síde wird schließlich an der Ostküste der Halbinsel, unmittelbar oberhalb des Kap Maléas, vermutet.

Nach der Eroberung Lakoniens durch die dorischen Einwanderer wurden aus den Boiáten Periöken. Während des Peloponnesischen Krieges wurde die Stadt Boiaí einige Male von den Athenern angegriffen und zerstört. Eine Blütezeit beginnt für Boiaí nach 146 v. Chr. mit der Gründung des Bundes der freien Lakonen durch die Römer. Es entwickelte sich zu einer Hafenstadt, trieb Handel mit den Inseln der Ägäis, mit Kreta und Ägypten und erlebte einen wirtschaftlichen Aufschwung.

Der Golf von Vátika wird im Westen von der *Insel Elafónisos* (= Hirschinsel) abgeschlossen (so genannt wegen ihres geweihartigen Umrisses). Im Altertum war die Insel mit dem Festland verbunden, Pausanias (III, 22, 10) erwähnt dafür die Halbinsel Onougnáthos (= Eselskinn). Bis 1677 konnte man über einen schmalen Damm vom Festland auf die Insel zu Fuß gehen. Später wurde sie durch den Anstieg des Meeres im lakonischen Golf vom Festland gänzlich abgetrennt, so daß jetzt zwischen beiden ein Kanal von ca. 500 m Breite und bis zu 4 m Tiefe verläuft. Am nördlichen Teil des Kanals, nahe der Küste, befindet sich die kleine Insel Pavlopétri, auf der man Kuppelgräber aus mykenischer Zeit sowie Häuserruinen und Straßen, die heute ca. 2–3 m unter Wasser liegen, festgestellt hat. Diese Siedlungsruinen stammen aus der Bronzezeit und erstrecken sich bis zur Küste. Die Elafónisos ist heute unbewohnt, abgesehen von einem kleinen Weiler gleichen Namens an der Nordspitze der Insel (es gibt hier guten Fisch), den man mit der Fähre von Neápolis aus erreichen kann.

Maléas

Die südöstliche Spitze der Parnon-Halbinsel nimmt das Kap Maléas ein, daß seinen Namen unverändert seit dem Altertum trägt. Seine steilen Felsen ragen bis zu 700 m hoch und fallen ins Meer bis zu einer Tiefe von 55 m ab.

Die Umschiffung von Kap Maléas galt schon im Altertum als besonders schwierig und gefahrvoll; das Kap selbst war als Grenzpunkt der Ägäis damit auch jener der griechischen Welt: „Bist du um Malea herum, dann vergiß die Heimat“ (Strabon 378). Hier hat sich die Flotte von Menelaos, Agamemnon und Odysseus zerschlagen (Homer, Odyssee Γ, 286; Δ, 514; T, 187), deren Schiffe lange Zeit in der Irre trieben. Als Unglückskap und Schrecken der Seefahrer wurde Kap Maléas auch vom Volk besungen; so wird es auch heute noch im Volksmund „Xylocháftis“ (= Holzschlucker) genannt, da hier unzählige Schiffe verunglückt sind.

IX. Die Insel Kythira (= Kýthira)

Die Insel Kythira, dem Peloponnes am südöstlichen Eingang zum lakonischen Golf vorgelagert, ist die südlichste der ionischen Inseln, der sog. Eftánisa (= Sieben Inseln). Sie ist ca. 15 km vom Kap Maléas entfernt und von Elafónisos durch einen 8 km breiten Kanal getrennt. Ihre Fläche beträgt 284 km^2, die Einwohnerzahl beläuft sich auf rund 5000. Die Zugehörigkeit zur ionischen Inselgruppe (weit im Westen) beruht wohl auf ihrer gemeinsamen geschichtlichen Entwicklung. Heute gehört Kythira allerdings zum Verwaltungsbezirk Piräus, von dem es 120 Seemeilen entfernt liegt und mit dem es eine Seeverbindung hat. Die Seereise dauert 12 bis 15 Stunden. Außerdem gibt es einmal täglich eine Luftverbindung mit Athen; Schiffs- bzw. Fährverbindungen hat Kythira auch mit zwei Häfen im lakonischen Golf, mit Gythion (Fahrtdauer 3 bis 4 Stunden) und mit Neápolis (Fahrtdauer 1 bis 2 Stunden). Bei Südwind legt das Schiff in Agía Pelagía an der Nordostküste an, bei Nordwind dagegen im Hafen der Hauptstadt Kapsáli im Süden.

Geologisch scheint die Insel Kythira, deren Länge von Norden nach Süden 32 km und deren Breite in der Mitte knapp 20 km beträgt, eine Fortsetzung der Parnon-Halbinsel zu sein, denn ihr Boden ist karg und felsig wie dort; der größte Teil ist unkultiviert. Hohe Berge gibt es hier allerdings nicht – das gesamte Inselinnere ist eine große Hochebene –, die Hügel übersteigen kaum die Höhe von 500 m. Dazwischen befinden sich die Dörfer und liegen enge, z. T. steile Täler, die Weizen, Wein und Olivenöl und einen sehr guten Honig hervorbringen. Die steile Küste bleibt überwiegend unbewohnt.

Mythologie und Geschichte

Kythira galt in der Antike als die Geburtsinsel der Göttin Aphrodite, die daher auch den Beinamen „Kythereía“ trug (Odyssee, Θ 288, Σ 193). Hesiod berichtet in seiner ‚Theogonie‘ (188–200), daß die Göttin aus dem Meeresschaum geboren und in einer Muschel vom Wind Zéphyros bei Kythira ans Land getragen worden sei. Dort versuchte sie, sich in einem dichten Myrtengebüsch zu verbergen, um den neugierigen Blicken der Satyrn zu entgehen. So kam sie zu dem Beinamen „Myrtóessa“. Dann wurde sie von den Wellen des Meeres weiter nach Zypern getragen, wo sie die göttlichen Horen in Empfang nahmen, sie in duftende Gewänder hüllten und zu den olympischen Göttern führten. Von Pausanias (III, 23, 1) hören wir, daß das Heiligtum der

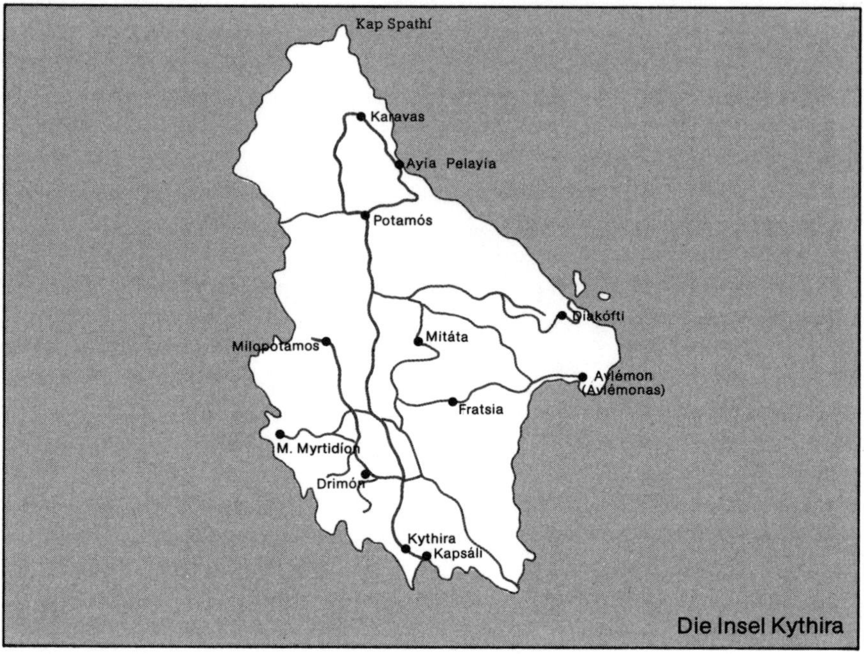

Die Insel Kythira

Aphrodite auf Kythira das zugleich angesehenste und von den griechischen Aphrodite-Heiligtümern auch das älteste wäre, und daß die Statue der Göttin im Tempel ein bewaffnetes Xóanon (= brettartiges Holzbild) sei. Den Kult der Aphrodite, der mit dem der syrischen Aphrodite bzw. mit dem der großen asiatischen Göttin Astarte sehr verwandt war, mögen Phönikier gegen Ende des 2. oder Anfang des 1. Jahrtausends in Kythira eingeführt haben. Herodot (1, 105) erwähnt drei Heiligtümer der syrischen Aphrodite: in Askalon, auf Zypern und auf Kythira; letzteres sei von Phönikiern errichtet worden.

Nach der Überlieferung soll die Insel selbst ihren Namen nach dem phönikischen Heros Kýtheros erhalten haben, der der Gründer der ersten Siedlung auf Kythira gewesen sein soll. Phönikische Seefahrer, die sich höchstwahrscheinlich nach der dorischen Einwanderung auf der Insel zwischen dem 10. und 8. Jh. v. Chr. hier niedergelassen haben, gründeten hier, wie auch im lakonischen Golf, eine Handelsniederlassung zur Gewinnung und Verarbeitung der Purpurschnecken, von denen die Küste Lakoniens und der Insel Kythira voll war, und deren Farbe in der antiken Welt als äußerst wertvoll galt. Nach den Purpurschnecken erhielt die Insel bereits in der Antike einen weiteren Namen: „Porphyrís“ oder „Porphyroússa“, der von Porphýra (= Purpur) abzuleiten ist.

Nach der Überlieferung sollen sich ferner Paris und Helena auf Kythira aufgehalten haben, um den Schutz der Göttin Aphrodite für ihre Flucht nach Troja zu erflehen.

Den ältesten schriftlichen Bericht über Kythira finden wir in der Ilias. Dort ist die Rede von zwei von der Insel der Aphrodite stammenden Kriegern, Amphidámas aus Skándeia (K 268) und Lykóphron, dem Sohn des Mástor (O 429). Von Lykóphron wird berichtet, er sei Mitkämpfer und guter Freund des Griechenhelden Aias gewesen, zu dessen Familie er starke freundschaftliche Beziehungen unterhielt. Während der schweren Schlacht bei den Schiffen der Griechen vor Troja soll Hektor mit seiner Lanze auf Aias gezielt, aber dafür jedoch den danebenstehenden Lykóphron getroffen haben (O 429–440).

Vor der Einwanderung der Dorer und der Besiedlung durch die Phönikier und Achäer war Kythira jedoch in mittelminoischer Zeit (um 1600 v. Chr. – MM III) eine kretische Kolonie gewesen. Ausgrabungen haben gezeigt, daß die Kreter sich anfangs westlich der heutigen Ortschaft Avlémon, im Dorf Kastrí, das in historischer Zeit Skándeia hieß, niedergelassen hatten und das gesamte hier angrenzende Binnenland beherrschten. Eine weitere minoische Siedlung wurde im Süden gefunden: Nordwestlich der heutigen Hauptstadt Kythira – auch Chóra genannt – hat man ein Grab mit spätminoischen Funden freigelegt.

Herodot berichtet, daß die Insel Kythira früher von Argos aus beherrscht wurde (1, 82) und daß sie nach dem endgültigen Sieg Spartas über Argos in die Hand der Lakedaimonier fiel, die hier eine ständige Garnison unterhielten. Die Spartaner ließen die Insel von lakonischen Periöken besiedeln und durch einen „Kytherodiken“, einen spartanischen Beamten, verwalten, der im jährlichen Wechsel von Sparta benannt wurde. Kythira war Spartas Landeplatz für die Handelsschiffe aus Ägypten und Libyen und zugleich sein Schutz gegen räuberische Einfälle von der See her (Thukydides IV, 53). Während des Peloponnesischen Krieges eroberten die Athener unter dem Feldherrn Nikias im Jahre 424 v. Chr. die Insel und benutzten sie als Stützpunkt für ihre Angriffe auf die lakonische Küste. Im Nikias-Frieden 421 v. Chr. wurde sie an Sparta zurückgegeben; doch erlitt sie 393 das gleiche Schicksal wie 424, als der Athener Feldherr Konon mit dem persischen Satrapen Pharnabazos nach Griechenland zurückkehrte.

387 wieder unter spartanischer Herrschaft, fiel die Insel im Jahre 222 v. Chr. in die Hände der siegreichen Makedonen. Nach kurzer Selbständigkeit gelangte sie schließlich im 2. Jh. v. Chr. unter römische Verwaltung. Daß Kythira als Vorposten eine wichtige Insel für Sparta war, zeigt der Be-

richt von Strabon (8, 363), wonach Kaiser Augustus Kythira zu persönlichem Eigentum dem Tyrannen Eurykles von Sparta übergab, als Dank dafür, daß jener neben dem Kaiser in der Seeschlacht bei Aktion gegen Antonius gekämpft hatte.

Die antike Hauptstadt der Insel, die ebenfalls den Namen Kythira trug, befand sich am heutigen Ort Paliokastrí oder Paliókastro, etwa 3 km nordwestlich des antiken Hafens Skándeia. Auf dem Hügel von Paliókastro (240 m hoch) lag die Akropolis der antiken Stadt mit einer zyklopischen Mauer; die ebenfalls befestigte Stadt zog sich an den Südhängen des Hügels hin, wo man zahlreiche Keramikscherben aus klassischer, hellenistischer sowie römischer Zeit gefunden hat.

Den berühmten Aphrodite-Tempel vermutet man in der Nähe der heutigen kleinen Kirche Ágios Kosmás in „Vígles" oder „Kolónes" (= Säulen), da man hier antike Säulen mit dorischen Poroskapitellen wie auch anderes Baumaterial von einem Tempel gefunden hat. Einige dieser Säulen sind offensichtlich für den Bau der Kosmás-Kirche wieder verwendet worden.

Die antiken Ruinen der benachbarten Ortschaften: Kastrí am Meer und westlich davon Palaiópolis im Landesinneren, gehören zur Hafenstadt Skándeia. Avlémonas weiter östlich, in der südlichen Bucht des Osthornes der Insel, war in der Antike der andere wichtige Hafen. In der klassischen Zeit hieß es aller Wahrscheinlichkeit nach „Phoinikoús", was auf die Anwesenheit bzw. Einflüsse von Phönikiern hindeutet.

Nach dem Jahr 395 n. Chr. kam die Insel zum Byzantinischen Reich als eines seiner „Themen" (Provinzen) und wurde unter dem Patriarchen von Konstantinopel zum Bistum erhoben. Um 1110 wird die aus Monemvasia stammende Herrscherfamilie der Eudomonojánni als Gouverneur auf Kythira eingesetzt. Mitglieder dieser Familie haben Burg und Stadt von Ágios Dimítrios, dem heutigen Paleochóra, in der Langáda-Schlucht gegründet. Nach der Eroberung von Konstantinopel im Jahre 1204 durch die Lateiner fiel Kythira in die Hände der Venezianer. 1207 übergab Venedig dem Adligen Marco Venieri die Insel, die bis 1269 von dieser venezianischen Familie verwaltet wurde. In den darauffolgenden Jahrzehnten wechselte die Herrschaft auf der Insel zwischen den Geschlechtern der Venieri und Eudomonojánni öfter ab. Die Insel selbst blieb unverändert wichtiger Stützpunkt und Zwischenstation der venezianischen Flotte auf dem Weg nach Kreta und in das südöstliche Mittelmeer.

Im 18. und 19. Jahrhundert wird Kythira abwechselnd von Franzosen, Russen, Türken und Engländern beherrscht. Zusammen mit den anderen Ionischen Inseln schloß Kythira sich 1864 dem Griechischen Staat an.

Sehenswürdigkeiten von Kythira

Die *Hauptstadt* der Insel befindet sich im Süden und trägt offiziell den Namen *Kythira*; bei den Inselbewohnern heißt sie jedoch – wie bei fast allen griechischen Inseln – „*Chóra*", was soviel wie Hauptort bedeutet. Chóra ist auf einem engen, etwa 500 m langen Bergrücken in Form eines Amphitheaters gebaut, dessen südöstlicher Teil 175 m steil abfällt und von einer mächtigen Festung aus venezianischer Zeit (16. Jh.) überragt wird. In der Festung sind noch gut erhaltene herrschaftliche Gebäude und vier schöne Kirchen aus nachbyzantinischer Zeit zu sehen. In einem dieser Gebäude hat man ein Museum eingerichtet, das Funde von der gesamten Insel, sowie ein umfangreiches Aktenmaterial beherbergt. Letzteres ist von größter Bedeutung, da es uns detailierte Auskünfte über das Leben und die politischen Verhältnisse auf Kythira, sowie über sein Verhältnis zu Kreta und Venedig vom 16. bis zum 19. Jahrhundert gibt.

Unterhalb der Festung, im mittelalterlichen Teil von Chóra, dem sog. Méssa Voúrgo, gibt es weitere fünfzehn nachbyzantinische Kirchen – in ihrer architektonischen Form sehr interessant und mit schönen und z. T. gut erhaltenen Wandmalereien ausgeschmückt. Zu erwähnen sind: eine dem Ágios Ioánnis Chrysóstomos und dem Ágios Phílippos geweihte Doppelkirche mit Fresken aus dem 15. bis 18. Jh., die Kirche Ágios Athanásios mit Fresken aus dem 17. Jh., auf denen die Heiligen in westeuropäischen Kostümen der damaligen Zeit dargestellt sind, und schließlich die Kirche Ágios Dimítrios aus dem Jahre 1609.

Etwa 3 km südöstlich von Chóra befindet sich der Hafen von Kythira *Kapsáli*, nach dem die große Bucht auch benannt ist. Der eigentliche Hafen besteht aus zwei kleinen, natürlichen Buchten, die mit ihren wenigen Häusern, dem Leuchtturm und den Resten des venezianischen Kastells aus dem Jahre 1503 ein malerisches Bild darbieten.

Auf Kythira gibt es heute kaum noch Reste aus der Antike, doch um so eindrucksvoller sind die vielen Kapellen und *Kirchen* aus byzantinischer und nachbyzantinischer Zeit, deren architektonische Formen und Wandmalereien für den interessierten Besucher eine wahre Freude sind. Die meisten dieser Kirchen sind klein, einschiffig und meist von einem Tonnengewölbe bedeckt; nur selten weisen sie eine Holzdecke auf. Sehr oft werden die Längswände des Schiffes mit Blendarkaden gegliedert und sind ganz mit Fresken bedeckt. Nicht selten findet man Doppel- bzw. Zwillingskirchen vor. Von diesen Kirchen sind folgende besonders sehenswert: die *Kirche Ágios Ioánnis toú Gremnoú* (= St. Johann des Abgrundes) aus dem 16. Jh. zwischen Chóra und Kapsáli, mit einer schönen Grotte. Nordwestlich von Chóra in den Ortschaften Poúrko und Kambiánika gibt es jeweils eine dem Ágios Dimítrios geweihte Kirche. *Ágios Dimítrios in Poúrko* ist aus vier einzelnen Kapellen zusammengesetzt und besitzt sehr qualitätvolle Fresken aus dem 12. Jh. Die *Kirche Ágios Dimítrios in Kambiánika* weist vier übereinanderliegende Freskenschichten auf. Die älteste Schicht stammt aus dem 12. Jh. und zeigt unter anderem eine Szene, auf der der heilige Dimítrios einen Krieger in fränkischer Rüstung tötet.

Von Poúrko aus erreicht man das *Kloster der Agía Eléssa,* der Schutzheiligen der Insel, das im Gebirge über dem Südufer inmitten einer schönen Landschaft steht.

15 km von Chóra entfernt, an der Südwestküste der Insel, befindet sich das *Nonnenkloster Moní Myrtidíon*, der Wallfahrtsort der Kythirioten aus dem 17. Jh. Das Kloster steht auf einem steilen Berggipfel in wild-romantischer Landschaft mit einem schönen Ausblick aufs offene Meer. In der Klosterkirche der Panagía wird die wundertätige Ikone der Muttergottes verehrt, die hier der Legende nach von einem Hirten in einem Myrtenstrauch gefunden wurde. Daher stammt auch die heutige Benennung von Kirche und Ikone: Panagía Myrtidiótissa, die wohl eigentlich auf den alten Beinamen der Aphrodite als Myrtengöttin (vgl. „Myrtóessa") zurückgeht.

Über die Straße von Chóra nach Potamós im nördlichen Teil der Insel, dem eigentlichen Zentrum von Kythira, erreicht man zwei weitere Ortschaften: Mylopótamos nahe der West- und Paleochóra nahe der Ostküste. Etwa nach zwei Dritteln der Strecke zweigt links der Weg zu dem Dorf *Mylopótamos* ab. Es handelt sich um eine alte vergangene Stadt, deren Struktur noch gut erhalten geblieben ist, mit einem 1565 von den Venezianern erbauten Kastell (s. Gründungsinschrift am Eingangstor) und mehreren nachbyzantinischen Kirchen.

Sehr schön ist das längliche venezianische Gebäude, die sog. „Schule" am Hauptplatz, wie auch das Eingangstor zum Kastell mit dem Markuslöwen. Von den erhaltenen Kirchen sind die des Ágios Athanásios und die Kirche Naós Metamorfóseos aus dem 15. Jh., beide im Kastellbereich, wohl die interessantesten. In etwa einer Stunde Fußweg von Mylopótamos aus erreicht man die Grotte Agías Sofías, so genannt nach der kleinen Kapelle am Eingang, die mit Fresken aus dem 11. und 12. Jh. geschmückt ist. Die Grotte selbst weist zahlreiche und recht große Höhlen mit Stalaktiten, Stalagmiten und kleinen Seen auf. An den Wänden hat man Fossilien von Meerestieren gefunden.

Paleochóra ist die mittelalterliche Hauptstadt von Kythira, das einstige Àgios Dimítrios, heute eine verlassene byzantinische Stadt in der Nähe der Nordostküste. Man kommt dorthin über die rechte Abzweigung der Hauptstraße über die Dörfer Aliziánika und Kastrisiánika. Im 12. Jahrhundert wurden Stadt und Burg von Ágios Dimítrios durch die Familie Eudomonojánnis in der engen Schlucht der Kakí Langáda (= der bösen Schlucht), wohl zum Schutz vor den Piraten erbaut. 1537 wurde die Stadt jedoch von Chai-

80 Typisches maniotisches Dorf in der Nähe der Ostküste

◀ 78 Gasse in Areópolis (Mani)
◀ 79 Geschlechterturm in Lágia (Mani)

81 Flomochóri auf Mani

82 Flomochóri auf Mani

83, 84 Die Höhlen von Dirós (Mani)

85 Einer der vielen Geschlechtertürme der Mani

reddin Barbarossa mit Hilfe algerischer Piraten zerstört, ihre Einwohner wurden in die Sklaverei verkauft.

Etwa gleichzeitig mit der Burg von Mylopótamos wurde ebenfalls von den Venezianern die *Zitadelle von Avlémonas,* genannt „*Kastélli*", *am Osthorn der Insel, dem heutigen Landeplatz Ágios Nikólaos,* errichtet. Teile dieser Festung sind noch erhalten. 1,5 km nördlich von Ágios Nikólaos befindet sich die Kirche des frühbyzantinischen *Klosters Àgios Geórgios toú Vounoú* (= St. Georg des Berges). Weiter nördlich, im Gebirge, steht das dritte große Kloster von Kythira, *Agía Móni,* aus dem 16. Jh. Man kann es entweder von Avlémonas aus oder über Mitáta im Zentrum der Insel erreichen.

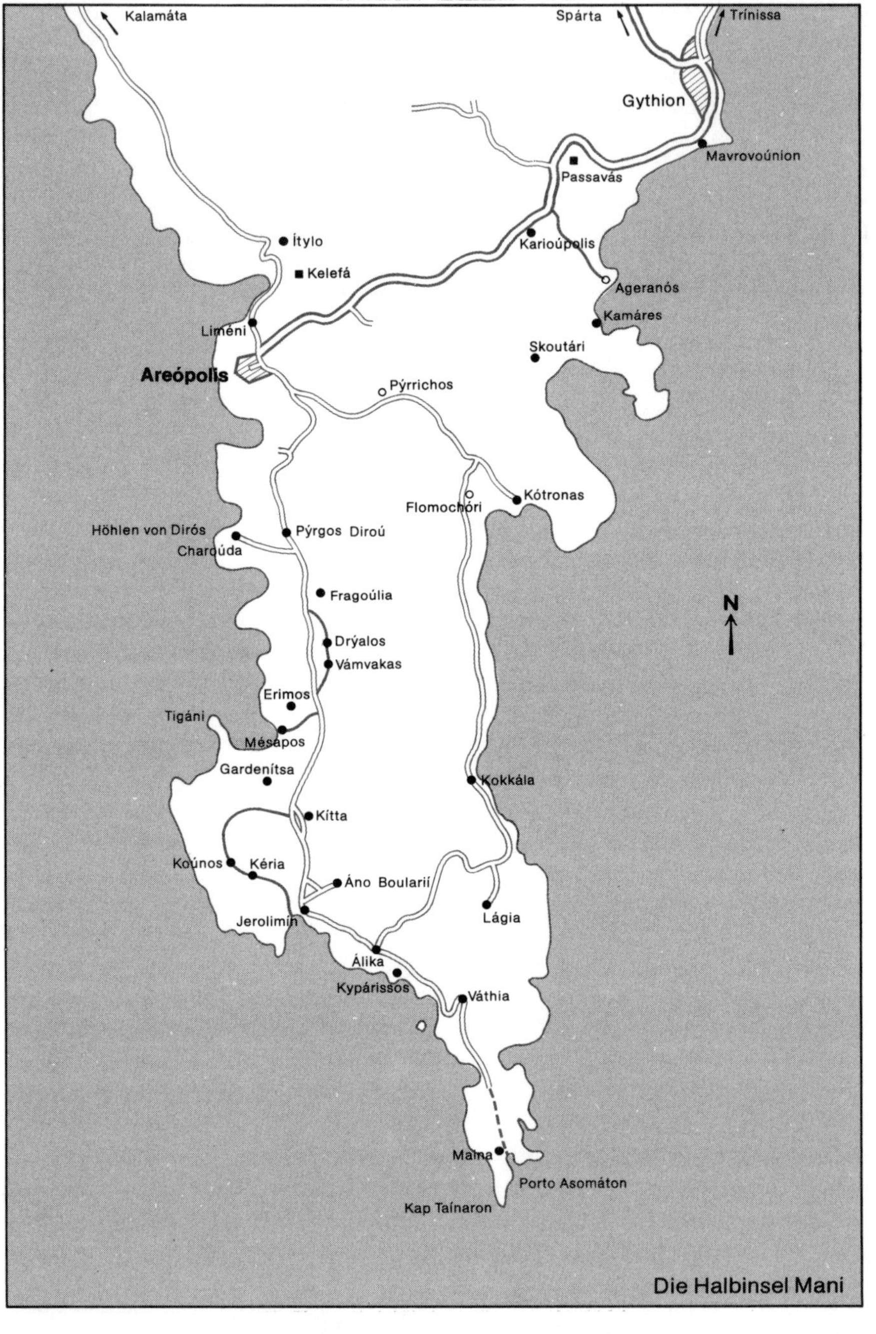
Kalamáta
Spárta
Trínissa
Gythion
Mavrovoúnion
Passavás
Ítylo
Kelefá
Karioúpolis
Ageranós
Kamáres
Liméni
Skoutári
Areópolis
Pýrrichos
Kótronas
Flomochóri
Höhlen von Dirós
Pýrgos Diroú
Charoúda
Fragoúlia
N
Drýalos
Vámvakas
Erimos
Tigáni
Mésapos
Gardenítsa
Kokkála
Kítta
Koúnos
Kéria
Áno Boularií
Lágia
Jerolimín
Álika
Kypárissos
Váthia
Maina
Porto Asomáton
Kap Taínaron
Die Halbinsel Mani

X. Die Halbinsel Mani (der lakonische Teil)

Die Mani ist der mittlere der drei „Finger" des Peloponnes, der die letzten 50 km der Taýgetos-Gebirgskette umfaßt und im Süden im Kap Matapás (Taínaron) endet. Dieser Ausläufer des Taýgetos bestimmt auch das Landschaftsbild dieser Region, die als eine der wohl seltsamsten in ganz Griechenland gilt.

Entsprechend der geographischen Trennung zwischen dem Lakonischen und Messenischen Golf gliedert sich die Halbinsel der Mani gleichfalls in einen lakonischen und einen messenischen Teil. Die messenische Mani reicht von der Querlinie Gythion-Areópolis nördlich bis fast nach Kalamáta und heißt auch Éxo Mani (= Äußere Mani). Südlich dieser Ost-West-Linie erstreckt sich dann der größere, lakonische Teil, die Méssa Mani (= Innere Mani) bis zum Kap Matapás.

Verwaltungsmäßig ist die lakonische Mani in zwei Eparchien (= Landkreise) geteilt: in die Eparchie von Gythion, mit der gleichnamigen Stadt als Verwaltungssitz, die die östliche Seite der Halbinsel einnimmt, und in die Eparchie von Oítylon, mit dem Hauptort Areópolis, die das gesamte westliche Gebiet umfaßt.

Die Landschaft der Mani ist eigenartig. Die Küste ist überwiegend steil und steinig. Sie besitzt – durch viele große und kleine Buchten gegliedert – eine interessante und schöne Formation. In der Mitte der Halbinsel erhebt sich der Rücken des Taýgetos-Ausläufers, von schmalen Tälern mit zahlreichen kleinen Dörfern zerklüftet. Die Berge erscheinen wie aus Granit, sind baumlos den Winden ausgesetzt. Der Boden ist steinig und wasserarm – es gibt kaum Quellen hier, die Wasserversorgung ist notdürftig, sie erfolgt zum größten Teil durch Zisternen. Eine erbarmungslose Erde, auf der kaum etwas wächst. Die Vegetation ist spärlich, Viehzucht im eigentlichen Sinne existiert nicht, das einzige, was in größeren Mengen auf der Mani gedeiht, ist der Olivenbaum. Überall sind – soweit es die Bodenformation überhaupt zuläßt – Terrassen angelegt, man hat versucht, die meist kleinen Bodenpartien sorgsam zu kultivieren. Doch sind ihre zerfallenden Steinmauern Ausdruck der in dieser Region besonders starken Landflucht. Diese Terrassen an den Hängen bestimmen zusammen mit den zahllosen Steinmauern der Felder und Gärten und den oft wuchernden Feigenkakteen, die man „Frankenfeigen" nennt, das Bild der maniotischen Landschaft – das wehmütige Bild einer ausgebluteten Erde.

Geschichtliches

Die historische Entwicklung der maniotischen Halbinsel ist nur im Rahmen der Geschichte Lakoniens zu verfolgen, denn eine eigene, spezifische Geschichte hat diese Region nicht.

Bedeutende Siedlungen bzw. Zentren, wie Las, Oítylon, Mésse oder Asíne, hat es bereits in der mykenischen Zeit (14.–13. Jh. v. Chr.) auf der Mani gegeben. Aller Wahrscheinlichkeit nach entwickelten die Einwohner dieser Städte bereits damals die ersten Handelsbeziehungen zu den Kykladen und zu Kreta, und auch die Phönikier dürften zu dieser Zeit wohl an der lakonischen Küste erschienen sein.

Nach der dorischen Einwanderung und der Entstehung des spartanischen Staates gehörte die Mani zu Sparta. Um die Mitte des 8. Jahrhunderts v. Chr. existierten in diesem Bereich einige Periöken-Städte, von denen die bedeutendste die gleichnamige Stadt am Kap Taínaron war. Das Kap Taínaron galt in der Antike als großes religiöses Zentrum und erlangte auch als „Psychopompeíon“ (Orakelstätte) eine besondere Bedeutung. Nach der antiken Überlieferung versammelten sich hier die Seelen der Verstorbenen, um mit den Lebenden zu sprechen. Die Einheimischen von Taínaron behaupten heute noch, daß die Erzengel die Seelen der Verstorbenen jährlich an Pfingsten aus der Unterwelt heraufholen und sie nach dem Fest wieder in den Hades hinunterführen. (Die Erzengel-Verehrung ist auf der Mani besonders verbreitet, ihnen sind auch viele Kirchen aus byzantinischer und nachbyzantinischer Zeit geweiht.) In den darauffolgenden sechs Jahrhunderten teilten die Städte der Mani die Geschicke Spartas, an dessen kriegerischen Unternehmungen sie teilnahmen und von dessen Feinden sie angegriffen und teilweise auch geschlagen wurden. Die Zerstörung der spartanischen Schiffswerft in Gýthion durch den Athener Tolmides (456 v. Chr.), die Plünderungen der lakonischen Küsten durch die Athener während des Peloponnesischen Krieges (430–404 v. Chr.) und später durch Konon (393 v. Chr.) sind nur einige der bekanntesten Beispiele. Die meisten dieser Angriffe haben vom Meer aus stattgefunden, meistens von der Insel Kýthira her, die sich als Stützpunkt dafür geradezu anbot. Nach der endgültigen Besiegung Spartas durch die Makedonen im Jahre 221 v. Chr. in Sellasía, was auch den Beginn seines Verfalls bedeutete, waren die übrigen Städte Lakoniens einerseits den Angriffen des Achäischen Bundes und später der Römer, zum anderen aber auch räuberischen Überfällen spartanischer Könige ausgesetzt. Während der Herrschaft des Tyrannen Nabis (207–192 v. Chr.), der sich gegen die überlieferte Gesellschaftsordnung der Spartaner auflehnte und die spartanische Oligarchie zu zerschlagen versuchte, flüchteten viele Spartaner in die Küstenstädte Lakoniens, insbesondere aber auf die Halbinsel der Mani, die – wegen der großen Entfernung – nicht so stark der Kontrolle des Tyrannen unterlag.

Der Sieg der Römer über Nabis 195 v. Chr. bot den lakonischen Küstenstädten die Gelegenheit, sich von der Herrschaft Spartas loszulösen. Sie schlossen sich zum „Bund der Lakedaimonier" zusammen, der 21 v. Chr. von Kaiser Augustus als „Bund der Eleutherolakónen" (= der Freien Lakonen) neu organisiert wurde und anfangs 24, später nur noch 18 Städte umfaßte (Pausanias III, 21,7); davon mehrere der Mani. Dieser Bund blieb bis zur Regierungszeit Diokletians (284–305 n. Chr.) unabhängig. 297 n. Chr. wurde er infolge von Verwaltungsreformen innerhalb des Imperiums aufgelöst. Das schwere Erdbeben vom Jahre 375 n. Chr. und der darauffolgende Gotensturm unter Alarich 396 n. Chr. zwangen einen großen Teil der lakonischen Bevölkerung, ihre Städte zu verlassen und auf die Mani zu flüchten. In dieses sichere – weil unzugängliche – Gebiet kamen bald neue Flüchtlinge anläßlich der Einfälle von Slawen und Bulgaren. In der ersten byzantinischen Epoche wurde das lakonische Gebiet der Eparchie von Griechenland und später – nach der Entstehung der Themen – dem Thema Peloponnes zugeordnet. Erst im 9. Jahrhundert wird die lakonische Halbinsel als Maíne (Mani) bekannt, vor allem als Bischofssitz. Die Funde der frühchristlichen Basiliken in Kypárissos und auf Kap Tigáni erlauben jedoch die Annahme, daß eine Christianisierung der maniotischen Bevölkerung – zumindest der Versuch einer solchen – bereits im 5. und 6. Jahrhundert stattgefunden hat. Die große Entfernung des maniotischen Gebiets von den übrigen byzantinischen Zentren, die zweifellos schwierigen Verkehrsverbindungen und vielleicht auch ein gewisser Konservativismus der maniotischen Bevölkerung haben dazu beigetragen, daß dieser Christianisierungsprozeß nur langsam in Gang kam. Er dürfte wohl erst in der 2. Hälfte des 10. Jahrhunderts abgeschlossen worden sein, wobei das Wirken des heiligen Níkon Metanoeíte eine große Rolle gespielt haben soll.

Auch in politisch-ökonomischer wie auch in kultureller Hinsicht blieb die Mani in den folgenden Jahrhunderten unterentwickelt. Aus dieser Zeit stammen die kleinen „megalithischen" Häuser (gebaut aus unregelmäßigen Steinen ohne Bindemittel), die man heute noch in der West-Mani, vom Meer entfernt, findet, und die zahlreichen byzantinischen Kirchen.

Nach der Eroberung Konstantinopels durch die Lateiner 1204 und der Gründung der fränkischen Baronien auf dem Peloponnes vermochten die Einwohner der Mani für längere Zeit noch ihre Unabhängigkeit gegenüber den fränkischen Eroberern zu bewahren. Erst mit dem Fall von Monemvasía und der Gründung der Burg von Mystras (1249) gelang es Guillaume de Villehardouin, auch über die Mani die Kontrolle zu gewinnen. Zu diesem Zweck wurden bald – neben der bereits gegründeten Burg von Passavás – zwei neue Festungen errichtet: die Burg Leuktron in der messenischen Mani und die Burg Groß Maina, nach der vermutlich die gesamte Halbinsel ihren Namen erhielt und deren genauen Standort wir noch nicht kennen. 1262 mußte Villehardouin allerdings Groß Maina zusammen mit den Festungen

Mystras, Monemvasía und Geraki gegen seine persönliche Freiheit eintauschen. Die Mani blieb vom 13. bis 15. Jahrhundert Zufluchtsort für viele, die den anhaltenden Kämpfen und Streitigkeiten zwischen Byzantinern und Franken entgehen wollten. Nach der Eroberung von Mystras 1460 durch die Türken und während des darauffolgenden türkisch-venezianischen Krieges (1463–1479) hatten die Bewohner der Mani zum Teil zusammen mit den Monemvasioten harte Kämpfe gegen die Türken geführt und damit erreicht, daß sie ihre Unabhängigkeit bewahren konnten. Aus vielen Gebieten des bereits aufgelösten byzantinischen Reiches kamen weiterhin Flüchtlinge hierher, die von nun an zusammen mit den Einheimischen die eigentümliche maniotische Gesellschaft bildeten, deren Hauptcharakteristikum das Leben in Sippen unter der Führung von Archonten (türkisch: Beys) war.

Um ihre Unabhängigkeit zu bewahren, führten die Manioten im 16. Jahrhundert im Bündnis mit den Venezianern die Kämpfe gegen die Türken weiter. 1570 gelang es ihnen mit Hilfe der Venezianer, die von den Türken errichtete mächtige Festung von Porto Kájo zu erobern und zu zerstören. Schließlich nahmen sie auch an dem Kretischen Krieg teil, den die Venezianer gegen die Türken von 1645 bis 1669 führten. Nach der Niederlage Venedigs und der Eroberung Kretas nutzten die Türken erneut die Chance, gegen die Manioten vorzugehen, nicht zuletzt auch deshalb, weil diese infolge der ständigen inneren Kämpfe und Zwistigkeiten geschwächt waren. Den Türken gelang es damals, einen der Archonten als „Bey der Mani“ einzusetzen – es war die abenteuerliche Gestalt des Lyberákis Gerakáris. Auch zwangen sie die Bevölkerung zur Zahlung von Abgaben. Mit diesen Geldern konnten die Türken die alte byzantinische Festung Zarnáta auf der messenischen Mani und die Burg von Porto Kájo wiedererrichten, außerdem gründeten sie die Festung von Kelephá gegenüber von Ítylon.

Durch Not und Armut getrieben, sahen sich größere Teile der maniotischen Bevölkerung gezwungen, auszuwandern. Viele kamen nach Italien, wo sie sich als Söldner verdingten. Es waren zwei der größten maniotischen Sippen, die der Médiki, die 1671 in die Toskana gingen, um Schutz bei ihren angeblichen Verwandten, den Florentiner Medici, zu suchen. Die zweite Auswanderungswelle fand 1675 von Ítylo aus statt, als die Sippe der Stephanópoli ihre Heimat verließ. Damals gelangten die 700 Auswanderer aus Ítylo über Genua nach Korsika, wo sie neue Städte gründeten. Dort konnten sie ihre maniotische Lebensform und Kultur über Jahrhunderte hinweg bis heute erhalten.

Während der zweiten venezianischen Herrschaft (1699–1715) kam es auf dem Peloponnes und der Mani zu einem kleinen wirtschaftlichen Aufschwung. Doch die Lebensbedingungen im maniotischen Raum verbesserten sich hierdurch kaum. Grund dafür waren die andauernden inneren Zwistigkeiten und Kämpfe. Damals gingen viele der davon betroffenen Manioten dazu über, die fruchtbaren Gebiete Lakoniens und Messeniens zu plündern, um so ihr Brot zu verdienen, oder widmeten sich der Piraterie. 1715 gingen die Türken als Sieger aus dem Krieg mit den Venezianern hervor, der Peloponnes wurde von ihnen zurückerobert. Sie nahmen – nach Verhandlungen mit den Manioten – das Gebiet bis westlich von Gýthion in Besitz, die übrige Mani ließen sie jedoch autonom. Diese Autonomie dauerte bis 1770, als ein russisches Heer unter den Brüdern Orloff in der Bucht von Liméni landete, um mit Hilfe der Manioten Krieg gegen die Türken zu führen (der sog. Orloffsche Aufstand). Der Aufstand brach jedoch bald zusammen und die Manioten, die sich sehr aktiv daran beteiligt hatten, mußten die Oberhoheit der Türken anerkennen. Allerdings wurde diese Oberhoheit durch den bereits erwähnten Bey der Mani ausgeübt. Dieser Bey wurde unter den Kapetánii und einheimischen Archonten der größten und einflußreichsten Familien der Mani ausgesucht. Er war für das Eintreiben der Steuern, die die Bewohner den Türken zu zahlen hatten, verantwortlich. Zwischen 1770 und 1821 regierten insgesamt acht Beys auf der Mani, unter denen besonders Zanétbey Kapetanákis Grigorákis in Gythion und Petróbey Mavromichális in Areópolis hervorragten. Während dieser Zeit zählte die Mani etwa 60 000 Einwohner. Die Archonten waren bereits durch Räuberei und Piraterie zu einigem Reichtum gekommen und hatten sich zu kleinen Feudalherren entwickelt. Durch besondere Privilegien, Unterdrückung der Schwächeren und durch ständige Kämpfe untereinander waren einige von ihnen besonders stark geworden. In der Mani herrschte damals das Recht des Stärkeren, und durch die isolierte Lage der Halbinsel kam es bald zu einer Konstituierung der eigentümlichen Sitten und Bräuche, die für die maniotische Gesellschaft im 18. und 19. Jh. so typisch sind. (Berühmt war vor allem die Blutrache bei den Manioten. Die Blutfehden der Familien untereinander hielten noch bis ins 20. Jahrhundert an).

Lange noch vor dem Ausbruch des griechischen Unabhängigkeitskampfes gegen die Türken 1821 herrschte allgemein die Überzeugung, daß eine Vorbereitung der Revolution nur auf maniotischem Boden geschehen könne und ein Aufbruch zum Kampf nur von dort aus möglich sei. Hier herrschte dann auch die dominierende Gestalt des Petróbey Mavromichális, der zusammen mit Kolokotrónis nach Messenien einfiel, Kalamáta eroberte und damit den Türken den Kampf erklärte.

Während des Unabhängigkeitskampfes haben sich die Manioten durch besondere Tapferkeit ausgezeichnet. Den Türken ist es nicht gelungen, in die Mani einzudringen; nach den entscheidenden Schlachten von Almyrós und Dirós mußten sie sich unverrichteter Dinge zurückziehen. Nach der Gründung des freien Griechischen Staates wurde auch Lakonien wiederaufgebaut. Den Manioten, die aus Tradition widerspenstig und ungebändigt waren, fiel es schwer, sich mit den neuen politischen Verhältnissen abzufinden. Petróbey, der den neugeschaffenen status quo nicht zu akzeptieren vermochte, lehnte die Zentralisierungsbestrebungen des damaligen Ministerpräsidenten Kapodístrias ab und erhob sich 1830 gegen die Zentralgewalt. Man setzte ihn in Nauplion gefangen. Das hatte das gewaltsame Vorgehen der Familie Mavromichális gegen Kapodístrias zur Folge: 1831 wurde dieser in der Kirche des hl. Spyrídon in Nauplion vom Sohn und Bruder Petróbeys ermordet. Auf heftigen maniotischen Widerstand stieß die griechische Regierung erneut, als sie versuchte, den inneren Zwistigkeiten der Manioten ein Ende zu setzen, sie den Gesetzen des neuen Staates zu unterwerfen und zur Zahlung von Steuern zu zwingen. Damals verließ die revoltierende maniotische Delegation die Hauptstadt, ohne den Zahlungsforderungen nachgekommen zu sein, im Gegenteil, sie plünderte sogar noch die Staatskasse. Eine Abteilung des bayerischen Heeres wurde gegen die Manioten ins Feld geschickt, ließ sich allerdings von diesen in eine Falle locken. Die Manioten setzten sie gefangen und forderten von der Regierung, für jeden der Soldaten ein Lösegeld von 1 Taler zu zahlen. Im Laufe des 19. Jahrhunderts ist es der griechischen Regierung jedoch gelungen, die neue Regierungs- und Verwaltungsform auch in der Mani durchzusetzen.

Der karge, steinige Boden und die Armut zwangen die Bevölkerung wiederholt, ihr Land zu verlassen. In den letzten Jahrzehnten hat diese Auswanderungswelle ein derartiges Ausmaß angenommen, daß nicht nur zahllose Häuser leer stehen, sondern ganze Dörfer verlassen sind.

Die Ortschaften

Gythion (= Gýthion)

Gythion ist eine kleine malerische Hafenstadt in der Nordwestecke des lakonischen Golfes, 45 km südlich von Sparta. Mit 7000 Einwohnern ist sie die zweitgrößte Stadt Lakoniens und Hauptstadt einer Eparchie (= Landkreis) gleichen Namens.

Das antike Gythion lag etwas nördlich der im 19. Jahrhundert neu erstandenen Stadt, die den gleichen Namen trägt, im Gebiet der „Paleópolis" (= Altstadt). Hier liegen einige wenige Ruinen, darunter die des antiken Theaters. Es wird angenommen, daß an dieser Stelle eine vordorische Siedlung existierte, ebenso wie auf der gegenüberliegenden Insel Kranáe – heute Marathonísi (= Fenchelinsel) genannt –, und daß ihre Bewohner hauptsächlich Achäer oder aber auch Minyer (ein in mykenischer Zeit mächtiger Volksstamm in Orchomenós/Böotien) waren.

Phönikische Kaufleute haben hier, wie auch auf der Insel Kranáe, eine Handelsstation gegründet, um die besonders schönen Purpurmuscheln auszubeuten, die nach Pausanias (III, 21, 6) in der lakonischen Bucht zu finden waren (s. auch Kythira). Mit den Phönikiern soll auch der Kult der Aphrodite Migonítes nach Gythion gekommen sein, deren Heiligtum sich an der Stelle der heutigen Stadt am Fuße des Berges Larýssion (heute Koúmaro genannt) befand. Der Überlieferung nach wurde dieses Heiligtum vom trojanischen Prinzen Paris errichtet, der zusammen mit Helena hier Zuflucht gesucht hatte, als beide Sparta über Nacht verlassen hatten. Die Gründung der antiken Stadt Gythion geht nach dem Bericht des Pausanias (III, 21, 8) auf göttliches Wirken zurück: Herakles und Apollon seien um den Dreifuß miteinander in Kampf geraten und hätten nach ihrer Versöhnung und Beilegung des Streites gemeinsam die Stadt gegründet.

Für die vordorische Bevölkerung dieses Gebietes scheint jedoch die erste Stadtanlage von Gythion keine große Rolle gespielt zu haben. Als wichtigste Hafenstadt galt in der lakonischen Bucht (auch bei Homer) die benachbarte Stadt Hélos (= Sumpf), die sich weiter östlich im Sumpfgebiet zwischen Gythion und Skála befand. Die heutige Ortschaft an dieser Stelle heißt noch Élos. Nach der Stadt Hélos sollen auch die von den Spartanern versklavten Einwohner dieser Region Heloten genannt worden sein. Die Spartaner machten nun anstelle von Hélos Gythion zu ihrem Hafen und Seearsenal, sowie zur Werft für ihre Kriegs- und Handelsflotte. Zu diesem Zweck wurde der neue Hafen stark befestigt; man vermutet ihn in der Nähe der Insel Kranáe, da hier ein natürlicher Schutz bei Südwind geboten war.

Im Jahre 455 v. Chr. – während der harten Auseinandersetzungen noch vor dem Ausbruch des Peloponnesischen Krieges zwischen Athenern und Spartanern – umfuhren die Athener unter Tolmídes den Peloponnes und setzten den Hafen samt Werft der Spartaner in Brand. Die Spartaner bauten den Hafen wieder auf und befestigten ihn so stark, daß es dem Thebaner Epameinondas nicht gelang, Gythion zu erobern, als er 369 v. Chr. die lakonischen Städte angriff, sie in Brand setzte und auch Gythion belagerte. Unter dem spartanischen Herrscher Nabis (207–192) wurde Gythion noch weiter ausgebaut. 195 wurde die Stadt von dem Römer Titus Flaminius erobert und zugleich – der Herrschaft Spartas entrissen – zur freien Stadt erklärt. Sie war damit die wichtigste Stadt im Bund der Eleutherolakonen. In den ersten Kaiserjahren erlebte die Stadt eine große Blütezeit. Sie war der wichtigste Hafen und Ausfuhrplatz für die Produkte von ganz Mani, wie auch für den in der Antike berühmten Stein von Krokeaí, den man als Schmuck von Bauten viel verwendete. Als Bundesgenossen der Römer lebten die Bewohner von Gythion bis 375 n. Chr. im Wohlstand. In diesem Jahr wurde die Stadt von einem starken Erdbeben verwüstet. 395, nach dem Einfall Alarichs, verließen die Einwohner ihre Stadt und suchten Zuflucht in der Mani. Die wachsende Macht Monemvasias als Hafenstadt Lakoniens in der darauffolgenden Zeit brachte Gythion bald in Vergessenheit. Gegen Ende des 18. Jahrhunderts wurde die Stadt von Mitgliedern der Familie Grigorákis neu gegründet, einer der angesehensten maniotischen Familien, die im 19. Jh. während des griechischen Befreiungskampfes gegen die Türken eine bedeutende Rolle spielte.

Die heutige Stadt von Gythion ist an der Stelle des antiken Migónion gebaut, am Hang des Hügels Koúmaro (186 m), in der Antike „Larýssion" genannt. Von dieser antiken Anlage ist nichts erhalten. Deshalb können wir wohl vermuten, daß hier außer dem Heiligtum der Aphrodite Migonítes keine Siedlung stand, sondern lediglich einzelne Häuser existierten. Das *Aphrodite-Heiligtum* lag wahrscheinlich an der Stelle der heutigen Ágios Geórgios-Kirche. Am Gipfel des *Larýssion,* wo heute eine den Ágii Pántes (= den Allerheiligen) geweihte Kapelle steht, sind die Reste einer mittelalterlichen Burg zu sehen. In der Antike war dieser Hügel dem Dionysos geweiht, zu dessen Ehre man jährlich beim Frühlingsbeginn geheime Feste feierte. Am nordwestlichen Hang des Larýssion (links von der Straße nach Sparta) befindet sich eine in den Fels gehauene und sorgfältig bearbeitete rechteckige Nische, die von den Bewohnern der Stadt „Pelekitó" genannt wird. Eine hier gefundene Inschrift bezeichnet die Stelle als dem Zeus „Terástios" geweihten Ort; es handelt sich dabei aller Wahrscheinlichkeit nach um den *Zeusaltar,* an dem der Überlieferung nach Orestes vom Wahnsinn geheilt wurde.

Etwa 250 m weiter nördlich, jenseits des Baches Selinítsa, befanden sich die Akropolis und die bereits erwähnte Paleópolis, die antike Stadt von Gythion, deren besterhaltenes Bauwerk heute das antike *Theater* darstellt. Dieses liegt halbversteckt hinter einer Kaserne (griech.: Stratópedon). Es wurde Ende des vorigen Jahrhunderts ausgegraben und gehört – wie auch die wichtigsten Bauten der Stadt – der römischen Kaiserzeit an. Rechts, gleich neben dem Theater, hat man die Grundmauern eines Heiligtums ausgegraben, das

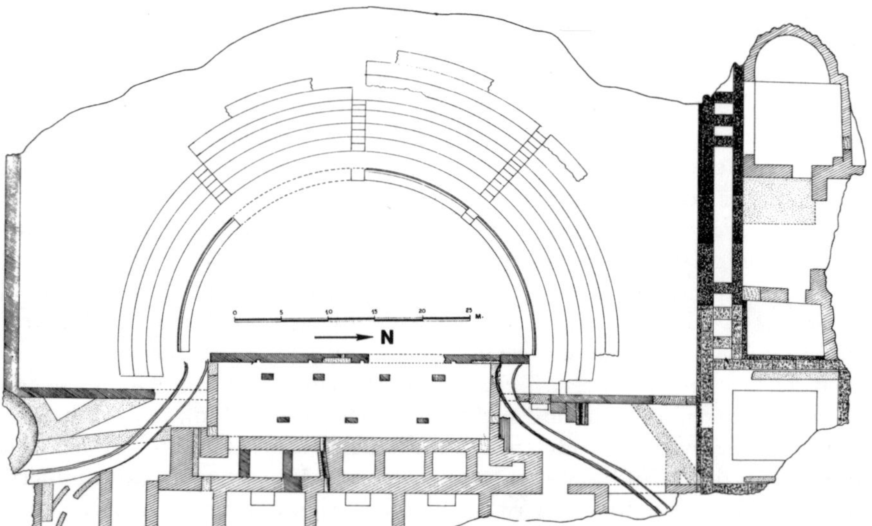

Gythion, das antike Theater

eine Aufteilung in drei Räume zeigt, von denen der westliche mit einer Apsis versehen ist. Daraus schließt man, daß es in nachantiker Zeit wahrscheinlich als christliche Kirche gedient hat.

In römischer Zeit wies Gythion neben dem Theater auch Bäder, eine Wasserleitung und einen großen Tempel zur Verehrung der römischen Kaiser, das sogenannte „*Kaisárion*", auf. Ferner gab es zahlreiche Gebäude mit schönen Mosaikfußböden, die überwiegend an der Küste erbaut waren. Bei ruhigem Meer kann man mit Taucherbrille die Fundamente dieser Häuser noch heute am Meeresboden in der Nähe des Kais und beim Fußballstadion sehen. Oberhalb des Theaters und westlich vom heutigen Paleópolis befand sich auf einem dreieckigen Hügel (50 m hoch) die Akropolis von Gythion. Hier stand ein Athena-Tempel mit dem Kultbild der Göttin. Südöstlich vom Theater erstreckte sich zum Meer hin aller Wahrscheinlichkeit nach der *antike Markt* von Gythion, dessen größter Teil heute ebenfalls unter Wasser liegt.

Das gegenüber dem antiken Migónion liegende *Marathonísi*, das antike Kranáe, ist eine kleine flache Felseninsel mit einer Kirche, ein paar Häusern und einem Kiefernwäldchen. Früher war sie nur mit einem Boot zu erreichen, heute ist das Eiland durch einen Damm, ähnlich wie in Monemvasia, mit dem Festland verbunden. In der Ilias Γ 445 erwähnt Homer es als die Stelle, an der sich die erste erotische Begegnung zwischen Paris und Helena ereignete. Heute steht inmitten der Insel ein zinnenbekrönter Turm, umgeben von den Ruinen der Burg der Familie Grigorákis.

In zwei kleinen, kühlen Räumen im Erdgeschoß des *Rathauses* (griech.: Dimarchíon) und in seinem kleinen Hof hat man die wenigen antiken Funde aus der Stadt und der näheren Umgebung untergebracht. Nur einige wenige Stücke des *Museums,* u. a. die rhodischen Amphoren, die man aus dem Meer geholt hat, stammen aus der archaischen Zeit, dazu eine Votivinschrift vom Aphrodite-Heiligtum (1. Raum, rechte Fensterwand). Die meisten Funde gehören der römischen Epoche an: so z. B. die marmornen Aschenurnen mit Girlanden und Bukranien; ferner eine Frauenbüste aus der späten Kaiserzeit (1. Raum); die Statue des Eurykles, der ein Freund des Augustus war, und von diesem als Herrscher in Sparta eingesetzt wurde (2. Raum); ein schöner spätantiker Kaiserkopf, ein Inschriftenstein, der von der Einführung des Kaiserkultes in Gythion berichtet, ferner römische Sarkophage. Aus römischer Zeit stammen auch einige schöne Mosaiken, die z.Z. restauriert werden, während sich andere Funde momentan im Museumsmagazin befinden. Auch einige Stücke byzantinischer Ornamentplastik werden gezeigt.

In diesem Zusammenhang sollte die Einführung des römischen Kaiserkultes in Gythion nicht unerwähnt bleiben, ein Ereignis, das im Jahre 15. v. Chr. stattfand und sich für die weitere Entwicklung der Stadt als von größter Bedeutung erwies. In Gythion hat man auch die wichtigste Inschrift gefunden (vgl. auch diejenige im Museum), die Bezug auf den Kaiserkult in Griechenland nimmt.

Es handelte sich dabei um mehrtägige Feierlichkeiten, die die thymelischen Wettkämpfe (= Gesangswettkämpfe), Prozession und Opferung beinhalteten. An diesen Feierlichkeiten nahm auch ein Priester des „Gottes" Augustus teil. Verehrt wurden die Kaiser Augustus und Tiberius – aus der Regierungszeit des letzteren stammt die oben genannte Inschrift –, die Gattin des Augustus Livia, Germanicus, Drusus (alle Mitglieder des julisch-claudischen Kaiserhauses), ferner die Göttin Fortuna und Titus Flaminius, der zu Beginn des 2. vorchristlichen Jahrhunderts als erster Gythion zur freien lakonischen Stadt erklärte. Der bereits erwähnte Eurykles wie auch sein Sohn Lakon wurden ebenfalls an je einem Tag gegen Ende des Festes verehrt. Auf mehreren Inschriften werden all diese Personen als Retter, Wohltäter, Befreier und Götter bezeichnet.

Man begann mit den Feierlichkeiten im Theater, wo man den Kultbildern dieser „Götter" Weihrauch spendete und die Gesangswettkämpfe durchführte. Zugleich fand eine große Prozession vom Tempel des Asklepios zum Kaisárion statt, die dort mit der Opferung eines Stieres endete.

Trínissa (= Dreiinsel)

Wenn man von Gythion aus auf der Küstenstraße in nordöstlicher Richtung entlang der lakonischen Bucht fährt, kommt man bei drei kleinen felsigen Inselchen vorbei, den sog. Trínissa, dem antiken Trínassos. Sie sind einer kleinen Bucht vorgelagert und bilden für diese einen idealen natürlichen Schutz, so daß sich die Bucht seit alters als Ankerplatz anbot. Diesen Platz haben die Spartaner neben dem Hafen von Gythion verwendet, und wohl nicht nur für Handelszwecke, wie etwa zur Verladung der Steine von Krokeaí, wie man oft hört. Auf dem gegenüberliegenden Festland war in der Antike das Kastell Trínassos errichtet, in dem eine ständige spartanische Garnison stationiert war. Dieses Kastell war einer der vielen Stützpunkte im Gebiet zwischen Sparta und dem lakonischen Golf, von den Spartanern gegründet, um so eine bessere Kontrolle über das Gebiet von Hélos und seine Bewohner ausüben zu können.

Burg Passavás

Man verläßt Gythion in südwestlicher Richtung auf der Straße nach Areópolis. Hinter Mavrovoúni – dem beliebten Badeort von Gythion – beginnt ein liebliches Tal, das in eine Schlucht übergeht. Zur Linken, 8 km von Gythion entfernt, erblickt man auf dem Hügel die Mauern der fränkischen Burg Passavás.

Sehr wahrscheinlich wurde die Burg an der Stelle der antiken Stadt Las errichtet, denn sie schließt Fragmente antiken Mauerwerks ein. Das antike Las gehörte nach Pausanias (III, 21, 7) zu den achtzehn Städten des Bundes der Freien Lakonen und war wohl schon früher das wichtigste Zentrum der Achäer in diesem Gebiet, noch vor der Entwicklung und Blütezeit Gythions.

Die Burg von Passavás errichtete im Jahre 1254 Jean de Neuilly, Großmarschall von Moreas, dem die Baronie Mani zugefallen war. Hundert Jahre später, um die Mitte des 14. Jahrhunderts, wurde die Burg von den Byzantinern erobert. Daß Passavás einen eminent bedeutenden strategischen Stützpunkt für jeden Eroberer darstellte, liegt auf der Hand: Hoch über dem engen Paß gebaut, versperrte die Burg den Zutritt ins maniotische Gebiet und übte zugleich die Kontrolle über die Querverbindung zwischen den beiden wichtigen Häfen der Halbinsel, Gythion und Areópolis, aus. Erst zwanzig Jahre nach der Eroberung des Peloponnes (1481) gelang es den Türken, auch die Burg von Passavás in Besitz zu nehmen. Damals soll sich die Tochter des byzantinischen Burgherren aus dem Fenster gestürzt haben, um so den Ungläubigen zu entkommen. Von den Türken wurde die Festung im 17. Jahrhundert erneuert. Bei der Rückeroberung des Peloponnes durch den Dogen Francesco Morosini (1688–1694) fiel auch Passavás in die Hände der Venezianer, die die Burg nach 1690 schleiften. Um 1785, noch lange vor dem Ausbruch des griechischen Befreiungskampfes, vermochten die Manioten den Türken die Burg erneut zu entreißen.

Über die französische Herkunft des Namens Passavás gibt es zwei Versionen: entweder von „pas-avant“ (= nicht weiter) oder von „passe avant“ (= vorwärts).

Ageranós

Südlich von Passavás zweigt auf der Hauptstraße nach Areópolis der Weg links ab nach Ageranós. Der Besuch des Dorfes ist lohnenswert, denn der Ort liegt recht idyllisch und ist von allen maniotischen Dörfern eines der schönsten und auch charakteristischsten. Hinzu kommt, daß hier viele gut erhaltene Häuser im maniotischen Stil zu sehen sind. In Ageranós erhebt sich ferner der Stammturm und Sitz der Familie Grigorákis, bereits erwähnt als eine der größten und angesehensten maniotischen Familien, die früher das gesamte Gebiet der nordöstlichen Halbinsel bis Skoutári als „Kapetanía“ verwaltete.

Direkt neben dem Grigorákis-Schloß befindet sich die nachbyzantinische Kirche des Taxíarchos, als Familienkapelle der Grigorakis erbaut und heute in Privatbesitz.

Das Dorf befindet sich im antiken Gebiet Aráinon; hierauf deutet die leicht abgewandelte Form „Ageranós“ hin. Die Bucht nördlich von Ageranós bildete den Hafen der antiken Stadt Las. Die Anhöhe, auf der Ageranós gebaut ist, wurde als der wahrscheinliche Platz für die Grabstätte des Heros Las angesehen, des Begründers der gleichnamigen Stadt (s. Burg Passavás).

Unmittelbar südlich der Ortschaft erreicht man *Kamáres*, so genannt nach einem beeindruckenden Gebäude aus spätrömischer Zeit, wohl eines der besterhaltenen auf der Mani. Es handelt sich um einen Rundbau mit symmetrisch angebrachten Rundbogennischen, den man meist für eine römische Bäderanlage hält.

Skoutári

Skoutári liegt südlich von Ageranós, ebenfalls an der großen Bucht. Es hat neben einem Grigorákis-Turm eine interessante Kirche aufzuweisen: Ágios Ioánnis Chrysóstomos. Die Kirche wurde im 18. Jahrhundert erbaut und war ebenfalls Privatbesitz der Familie Grigorákis. Im Inneren haben sich qualitätvolle Fresken erhalten. Über dem Kircheneingang ist eine ungewöhnliche Inschrift zu lesen, auf der der Freskenmaler selbst Hinweise und Tips zur Pflege und Reinigung der Wandmalereien gibt.

Festung Kelefá

Die Festung Kelefá befindet sich nahe der Westküste der Mani, oberhalb der Bucht von Liméni (nördlich von Areópolis). Es handelt sich um eine große viereckige Anlage (150 x 250 m), deren Mauer fast überall bis zur Höhe des Wehrganges gut erhalten ist. Zusammen mit der Burg von Passavás gehört Kelefá zu den wenigen erhaltenen Burganlagen auf der Mani. Früher hat man sie für eine mittelalterliche Gründung, etwa gleichzeitig mit der von Passavás, gehalten. Heute ist man sich darüber einig, daß sie von den Türken in der 1. Hälfte des 17. Jahrhunderts errichtet worden ist. Im Jahre 1685 wurde die Festung von den Venezianern unter Francesco Morosini erobert. Die strategisch günstige Lage von Kelefá ist nicht zu verkennen. Sie bildete an der Westküste das Pendant zu Passavás und kontrollierte die Straße, die vom Westen her in die maniotische Halbinsel hineinführte. Wer die beiden Festungen gleichzeitig beherrschte, überblickte vom Land her die ganze Mani. Auf die strategische Bedeutung der beiden Plätze Las (Passavás) und Oítylon (Kelefá) wird bereits in der Ilias (B 585) hingewiesen, wo Homer beide Städte im gleichen Vers erwähnt.

Ítylo

Ítylo (auch Vítylo genannt), zwischen der Festung Kelefá und dem Fischerdorf Liméni in der Bucht gelegen, ist an der Stelle des homerischen Oítylon entstanden. Der Name hat sich in Schrift und Aussprache seit dieser Zeit unverändert erhalten!

Das Dorf, früher einmal die Hauptstadt der Mani, bildet mit der Schlucht von Milolángado die Grenze zwischen der Éxo und Méssa (= der Äußeren und Inneren) Mani.

Ítylo ist groß, verteilt sich auf Áno und Káto (= Ober- und Unter-) Ítylo und macht einen wohlhabenden Eindruck, verglichen mit den übrigen Örtlichkeiten (besonders der Méssa Mani). Wohlhabend war das Dorf immer schon, denn seine Bewohner trieben – dies bedingte seine günstige Lage in der Bucht – außer Seefahrt und Handel auch Piraterie und Sklavenhandel, wie übrigens die meisten maniotischen Dörfer.

Káto Ítylo, auch Néo (= Neu) Ítylo genannt, ist heute noch der Hafen des Ortes.

Sehenswert in der Ortschaft ist die Kirche Ágios Sotír (= Erlöser) an der Straße zwischen dem Hafen und Ober-Ítylo und das Dekoúlou-Kloster aus dem 18. Jahrhundert, das unterhalb der Sotír-Kirche an den Hang gebaut ist. Das Kloster trägt – laut Inschrift an der Tür des Katholikon – den Namen seines Stifters Geórgios Dekoúlos Michelís, der 1765 die Klosterkirche erbauen ließ. Aus dieser Zeit stammen auch die Fresken im Inneren und vermutlich auch die geschnitzte und vergoldete Ikonostase vor dem Altarraum.

Liméni

Während die Landschaft an der Westseite des Taýgetos in Richtung Areópolis immer unwirtlicher und karger wird, bietet das kleine, direkt an der Bucht gelegene Dorf von Liméni einen recht malerischen Anblick. Liméni dient als Hafen von Areópolis und hat kaum Sehenswertes zu zeigen. Das Dorf ist jedoch bekannt als Geburtsort der Familie Mavromichális, deren wichtigster Vertreter, Petróbey Mavromichális, eine ganz entscheidende Rolle im Befreiungskampf der Griechen gespielt hat.

Hier steht auf einer leichten Anhöhe in dominierender Lage der – inzwischen restaurierte – Familiensitz der Mavromichális. Der Bau zeigt eine typisch mittelalterlich-maniotische Konzeption: einen hohen, mehrstöckigen Turm und ein niedriges, langgestrecktes Gebäude an seiner Seite, ganz aus Naturstein gebaut.

Areópolis

Areópolis liegt an der Westküste der Mani, südlich der Liméni-Bucht, 26 km von Gythion entfernt und bildet mit seinen ca. 800 Einwohnern die Hauptstadt der Eparchie von Ítylon, die den ganzen westlichen Teil der maniotischen Halbinsel einnimmt.

Ursprünglich hieß der Ort Tsímova. Den Namen Areópolis, d. h. Stadt des Ares, erhielt er zu Beginn des 19. Jahrhunderts in Erinnerung an den Helden des griechischen Befreiungskampfes, Petrobey Mavromichális, mit dem, wie auch mit dessen Familie der Ort sehr verbunden war.

Große Kunstwerke hat die Ortschaft nicht vorzuweisen. Jedoch ist sie für den Reisenden von großem architektonischem Interesse, denn hier zeigt sich schon die typisch maniotische Bauform: Die Häuser sind oft als Wachttürme gebaut, mit kleinen Fenstern, wenigen Verzierungen, ganz aus Naturstein, mehr Wehranlagen und weniger Wohngebäude. Der bereits restaurierte Turm der Familie Kapetanákis in der Nähe der Taxiárchis-Kirche ist ein schönes Beispiel für einen der zahlreichen charakteristischen Geschlechtertürme, durch die das Bild der Mani geprägt wurde.

Von den vielen, meist kleinen Kirchen aus nachbyzantinischer Zeit sind einige sehenswert. Die bereits erwähnte Taxiárchis-Kirche ist die Hauptkirche von Areópolis. Sie ist laut Inschrift über dem Portal der Nordseite im Jahre 1798 errichtet worden, vermutlich von der Familie Mavromichális selbst, die die Stadt damals verwaltete. Originelle Reliefs zieren den nördlichen und südlichen Eingang der Kirche. Auf ihnen erscheinen auch die Gestalten der Erzengel (Taxiarchen), denen die Kirche geweiht ist. Die Reliefs sind einfach, fast primitiv, im lokalen Stil gearbeitet, doch zeigen sie besonders interessante Motive und Formen.

Zu erwähnen ist auch die kleine Doppelkirche gleich am Eingang der Ortschaft, links der Hauptstraße: Das linke Schiff ist der Panagía, der Muttergottes, das rechte dem heiligen Charálambos geweiht. Das Innere ist mit Fresken überzogen. Die Kirche Ágios-Ioánnis-Pródromos (= Johannes der Täufer) ist ein einschiffiger Bau mit einem Glockenstuhl an der Westfassade. Sie wurde im 18. Jahrhundert errichtet; aus dieser Zeit stammen auch die Fresken, mit denen das Innere fast vollständig geschmückt ist.

Pýrgos Diroú

Die Ortschaft liegt 6,5 km südlich von Areópolis an der Hauptstraße nach Jeroliménas, dem südlichsten Hafen der Mani. Ein großer Teil der Häuser ist zerfallen. Einige hat man restauriert. Pýrgos Diroú gehört zu den wenigen großen Dörfern mit relativ hoher Einwohnerzahl. Denn die meisten Ortschaften der Méssa Mani sind großteils verlassen, die Häuser verfallen, die Leute in die Großstädte oder ins Ausland ausgewandert.

Zu den vielen Bezirken von Pýrgos Diroú gehören unter anderem die Ortsteile Triantafylliá, Glésou und Charoúda, in denen einige wunderschöne byzantinische Kirchen zu besichtigen sind. Es sind meist kleine, in ihrem Ausmaß eher kapellenartige Gebäude, wie sie überall auf der Mani zu sehen sind, in den Ortschaften wie in den Feldern, und die alle möglichen architektonischen Variationen aufweisen – vom einschiffigen Hallenraum bis zu der komplizierteren Kreuzkuppelform. In der Ortschaft selbst, im sogenannten Dorf, und links von der Straße, die zu den Höhlen von Dirós führt, befindet sich die *Kirche des Ágios Ioánnis.* Es handelt sich um einen einfachen, einschiffigen Bau aus dem 12. Jahrhundert mit dreiteiliger Apsis im Osten. Die Originalität dieses Kirchenbaues liegt in der Art, wie sein Mauerwerk aus großen, senkrecht und waagrecht angeordneten Marmorblöcken – sicher antike Spolien – gestaltet wurde. Zwischen den Marmorblöcken wurden Ziegelsteine angebracht.

An der Südostseite der Kirche, neben dem Altarraum, wurde ein Arcosolium, eine bogenförmige Nische, wohl als Bischofsgrab angebaut. Eine darüber befindliche Inschrift gibt das Jahr 1598 an. Im Inneren der Kirche haben sich ein marmornes Templon mit plastischem Schmuck, sowie Reste von Fresken erhalten. Letztere befinden sich unter einer Kalkschicht, die ausnahmsweise nicht – wie sonst – von den Türken, sondern bereits in früherer Zeit von den Dorfbewohnern selbst angebracht wurde, in der Meinung, dadurch die Kirche sauber erscheinen zu lassen. Die Freskenreste (Muttergottes von Heiligen flankiert) zeigen eine warme, in bräunlich-gelben Tönen gehaltene Farbigkeit und eine eher sensible, fast elegante Linienführung in der Zeichnung, die nur sehr schwierig einer lokalen Tradition zuzuordnen ist. An den Fassadenwänden sind ferner einige marmorne Reliefstücke mit sehr schönen byzantinischen Ornamenten (Spolien) eingelassen.

Die *Theotókos-Kirche* (= Kirche der Gottesgebärerin) in Triantafylliá steht in ruinösem Zustand inmitten der Felder, ca. 5 Minuten oberhalb der Hauptstraße. Dagegen hat sich die Kirche *Ágios Pétros* in Triantafylliá viel besser erhalten. Sie ist zu Fuß in etwa 35 Min. von der Hauptstraße aus zu erreichen und liegt inmitten eines kleinen Zypressenhains. Die Kirche stammt aus der Zeit um 1000 und ist über den Grundriß eines Kreuzes errichtet. Damit bildet sie eine Ausnahme innerhalb der maniotischen Kirchenform ihrer Zeit, denn der Typus der kreuzförmigen Kuppelkirche entwickelte sich hier erst in mittelbyzantinischer Zeit zur vorherrschenden Form.

Das Mauerwerk besteht aus regelmäßig behauenen Quadern mit Ziegeleinfassungen. Der Tambour der Kuppel ist verhältnismäßig hoch und weist eine oktogonale Form auf. Die Kuppel ist innen oval. Das Kirchlein besitzt im Inneren das ursprüngliche Templon mit kostbaren Marmorschranken, deren dekorative Formen sich unter dem Kalkanstrich abzeichnen. Auch die in zwei Schichten vorhandenen Wandmalereien sind übertüncht, so daß man von ihnen heute nur geringe Spuren erkennt. Sie zeigen einen lokalen Stil und werden in das 14. Jahrhundert datiert.

Südwestlich von Pýrgos, im Bezirk Glésos, steht die Taxiarchen-Kirche aus der 2. Hälfte des 11. Jahrhunderts. Sie ist eine zweisäulige Kreuzkuppelkirche mit dreiseitiger Apsis und Narthex. Besonders interessant ist sie wegen ihres ausgezeichneten Mauerwerkes und ihrer schönen Proportionen.

Die Höhlen von Dirós

Von Pýrgos Diroú führt eine 4 km lange Straße zur Bucht von Dirós, wo sich die berühmten Höhlen „Alepótrypa", „Katafýgi" und „Vlycháda" (oder „Glyfáda") befinden. Von diesen drei Höhlen, die erst in den letzten Jahren entdeckt wurden, ist nur die „Vlycháda" für Besucher geöffnet. Ihre Besichtigung ist besonders zu empfehlen.

Sie zeigt eine sehr eindrucksvolle Stalaktiten- und Stalagmitenausstattung

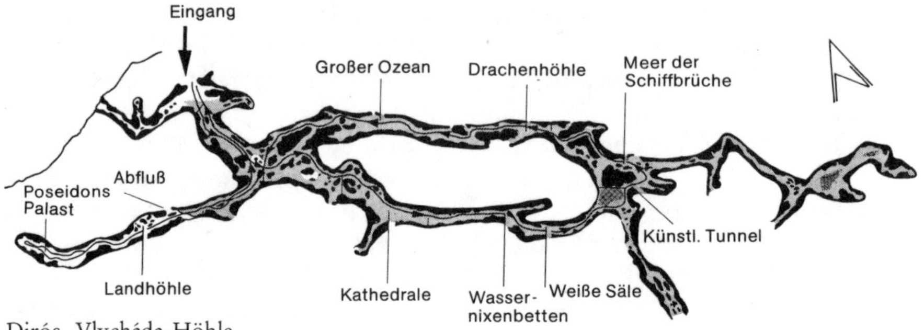

Dirós, Vlycháda-Höhle

und besteht aus einem kleinen Land- und einem viel größeren Wasserteil, der der interessantere ist. Ihre gesamte Fläche beträgt rund 17 000 qm. Es handelt sich dabei um einen unterirdischen Fluß (etwa 250 m unter der Erdoberfläche), der sich in zwei Parallelarme teilt und in der Nähe des sehr engen Höhleneingangs ins Meer mündet. Der Eintritt in die Höhle erfolgt heute nördlich von hier durch einen künstlich angelegten Tunnel. Von hier aus beginnt die Fahrt in kleinen Einrudergummibooten. Die Fahrtstrecke beträgt etwa 800 m und dauert circa eine halbe Stunde. Die ,,Vlycháda"-Höhle gilt heute als eine der schönsten Höhlen ihrer Art in der Welt.

Die beiden anderen Höhlen – ,,Alepótrypa" (= Fuchsloch) und ,,Katafýgi" (= Zufluchtsort) – sind Besuchern noch nicht zugänglich. Alepótrypa wurde 1958 entdeckt, als ein Hund einen Fuchs verfolgte, der in einem kleinen Loch verschwand. Nach Erweiterung des Loches entdeckte man eine große Höhle, die aus vielen Räumen und Gängen bestand und mit Stalaktiten reich geschmückt war. Die Höhle hat einen großen Saal von 100 m Länge, 60 m Breite und 30 m Höhe und zwei Seen, einen kleinen und einen großen. Hinter dem letzteren teilt sich die Höhle in zwei Etagen: Die obere Etage zeigt eindrucksvolle Stalaktitenbildungen, die untere besteht aus einem noch nicht erforschten See. Die Fläche der Höhle beträgt etwa 6500 qm. Bei ihrer Erforschung wurden wichtige prähistorische Funde gemacht, so z.B. menschliche Gebeine, Steinwerkzeuge, Knochen von Säugetieren, Fischen und Vögeln, Schmuck, Idole aus Marmor und Ton, Bruchstücke von Tongefäßen wie auch Spuren einer primitiven Keramikwerkstatt. In der Nähe der Höhle hat man inzwischen auch Reste einer Siedlung aus neolithischer Zeit entdeckt.

Die Höhle ,,Katafýgi" war den Bewohnern der Gegend früher schon bekannt, denn sie diente ihnen in Gefahrenzeiten als Zufluchtsort – daher auch der Name. In der zweistöckigen Höhle hat man Knochen und den versteinerten Fußabdruck eines Menschen gefunden. Die Höhle besteht aus einer großen Kammer und engen und labyrinthischen Gängen mit einer eindrucksvollen Stalaktiten- und Stalagmitenausschmückung.

In dieser Bucht von Dirós, in der heute die wunderbaren Höhlen zu besichtigen sind, landeten am Abend des 2. Juni 1826 heimlich die Scharen des ägyptischen Heerführers Ibrahim Pascha, der inzwischen – außer der Mani – fast den gesamten Peloponnes unterworfen hatte. Er dachte, er könne die restlichen, noch nicht unterworfenen Gebiete leichter einnehmen, sobald er den Widerstand der Manioten gebrochen hätte. An jenem Abend wurde in der Bucht eine blutige Schlacht geschlagen. Die ägyptischen Truppen mußten sich unverrichteter Dinge zurückziehen. Griechische Autoren schreiben, daß diese Schlacht von den maniotischen Frauen und Greisen der Ortschaft geführt worden sei, da sich die Männer weiter nördlich im messenischen Vérga zur Verteidigung gegen die Truppen des Ibrahim gesammelt hätten.

Charoúda

In der Ortschaft Charoúda, 2 km südlich von Pýrgos Diroú, befindet sich eine der größten und auch der schönsten Kirchen der Mani: die Kirche der Taxiarchen, der Erzengel Michael und Gabriel. Sie ist eine viersäulige Kreuzkuppelkirche aus dem Ende des 11. Jahrhunderts. Ihr Mauerwerk zeigt im oberen Teil die übliche Struktur der mit Ziegeln eingefaßten Quadern, im unteren Teil hat man mehrfach antike Marmorblöcke verwendet. Als Abgrenzung läuft zwischen den beiden Wandteilen ein Band mit Zahnschnittmuster um den ganzen Bau herum. Während der aus weißen Hausteinen angebaute Glockenstuhl der Westfassade erst aus dem 19. Jahrhundert stammt, sind die Reliefs, die man an mehreren Stellen der Mauer angebracht hat, schon sehr alt und gehören zu den schönsten Arbeiten byzantinischer Reliefplastik. Besonders schön sind die reliefierten Marmorbalken – Türsturz und Schwelle – am Hauptportal der Westfassade. Die Taxiarchen-Kirche von Charoúda ist eines der wenigen und ganz charakteristischen Werke, die eine sehr reiche Verwendung von Spolien aufweisen. Ähnliches werden wir in den beiden Ágios-Ioánnis-Kirchen in Koúnos und Kéria wiederfinden.

Neben dieser reichhaltigen Verwendung von Spolien ist der Kuppeltambour der Kirche eine echte Rarität auf der Mani. Er ist sehr hoch, achteckig und besitzt acht ebenfalls hohe doppelbögige Fenster, und zwar von genau der gleichen Art, wie sie in Athener Kirchen vorkommt. Die Fenster wirken durch die Überwölbung mit zwei Ziegelreihen und durch die zierlichen Säulchen besonders dekorativ. Oberhalb der Fenster ist die Kuppel neugestaltet und dadurch höher als ursprünglich, weswegen der Tambour auch besonders hoch wirkt.

Eine Inschrift an der Südseite des Narthex nennt den Erneuerer der Kirche, Michael Kardiános, und das Renovierungsdatum 1371/72. Einige der Fresken im Inneren, darunter das mit dem Stifterporträt, stammen aus jener Zeit, die meisten jedoch sind viel später entstanden. Sie wirken leicht naiv und volkstümlich.

Fragoúlia

Östlich der Hauptstraße, die von Areópolis nach Süden führt, sind mehrere kleine Dörfer am Hang verstreut, die einige schöne und zum Teil sehr interessante Kirchen bergen. Nicht nur der Kirchen wegen, sondern auch, um dem Besucher einen Eindruck von der Mani abseits der Hauptstraße zu vermitteln, wäre ein kleiner Abstecher zu diesen Ortschaften zu empfehlen. Auch ist der Blick vom Hang aus auf die Formation der maniotischen Westküste besonders reizvoll.

Knapp 4 km südlich von Pýrgos Diroú, ca. 400 m vor dem Phaneroméni-Kloster an der rechten Seite der Hauptstraße, zweigt ein Weg links bergauf zu der ersten dieser Ortschaften, Fragoúlia, ab. Vor dem Dorf fährt man bei einer kleinen Kirche vorbei, die dem Ágios Pétros geweiht ist – von den Dorfbewohnern liebevoll Ágios Petrákis (= kleiner Peter) genannt, wohl ihrer kapellenartigen Ausmaße wegen. Das Kirchlein ist aus unregelmäßig behauenen Steinen gebaut und besteht aus einem kleinen einschiffigen Raum, der mit Fresken im lokalen Stil geschmückt ist. Es handelt sich hierbei um einen der unzähligen schlichten Kirchenbauten, die auf ganz Mani zu finden sind und die das Bild der maniotischen Landschaft mitunter stark prägen.

Drýalos

Ein ähnlicher Bau steht in Drýalos, dem nächsten Dorf: Es ist die kleine einschiffige Kirche des Ágios Andréas. Der Ort besitzt auch eine Taxiarchen-Kirche – Zeichen dafür, daß die Erzengel Michael und Gabriel auf der Mani besonders stark verehrt werden. Sie ist eine einfache Saalkirche aus nachbyzantinischer Zeit, mit einem schönen, nach italienischem Beispiel getrennt stehenden Glockenstuhl und mit Freskenausstattung im Inneren. Im Altarraum ist in einer Nische die – für byzantinische Ikonographie recht seltene – Darstellung des Christus als Schmerzensmann zu sehen.

Noch interessanter ist in Drýalos wohl die Kirche des Ágios Geórgios aus dem 14./15. Jahrhundert. Sie befindet sich links der Straße am Ende der Ortschaft und zeigt einen originellen Eingang: eine doppelbogige Öffnung mit einer Marmorsäule in der Mitte und darüberstehendem Glockenstuhl. Im rechten Winkel zu diesem alten Bau wurde im 19. Jahrhundert die neue Kirche des Ágios Geórgios angebaut.

Vámvakas

2 km südlich von Drýalos erreicht man das Dorf Vámvakas. Hier steht die Kirche Ágii Theódori aus dem 11. Jahrhundert, eine der schönsten und charakteristischsten Kirchen der Mani. Sie gehört dem Typus der zweisäuligen Kreuzkuppelkirche an, mit Narthex und drei dreiseitigen Apsiden im Osten. Das Mauerwerk zeigt überwiegend die übliche Bauweise der mit Ziegeln eingefaßten regelmäßigen Quader.

An den Außenseiten wurden antike Spolien verwendet, außerdem sind die Ziegelornamente hier besonders schön. Der achteckige Tambour hatte ursprünglich vier heute zugemauerte Fensteröffnungen und trägt eine niedrige halbkugelförmige Kuppel. Ein besonderes Merkmal dieser Kirche ist die Fortsetzung des Mittelschiffgewölbes in den Narthex hinein, was das Kircheninnere größer und geschlossener erscheinen läßt. Im übrigen zeigen bestimmte architektonische Merkmale hier eine weitaus größere Verwandtschaft mit den Athener Kirchen (vgl. z. B. Ágii Theódori oder die Kleine Metropolis) als mit den Kirchen der Mani. Die Ágii-Theódori-Kirche in Vámvakas ist nicht zuletzt auch deswegen von Bedeutung, da sie inschriftlich datiert ist: Sie wurde im Jahre 1075 von Nikitas Marmaras erbaut.

Tsópakas

Die Ortschaft liegt etwa auf der Höhe von Drýalos, westlich der Hauptstraße, an der Küstenseite. Hier findet man eine bemerkenswerte byzantinische Kirche (ca. 20 Min. Fußweg außerhalb des Dorfes), die sogenannte „Trissákia", was im Dialekt des Ortes soviel wie „die drei Kirchen" bedeutet. Es sind auch in der Tat drei dicht nebeneinander gebaute, ganz einfache Saalbauten mit Gewölbe und je einer Apsis im Osten. Von den drei Räumen ist der mittlere breiter und höher, so daß – besonders vom östlichen Teil her – der Eindruck einer dreischiffigen Kirche erweckt wird.

Die Kirche ist aus unregelmäßig behauenen Steinen gebaut und befindet sich heute in einem ruinösen Zustand. Das Gewölbe ist im östlichen Teil eingestürzt, Feuchtigkeit und Schimmel zerstören die schönen Wandmalereien im Inneren. Im Mittelraum hat sich die marmorne Ikonostase erhalten; außerdem liegen in allen drei Kirchenräumen marmorne Platten mit schönen Ornamenten herum, z. T. herrliche Beispiele byzantinischer Reliefplastik. Die Wände des Mittelschiffes sind mit Fresken geschmückt, die aus dem 14. Jahrhundert stammen. Sie zeigen Szenen aus dem Dodekaorton und – wo sie noch gut erhalten sind – eine kräftige Farbigkeit und eine ausdrucksvolle Gestik. Das interessanteste und stilistisch feinste Bild der Kirche zeigt die Darstellung des berittenen heiligen Theódoros in der Nische unmittelbar neben dem Altarraum.

Érimos

Ähnliche architektonische Merkmale wie die Ágii-Theódori-Kirche in Vámvakas zeigt auch die Kirche der Agía Varvára im Dorf Érimos, westlich der Hauptstraße, zur Küste hin. Auch hier findet sich die Fortsetzung des Gewölbes des Mittelschiffes in den Narthex hinein. Der Bau ist ebenfalls eine zweisäulige Kreuzkuppelkirche aus der 2. Hälfte des 12. Jahrhunderts, der sich bis heute in sehr gutem Zustand erhalten hat. Hinzu kommen seine ausgezeichneten Proportionen, das sorgfältig bearbeitete Mauerwerk aus regelmäßigen Quadern mit Ziegeleinfassungen, die reichen Verzierungen mit Ziegelsteinen und keramischen Platten (wie in der Sergios- und Bakchos-Kirche bei Kítta). All das läßt den Bau besonders harmonisch und elegant erscheinen. Die Wandmalereien im Inneren stammen aus nachbyzantinischer Zeit.

Mésapos – mit Kap Tigáni

Kurz nach Érimos erreicht man die Ortschaft Mésapos an der großen malerischen Bucht gleichen Namens. Von dem kleinen Fischerdorf aus hat man einen schönen Blick auf eine schmale, felsige Halbinsel namens Tigáni (= Bratpfanne), ihrer Form wegen so genannt. Auf ihrem Kap sind heute noch die Ruinen einer Festung sowie die Fundamente einer frühchristlichen, dreischiffigen Basilika mit Narthex zu sehen. Dies und andere auf dem Kap entdeckten Grundmauern von Häusern sprechen für die Existenz einer älteren Siedlung – vielleicht aus dem 6. Jahrhundert n. Chr. –, die wahrscheinlich aus Angst vor Seeräubern aufgegeben wurde. Bei den Festungsruinen ist es nicht klar, ob es sich um die aus der Chronik von Morea bekannte fränkische Burg Groß Maina des Villehardouin handelt, die 1262 an die Byzantiner abgetreten werden mußte, oder ob man hier eher die byzantinische Burg von ,,Maina" (Burg Maines) vermuten muß, die von Kaiser Konstantínos VII. Porphyrogénnetos in dem seinem Sohn Romanós gewidmeten Buch erwähnt wird. Von dieser Burg hat aller Wahrscheinlichkeit nach die gesamte Halbinsel ihren Namen erhalten.

Zwischen Mésapos und Kap Tigáni, in der Nähe der Bucht, vermutet man ferner die homerische Hafenstadt Mésse (Ilias, B 582), die auch Pausanias erwähnt (III, 25, 10). In diesem Gebiet hat man mehrfach antikes Baumaterial gefunden, und es ist sicher, daß Reliefs und Inschriften, die sich in den benachbarten Dörfern Kipoúla und Nómia befinden, aus den antiken Städten Mésse und Ippóla (bei Kipoúla) stammen. Wenn man dies mit der Beschreibung des Pausanias vergleicht, so ist tatsächlich hier die Stelle des historischen Mésse anzunehmen, und, von den mykenischen Mauerresten in diesem Ort ausgehend, wäre hier auch die Lokalisierung des homerischen Mésse nicht abwegig.

Südlich von Mésapos, 30 Min. zu Fuß, erreicht man die Kirche von Vlacherna (sie gehört zur Ortschaft Fokalotó). Sie steht inmitten einer wildromantischen Landschaft nahe der Küste und ist leider von Zeit und Wetter stark angegriffen. Der kleine Bau ist eine einfache, viersäulige Kreuzkuppelkirche aus dem 12. Jahrhundert. Das Mauerwerk besteht nur aus regelmäßigen Quadern. Als einziger Schmuck dient ein Ziegelzahnschnittband, das sich um den ganzen Bau zieht. Die Säulen der Vierung sind nicht mehr vorhanden, das Kircheninnere macht einen sehr verfallenen Eindruck. Bei der

Kuppel besteht die Gefahr, daß sie jeden Augenblick einstürzt. Von den ursprünglichen Wandmalereien hat sich kaum noch etwas erhalten.

Gardenítsa

Man fährt von Mésapos die Hauptstraße in Richtung Süden und erreicht nach 2,5 km die Ortschaft Káto Gardenítsa, in der sich die Kirche Ágios Sotír (= Erlöser) befindet.

Sie ist eine von zwei Pfeilern gestützte Kreuzkuppelkirche mit Narthex aus der 1. Hälfte des 11. Jahrhunderts. Besonderes Charakteristikum dieser Kirche ist der im 12. Jahrhundert hinzugefügte Exonarthex (= Außennarthex), das sog. Próstoon (= Vorhalle) mit darüberstehendem Glockenstuhl und seitlichen Arkaden in der Art, wie wir sie bereits bei Ágios Geórgios in Drýalos gesehen haben. Diese architektonische Variation ist äußerst selten auf der Mani – wir kennen sie nur noch von der Kirche Ágios Stratigós im Dorf Áno Boularií. Die Vorhalle ist dem übrigen Bauteil besonders gelungen angepaßt, so daß der gesamte Baukörper harmonisch und z.T. sogar elegant wirkt.

Die wenigen Fresken, die sich in der Próthesis und dem Diakonikón erhalten haben, zeigen einen volkstümlichen Stil und werden im allgemeinen in das späte 13. oder frühe 14. Jahrhundert datiert.

Kítta

Kítta, die „Polýpyrgos“ (= die mit den vielen Türmen), im südlichen Teil der West-Mani ist wie Pýrgos Diroú im Norden eine größere Ortschaft mit zahlreichen großen Häusern und Türmen. Der Ort war schon in früherer Zeit das Herz der südwestlichen – „schattigen“, wie sie auch heißt – Méssa Mani und hatte eine große Rolle im wirtschaftlichen und sozialen Leben dieser Region gespielt. Die Vermutung liegt nahe, daß Kítta schon in klassischer Zeit ein wichtiges Zentrum der Mani war. Denn etwas westlich von hier hat man das bereits erwähnte antike Ippóla lokalisiert, dessen Ruinen Pausanias (III, 25, 9) gesehen hatte. Die beiden Ortschaften Kipoúla und Áno Poúla, westlich von Kítta, beinhalten in abgeschliffener Form den Namen des antiken Ippóla. So liegt Kítta zwischen zwei in der klassischen Zeit bereits bekannten Ortschaften: Mésse und Ippóla. Neben den schönen Türmen gibt es im Gebiet von Kítta einige sehenswerte Kirchen, so z.B. die Kirche Ágii Asómati im Bezirk Kalloní, die den körperlosen Heiligen geweiht ist. Sie ist die früheste Kreuzkuppelkirche auf der Mani und wird in das ausgehende 9. oder beginnende 10. Jahrhundert datiert. Sie gehört dem einfachen Typus mit vier Säulen an. Die marmorne Ikonostase im Inneren ist in ihrer Art ein Meisterwerk, bei dem es sich vermutlich um ein Importstück handelt. Viele von diesen kleinen byzantinischen Bauwerken, die außerhalb einer Ortschaft stehen, erscheinen wie verloren in der harten und einsamen Landschaft der Mani. So auch eine der schönsten maniotischen Kirchen kurz vor Kítta (wenn man nach Süden fährt, östlich der Straße): die Kirche der Heiligen Sergios und Bakchos, bekannt als ,,Tourlotí (= die Überkuppelte), heute dem Ágios Geórgios geweiht. Sie steht am Hang inmitten von Olivenbäumen, die den krassen Gegensatz zwischen der kleinen Kirche und dem massigen Granitberg mildern und den Betrachter mit der Landschaft versöhnen.

Die Kirche Tourlotí ist – laut Inschrift – die Stiftung eines Ehepaares namens Marasiatis und stellt eine einfache viersäulige Kreuzkuppelkirche dar, die im allgemeinen in die Mitte des 12. Jahrhunderts datiert, von einigen Forschern sogar für noch älter gehalten wird. 1956 wurde die Kirche restauriert. Ausgewogene Proportionen und eine sorgfältige Bearbeitung der Außenwände zeichnen dieses Bauwerk aus. Die Mauer wurde außen bis zur Türhöhe aus antiken Marmorplatten und -blöcken gestaltet, die in T-Form gesetzt sind. Dieser Teil der Wand wird nach oben hin durch ein Ziegelzahnschnittmuster und eine doppelte schmale Ziegelreihe abgegrenzt. Darüber zieht sich ein breiter Fries aus diagonal gesetzten quadratischen Keramikplättchen um die Kirche. Diese Verzierung findet sich an den Giebelfenstern und an der dreiseitigen Apsis des Altarraumes wieder. Der achteckige Tambour ist schlicht geformt und durch feine Pilaster gegliedert. Vom Kircheninneren sind die Kämpferkapitelle der vier Achteckpfeiler der Vierung besonders hervorzuheben, da sie eine reiche Pflanzenornamentik zeigen. Beachtenswert sind ebenfalls die wenigen Wandmalereien, die sich erhalten haben, so eine Deesis, das Abendmahl und ein Christus Pantokrator in der Konche der Apsis.

Zwishen Kítta und der Ortschaft Stavrí, in Richtung Küste, befindet sich die Kirche der Episkopí (= Bischofssitz), eine zweisäulige Kreuzkuppelkirche mit Narthex und drei halbkreisförmigen Apsiden aus dem 12. Jahrhundert. Sie wurde – nicht zuletzt wegen ihrer hervorragenden Wandmalereien, die man ebenfalls in das 12. Jahrhundert datiert – vor kurzem restauriert. Man hält sie für die schönsten, nicht nur der Mani, sondern von ganz Lakonien. Hier entwickelt sich nun noch einmal das bekannte ikonographische Programm der mittelbyzantinischen Kirche: In der Kuppel ist Christus Pantokrator dargestellt, die Muttergottes nimmt ihren Platz in der Konche der Apsis ein. Darüber – im Gewölbe – sieht man die Himmelfahrt Christi, unterhalb der Konche reihen sich die Kirchenväter. Die Gewölbe der Kreuzarme zeigen Szenen aus dem Leben und der Passion Christi (Dodekáorton), während die unteren Wandteile nach dem üblichen Dekorationsschema Heilige und Märtyrer einnehmen. Im westlichen Gewölbe des Hauptschiffes werden ferner Szenen aus dem Leben des Ágios Geórgios dargestellt. Im Narthex sieht man das Jüngste Gericht. Diese Arbeiten sind sehr qualitätvoll und man will deshalb hierin Werke hauptstädtischer Künstler sehen. Es wird sogar vermutut, daß es sich bei der Episkopí um die ehemalige Bischofskirche der Mani handelt, worauf die heutige Bezeichnung hinweisen könnte.

Koúnos

Westlich von Kítta erhebt sich in Form eines Plateaus die Halbinsel Thyrídes (= kleine Öffnungen), wie sie Pausanias (III, 25, 9) – wohl wegen ihrer Formation – nennt. Ihr Granitboden fällt im Westen steil ab und versinkt im Süden am Kap Grosso ins Meer. Im südlichen Teil dieser Halbinsel befindet sich eine Reihe von Dörfern, von denen Koúnos und Kéria, nicht zuletzt ihrer Kirchen wegen, recht sehenswert sind.

In Koúnos findet man die byzantinische Kirche des Ágios Ioánnis, eine schlichte Saalkirche mit kleinem, vorgelagertem Eingangsraum an der Südwestecke und darüber befindlichem Glockenstuhl. Das Mauerwerk besteht aus unregelmäßig behauenen Steinen und zeigt – in weitaus stärkerem Maße als bisher gesehen – marmorne Reliefplatten überwiegend aus byzantinischer Zeit. Die Wandmalereien im Inneren sind später in einem volkstümlichen Stil ausgeführt.

Kéria

Die Ágios Ioánnis-Kirche in Kéria ist eine verhältnismäßig große, viersäulige Kreuzkuppelkirche aus dem 13. Jahrhundert. Sie zeigt all die üblichen architektonischen Merkmale der maniotischen Kirchen dieses Typus und ist im Inneren mit Fresken geschmückt, die sich leider in schlechtem Zustand befinden.

Ähnlich wie in der Ágios Ioánnis-Kirche in Koúnos sind auch hier marmorne Reliefplatten an den Außenwänden der Kirche angebracht. Hier ist jedoch die Zahl der eingemauerten Spolien viel größer. Charakteristisch ist ferner, daß ein großer Teil davon aus vorchristlicher bzw. antiker Zeit stammt. So erscheinen neben den Platten mit dekorativen Kreuzen und stilisierten Akanthusblättern, mit Rosetten- und Rautenformen – Lieblingsmotiven byzantinischer Reliefplastik – auch solche mit figürlichen Darstellungen, wie das kleine vorchristliche Relief an der Westfassade oben rechts, oder gar das große Grabrelief rechts vom Westeingang. Spolien hat man ferner auch im Inneren der Kirche, im Bereich der Vierung, verwendet. Diese überaus reiche Verwendung von Spolien findet man nur noch in Athen, an der kleinen eleganten Kirche des Ágios Elefthérios, auch als Kleine Metropolis bekannt.

Áno Boularií

Die Kirche Ágios Stratigós, dem himmlischen Heerführer St. Michael geweiht, befindet sich am Ortsende (Díporon) in recht eindrucksvoller Lage hoch am Hang und ist eine der ältesten Kirchen der Mani. Sie gehört zum Typus der zweisäuligen Kreuzkuppelkirche mit drei halbkreisförmigen Apsiden und Narthex und wird in das beginnende 11. Jahrhundert datiert. Ähnlich wie in der Ágios-Sotír-Kirche in Gardenítsa ist auch hier dem Narthex eine Vorhalle (Próstoon) vorgelagert. Diese Hinzufügung erfolgte allerdings erst im 12. Jahrhundert. Die Kirche macht auf den ersten Blick einen archaischen Eindruck, zum einen durch die mit unregelmäßigen Steinplatten bedeckten Dächer, zum anderen – und dies wirkt hierbei am stärksten – durch die Konstruktion der Kuppel, die eine der frühesten in der Mani ist: Beim achteckigen Tambour erscheinen die Seiten asymmetrisch, ebenso fehlen hier die kleinen gliedernden Pilaster bzw. Säulchen ganz. Dieser archaische Eindruck herrscht auch im Inneren der Kirche vor, das kaum Fenster aufweist und daher recht dunkel wirkt. Die beiden Säulen, die die Kuppel tragen, sind mit antiken ionischen Kapitellen geschmückt.

Der Freskenschmuck der Kirche stammt aus verschiedenen Epochen, die ältesten Wandmalereien werden in das 12. Jahrhundert datiert, so z.B. die Maria Platytéra und die Himmelfahrt Christi in der Konche der Mittelapsis. Die Fresken an der Nordmauer werden durch eine Inschrift in das Jahr 1275 datiert, während andere aus dem 14. Jahrhundert und auch aus nachbyzantinischer Zeit stammen.

Jerolimín

Jerolimín (auch Jeroliménas genannt) ist ein kleines Fischerdorf und zugleich Anlegehafen für lakonische Küstenboote. Es liegt am nördlichen Teil einer kleinen Bucht, die vom steilen Granitblock der Thyrídes-Halbinsel überragt wird.

Das Dorf selbst wurde erst um die Mitte des vorigen Jahrhunderts gegründet und hat nichts Besonderes zu bieten. Der Reisende lernt es vor allem deshalb kennen, weil er hier durchfahren muß, wenn er die alte Stadt Váthia und das Kap Matapás, das antike Taínaron, erreichen will. Hier kann man auch Boote zum Kap Taínaron mieten. Je nach der Jahreszeit, zu der man Jerolimín erlebt, kann der Ort in der kleinen Bucht ursprünglich und faszinierend auf den Betrachter wirken.

Álika

Etwa 3 km südöstlich von Jerolimín liegt die kleine Ortschaft Álika. Hier hat man bei der alten Schule die Fundamente einer frühchristlichen Basilika – höchstwahrscheinlich aus dem 6. Jahrhundert – entdeckt, die dem Ágios Andréas geweiht war. In byzantinischer Zeit entstand in den Ruinen der Basilika eine einfache Saalkirche mit einer dreiseitigen Apsis. Sie befindet sich heute in schlechtem Zustand. Von der ehemaligen Andreas-Basilika existieren noch die Fundamente der großen runden Apsis im Osten, die die ganze Breite des Mittelschiffes einnahm.

Kypárissos

Nach weiteren 2 km von Álika in Richtung Süden erreicht man das Dörfchen Kypárissos, bei dem zwei Basiliken aus frühchristlicher Zeit entdeckt worden sind: die Basilika des Ágios Pétros aus dem 6./7. Jahrhundert und die des Monastírion (= Klosters) aus dem späten 5. Jahrhundert. Von der Basilika des Ágios Pétros hat sich der Chor am besten erhalten. Die Apsismauer steht noch bis zu 6 Metern hoch und ist mit einem doppelten Rundbogenfenster versehen. Außerdem wird aus den Fundamenten ersichtlich, daß vor dem Altarraum ein Triumphbogen – nach dem Beispiel der großen Basiliken – existierte.

Die Reste der zweiten, noch früheren Basilika sind heute an der Stelle zu sehen, an der die nachbyzantinische Kirche der Koimesis tis Panagías (= des Marientodes) neben einem ehemaligen Kloster (= Monastírion) erbaut ist.

Die Entdeckung der drei frühchristlichen Basiliken – zusammen mir der bereits erwähnten vierten am Kap Tigáni – ist von großer Bedeutung für die geschichtliche Entwicklung der Mani. Denn sie beweist einerseits, daß dieses Gebiet ununterbrochen seit der Antike bis in das 7. Jahrhundert hinein bewohnt war. Zum anderen spricht die Existenz dieser Basiliken gegen die bisher vertretene These, die heidnischen Bewohner der Mani seien erst in der Regierungszeit des Kaisers Basíleios I. Makedón (867–886) Christen geworden. Diese These stützt sich in erster Linie auf die Ausführungen in dem bereits erwähnten Buch des Kaisers Konstantínos VII. Porphyrogénnetos (913–957).

Neben diesen frühchristlichen Ruinen findet man in Kypárissos noch einige alte Kirchen, bei deren Errichtung mehrfach antike Spolien als Baumaterial verwendet wurden. So z.B. die byzantinische Kirche des Ágios Charálambos, ein kleines, unscheinbares Kirchlein an der Küste. Von Ferne wie ein Steinhaufen aussehend, mit Steinplatten bedeckt, zwischen denen mittlerweile Gras wächst, zeigt die Kirche die sog. „megalithische“ Bauweise. Bei dieser besteht das Mauerwerk aus unregelmäßigen, unbearbeiteten, ohne jegliches Bindematerial übereinander geschichteten Steinen. Die Bauten dieser Art sind wohl die älteren (9. bis 10. Jh.); sie sind klein, einräumig und mit einem Gewölbe überdeckt. Bei der Ágios Charálambos-Kirche ist oberhalb des Eingangs ein kleines ionisches Kapitell in die Mauer eingelassen.

Das Vorhandensein des antiken Materials bei Kypárissos läßt sich dadurch erklären, daß hier wohl einst die antike Stadt Kainípolis lag, die in früherer Zeit Taínaron – nach dem nahegelegenen Kap Taínaron – genannt wurde. Das geht sowohl aus dem Bericht des Pausanias (III, 25, 9) wie auch aus vielen Inschriften hervor, die man bei Kypárissos gefunden hat. Da sämtliche antiken Funde von Kainípolis aus römischer Zeit stammen und eine gewisse Blüte in der ersten Kaiserzeit (1. Jahrhundert n. Chr.) bezeugen, kann man davon ausgehen, daß die Bewohner des antiken Städtchens Taínaron am Kap wohl zur Zeit des Kaisers Augustus hierher übersiedelten. Die neue Stadt, Kainípolis, gehörte fortan zum Bund der freien lakonischen Städte.

Váthia

Nach weiteren 3 km liegt auf einem Hügel die heute fast verlassene Stadt Váthia – die maniotische Stadt par excellence. Denn die Stadt besteht überwiegend aus Türmen, die sich hier dicht nebeneinander drängen und die Ortschaft auf der Anhöhe wie eine Festung erscheinen lassen. Váthia ist wohl der geeignetste Ort, um sich mit dieser eigentümlichen Struktur des maniotischen Turmes etwas näher zu befassen.

Die maniotischen Türme sind viereckig und sehr hoch – ihre Höhe beträgt manchmal bis zu 25 m. Dafür sind sie aber klein in der Grundfläche, ihre Breite überschreitet kaum 6–7 m. Sie bestehen im der Regel aus drei bis vier Stockwerken, von denen jedes nur ein Zimmer umfaßt. Oft haben nur das Erdgeschoß und das oberste Stockwerk Gewölbe, während die dazwischen liegenden Etagen flache Holzdecken tragen. Die Räumlichkeiten sind klein und beschränkt, die Verbindung zwischen den einzelnen Etagen wird durch Leitern hergestellt. Die Außenwände sind bis zu 1 m dick und bestehen – wie bei den megalithischen Gebäuden – aus Bruchsteinen. Nur die Eckkanten sind aus sorgfältig behauenen Quadern gebildet.

Oft ist eine Verstärkung der Außenwände durch marmorne Balken zu beobachten, die man horizontal zwischen die Steinreihen legte. Die älteren Türme zeigen ungegliederte und nackte Außenwände, die nur mit wenigen kleinen Öffnungen versehen sind. Oft ragen aus diesen Öffnungen größere Steine mit Löchern hervor, die – als eine Art horizontale Schießscharte – zur Verteidigung gegen den Feind dienten. Zu dem Abwehrsystem kommen oft Zacken und Zinnen, die um die Mauer der Plattform des obersten Stockwerks als Schutzbrüstung geführt werden. Besonders in der Äußeren Mani, wie auch im Gebiet von Gythion-Mavrovoúni, d.h. in den Verwaltungsbezirken (Kapetaníes) der Beys (Kapetánii), erscheinen in späterer Zeit reicher dekorierte Türme, die oft Runderker an den vier Ecken der Plattform aufweisen, wie es z.B. beim Tzanetákis-Turm auf der Insel Kranáe oder beim Grigorákis-Turm in Ageranós der Fall ist. Nach 1833 ist es den Bayern unter König Otto nach harten Kämpfen mit den Manioten gelungen, viele maniotische Türme oder zumindest ihre Plattformen mit der Schutzbrüstung zu zerstören. Denn sie wurden als private Festungen angesehen, die vor allem den Sinn hatten, Macht und Herrschaft des Stärkeren abzusichern.

Damals ging man dazu über, die Türme niedriger und mit mehreren und größeren Öffnungen zu bauen, da sie nunmehr ausschließlich Wohnzwecken dienten. So entstanden die sogenannten „Pyrgóspita" (= Turmhäuser).

Die Geschlechtertürme waren und sind heute noch das besondere Charakteristikum, man könnte sagen das Kennzeichen, der Mani. Sie sind mit der

Geschichte, der Kultur und nicht zuletzt auch mit der Landschaft dieser Region eng verbunden. Sie sind Repräsentanten der kämpferischen Lust und Tapferkeit der Manioten und belegen damit zugleich den Widerstand gegen das türkische Joch. Sie sind aber auch Repräsentanten der sozialen und gesellschaftlichen Struktur des maniotischen Volkes und damit vom berüchtigten Brauch der Blutrache nicht zu trennen.

Die Türme waren das Bollwerk gegen fremde Eindringlinge und zugleich sicherer Zufluchtsort bei den ständigen Auseinandersetzungen zwischen den einheimischem Familien. Sie wurden von den Mächtigen des Ortes gebaut und waren Symbol der Macht und des Einflusses der jeweiligen Familie, der sie gehörten.

Die Zahl der Türme in der Mani ist – verglichen mit anderen Gegenden Griechenlands – ungewöhnlich groß: Sie beläuft sich auf etwa 800. Die übliche und auch wahrscheinliche Erklärung dieses Phänomens ist, daß diese Art der Befestigung bzw. der befestigten Wohnanlage aus Italien übernommen wurde, als viele Manioten nach 1453 und später nach Italien kamen, um sich dort als Söldner zu verdingen. Die Ähnlichkeit der maniotischen Türme mit den toskanischen – vgl. etwa San Gimignano – ist in der Tat sehr groß.

Taínaron

Hinter Váthia führt die Straße weitere 4 km in südlicher Richtung, in die Halbinsel Matapás mit Kap Taínaron an ihrer Spitze. Die Straße endet am Beginn der Landenge, die die eigentliche Halbinsel mit dem Festland verbindet. Diese wird von den zwei großen Buchten – Marinári oder Marmári im Westen und Porto Kajo im Osten – auf etwa 540 m Breite eingeengt. Der weitere Weg bis zur südlichsten Spitze erfolgt zu Fuß. In etwa zwei Stunden kann man von hier aus Kap Taínaron erreichen. Die Landschaft ist wild und jungfräulich, die Küste reich an tiefen, malerischen Buchten. Marmári ist der antike Hafen Achílleios, der bei Pausanias (III, 25, 4) erwähnt wird. Hinter Marmári erblickt man die Stadt Páliros hoch auf dem Landrücken und südlich davon die kleine Bucht Vathí. Von diesem Punkt aus erreicht man nach einer halben Stunde die weite Bucht von Porto Stérnes, nach den Zisternen der antiken Siedlung an ihrer Küste genannt. Die Bucht heißt auch „tón Asomáton", nach einer hier befindlichen (den Erzengeln geweihten) Asomáton-Kapelle. Der Boden in der Nähe der Bucht ist steinig, fällt aber nicht steil ab; er senkt sich langsam bis zum Meereswasser, in dessen Nähe zwei oder drei Bauernfamilien ihre Häuser haben. Etwa in der Mitte der Bucht, auf einer leichten Anhöhe, ist die kleine ruinöse Kirche der Asomáton zu sehen. Sie wurde aus antikem Baumaterial errichtet; vor allem ihre Nordmauer besteht aus großen, gut bearbeiteten antiken Quadern. Nordöstlich davon befand sich am innersten Ende der Hafenbucht vor einer Höhle das ältere Poseidon-Heiligtum. Dies war als einfacher Rechteckbau der Höhle vorgelagert. Der Beschreibung bei Pausanias (III, 25, 4) ist zu entnehmen, daß dieser Vorbau nach außen hin nicht die Form eines Tempels besaß und daß durch dessen Rückwand die Höhle zugänglich war.

Es ist mit ziemlicher Sicherheit anzunehmen, daß in dieser abgelegenen Taínaron-Höhle bereits in vorklassischer Zeit ein Kult existierte, der eng mit Poseidon in Verbindung stand. Poseidon wurde allerdings hier in Taínaron wie auch in Sparta nicht als Beherrscher des Meeres, sondern als Gott der Unterwelt verehrt. In dieser Eigenschaft hatte er in ganz Griechenland einen besonders strengen Kult, und zwar unter verschiedenen Namen: neben Poseidon auch als Zeus Chthónios oder selbst als Hades. Feierlichkeiten und Weihgeschenke von seiten seiner Anhänger im Rahmen dieses Kultes hatten den Zweck, die Gunst des Gottes entweder für sich selbst oder für die Verstorbenen zu gewinnen. Daß es sich in Taínaron um ein Poseidon-Heiligtum handelte, beweist die Art der hier gefundenen Weihgeschenke (bronzene Stier- und Pferdeidole, übliche Weihgaben für Poseidon). Es wird ferner angenommen, daß in dieser Taínaron-Höhle im Zusammenhang mit dem chthonischen Poseidon-Kult ebenfalls ein sog. „Psychopompeíon“ (= Orakelstätte) betrieben wurde, über die es den Lebenden möglich war, die Seelen der Verstorbenen aus der Unterwelt heraufzurufen und mit ihnen ins Gespräch zu kommen. Solche Psychopompeía hat es an anderen Orten auch gegeben (das berühmteste war das von Achéron in Épiros), die in archaischer und frühklassischer Zeit eine große Blüte erlebten. Später ließ ihre Bedeutung nach und viele von ihnen waren bereits in hellenistischer Zeit nicht mehr in Betrieb. Andere, darunter auch Taínaron, existierten bis in die römische Zeit, in der ihr Kult wiederbelebt wurde.

Taínaron war nun das kultische Zentrum des eleutherolakonischen Bundes, selbst noch nach der Gründung von Kainípolis. Im Sinne dieses älteren Poseidon-Kultes galt nun die Höhle in Taínaron auch als Eingang in die Unterwelt. Hier soll Herakles den schrecklichen Hadeshund Kérberos aus der Unterwelt heraufgebracht haben, und hier soll auch die Stelle gewesen sein, wo Theseus und Peiríthoos in die Unterwelt eingedrungen sind, um Persephone von dort zu entführen. Pausanias, der sich die Höhle angeschaut hat, meint jedoch, daß „. . . durch die Höhle kein Weg in die Erde führt und man nicht glauben kann, daß es eine unterirdische Wohnung der Götter gibt, in der sich die Seelen versammeln“ (III, 25, 5).

Nordwestlich der Asomáton-Kapelle befinden sich die bereits erwähnten Zisternen, nach denen die Bucht ihren Namen erhielt, wie auch Reste der antiken Siedlung Taínaron. Einige von diesen Zisternen sind nicht tief, andere sind unterirdisch miteinander durch Stufen verbunden. Man schließt daraus, daß sie ursprünglich Fußböden von Zimmern waren, deren Wände sich nicht mehr erhalten haben. Einer dieser Fußböden zeigt ein schönes Muster aus kleinen schwarz-weißen Marmorsteinchen.

Auf dem Rückweg nach Váthia blickt man auf die östliche und auch besser geschützte Bucht von *Porto Kajo*, den antiken Hafen Psamathoús. Seinen Namen erhielt der Hafen nach der einen Deutung vom Kies an seinem Strand, was auch seiner antiken Bezeichnung entspricht (im Französischen: caillou). Nach einer anderen Erklärung, die wahrscheinlicher ist, wurde der Hafen nach den Wachteln (französisch: caille) so genannt, die zur Zeit des Vogelzuges an diesem südlichen Bereich der Mani in Scharen gefangen werden.

An der Bucht von Porto Kajo gibt es heute noch einige Häuser. Antike Gräber und Grabinschriften, die man hier fand, bezeugen die Existenz schon einer antiken Siedlung.

Am gegenüberliegenden Hang der Bucht befindet sich die heute verlassene Ortschaft *Achíllion* mit dem Kloster der Panagía von Porto Kajo. Östlich davon sieht man die Reste einer mittelalterlichen Burganlage, die man oft mit der bisher nichtidentifizierten Burg „Groß-Maina" des Villehardouin in Zusammenhang bringt. Heute herrscht die Meinung vor, daß diese Anlage zuerst 1570 von den Türken errichtet wurde, die – im ständigen Krieg mit den Venezianern – einen Schutzhafen für ihre Flotte suchten. Wenig später wurde die Bucht von den Venezianern zerstört und 1670 von den Türken wiederaufgebaut. Während des griechischen Befreiungskrieges diente die Burg den Griechen als Stützpunkt für ihre militärischen Unternehmungen gegen die Türken. Damals erfuhr sie einige weitere Veränderungen.

Ostküste der Mani

Die Ostküste der Inneren Mani von der Kótronas-Bucht bis Porto Kajo ist der am wenigsten besuchte Teil der Halbinsel. Der Grund dafür ist in erster Linie darin zu suchen, daß bis vor kurzem hier keine richtige Straße existierte. Während es von Areópolis eine Busverbindung über Kótronas nach Lágia gibt, wurde die West-Ost-Strecke von Jerolimín nach Lágia erst vor kurzem erschlossen. Die Straße, eigentlich ein Schotterweg, oft in sehr schlechtem Zustand, ist nur stellenweise asphaltiert.

Der Reisende, der die leicht kurvige Straße der Küste entlang von Lágia nach Flomochóri hoch fährt, erlebt eine wilde und recht eindrucksvolle Landschaft. Die Küste ist – im Gegensatz zu der Westküste – ziemlich gradlinig und durch wenige seichte Buchten geformt. Der Berghang fällt an dieser östlichen Stelle relativ steil ab, was den wilden und etwas gedrängten Charakter dieses Küstenstreifens noch mehr betont.

Flomochóri, in der Nähe der Bucht, ist eine größere Ortschaft mit vielen gut erhaltenen Wohntürmen. Östlich davon, direkt an der malerischen Bucht, liegt *Kótronas*, das antike Teuthrone (Pausanias III, 25, 4). Diese antike Stadt muß ein wichtiger Hafen gewesen sein, denn von hier aus hatte man eine Schiffsverbindung zu der ganzen Ost- wie auch zu der Südküste der

Mani. Man kann sich leicht vorstellen, daß damals der Verkehr zwischen den verschiedenen Ortschaften leichter über das Meer als über den Landweg abgewickelt werden konnte.

In Kótronas haben sich heute sehr viele und interessante architektonische Fragmente und Inschriften aus der antiken Stadt erhalten; sie sind meist in die Häusermauern als Spolien eingelassen.

Von Kótronas fährt man in nordwestlicher Richtung über Pýrrichos (an der Stelle der antiken Ortschaft gleichen Namens) nach Areópolis zurück.

Personen-, Orts- und Sachregister

Die kursiven Zahlen geben die Abbildungsnummern an.

Aaron 80
Achäer 47, 65, 157, 176, 181
Achäischer Bund 16, 172
Achaja 81
– Fürst von Achaja 72, 133
– Fürstentum von Achaja 72, 133
Achéron 198
Achílleios 197
Achíllion 199
– Panagía-Kloster 199
– Burg 199
Ägäis (Insel der) 154
Ägypten 48, 154, 157
Agamemnon 9, 41, 67, 154
– Kultstätte 67
Agélen 12
Agenor 45
Ageranós 181 f.
– Taxíarchos-Kirche 181
– Grigorákis-Turm 181, 196
Agiaden 12
Agía Kyriakí 141
Ágios Elías: siehe Menelaion
agogé 12
Aias 157
Aigina 15, 43
– Aphaia-Tempel 43
Aigós Potamoí 16
Aígys 46 f.
Akra Minoa 139
Aktion, Seeschlacht bei 158
Alarich 16, 173, 177
Albaner 79
Alexandra-Kassandra 67
– Kultstätte 67
Álika 194 f.
– Ágios Andréas-Basilika 194
Alkamenes 44
Alkibiades 45
Almyrós, Schlacht von 175
Amphidamas 157
Amyklai 11, 13 f., 65 ff.
– Agía Kyriakí-Kapelle 65
– Agía Paraskeví-Kirche 67
– Amyklai-Tsaoúsi 65
– amyklaiische Hopliten 65
Amyklaion 39 f., 42, 65 ff., *10*
– Kultstätte 65 ff.
– „Thron“ 66
Amyklas 65
Áno Boularií 191, 193 f.
– Ágios Stratigós-Kirche 191, 193 f.
– Díporon 193
Áno Poúla 191
Antigonos III. Doson 47
Antonius 158
Apélla 12 f.
Aphrodisiás 154
Aphrodite 153, 155, 157
– Heiligtum 153, 156, 178 f.
– Kult 156, 177
– „Kythereía“ 155
– Migonítes 177, 178
– „Myrtóessa“ 155, 160
– syrische 156
Apollon 132, 138, 177
– Amyklaios 65
– Karneios 66
– Kitharodos 42
– Phythaios 35
Araber 140
Aráchova: siehe Karyaí
Aráinon 182
Arápissa 40
– Bäder 40
Archaiologikí Etairía 151
Archegétes 13 f.
Archonten: siehe Beys
Areópolis 171, 175, 180 ff., 188, 199 f., *73–78*
– Ágios Ioánnis Pródromos-Kirche 184
– Kapetanákis-Turm 184, *73*
– Panagía-Charálambos-Kirche 184
– Taxiárchis-Kirche 184
Ares 132, 138, 183
Arexippos 40
Argolis 15
Argos 15, 140, 157
Aristomenos 46
Aristoteles 76
Arkadien 15, 46 ff.
Artemis 35, 42, 48, 153
– Altar 38
– Heiligtum 153
– Karyátis 48

– Kult 38
– Kultbild (auch: Holzbild) 38
– Kulttanz 48
– Limnátis 37, 153
– „Lygodesma“ 38
– Orthía 16, 37 ff., 40, 43
Asíne 172
Askalon 156
Asklepios 44, 153
– Heiligtum 153
– Kult 153
Astarte 156
Athen 7, 14, 16, 33, 87, 149, 155, 187, 189, 193
– Ágii Theódori-Kirche 189
– Agora 35
– Akademie 39
– Akropolis-Museum 43
– Attalosstoa 35
– Kirchen 187, 189
– Kleine Metropolis (Ágios Elefthérios) 189, 193
– Nationalmuseum 67
– Sotíra Lykodímou-Kirche 87
Athena *8*
– Chalkíoikos 36 f.
– Heiligtum 36
– Kultbild 36, *8*
– Polioúchos 36 f.
– Tempel 36, 39, 153
Athener 15, 153 f., 157, 172, 177
Attika 38, 40
Augustus 158, 173, 179 f., 196

Barbaren 14
Barbarossa, Chaireddin 160
Baronie (Baronien) 72, 133, 176, 181
Bathykles 42, 67
Bayern 196
Befreiungskampf, griechischer (s. auch Revolution) 79, 175, 183, 199
Belmína (Belminátis) 46 f.
Bessaríon 77
Beys 174 f., 196
– „Bey der Mani“ 174 f.
Blutrache 8, 175, 197
Böotien 87, 176
Boiaí 153 f.
Boiáten 154
Boiós 153
Brauron 38
Bündnis (Athen-Sparta) 16
Bund der Eleutherolakónen (Bund der „freien Lakonen“) 16, 132, 153 f., 173, 177, 181, 196, 198
Bulgaren (Einfälle) 173
Byzantiner 7, 8, 33, 71 ff., 107 f., 133, 136 f., 152, 158, 174, 181, 190

Charoúda 184, 187
– Taxiárchen-Kirche 187
Cheilon 12
Chelmós 46
Christianisierung 173
Christianou-Kirche 87
Chronik von Morea 130, 190
Chrýsanthos (Bischof) 79
Chrysolorás, Johannes 77
Chrysolorás, Manuel 77
Chrysotríklinos 109
Chrýssapha 68 f., 111, 146, *29–31*
– Ágii Tessarákonta-Kloster 69
– Ágios Dimítrios-Kirche 70, *31*
– Ágios Ioánnis Pródromos-Kirche 70, *30*
– Ágios Nikólaos-Kirche 70
– Koímesis-Kirche 70, *29*
– Panagía Chryssaphiótissa-Kirche 70
Chryssáphe 69
chthonisch (chthonische Götter) 40

daidalischer Stil 39
Daidalos 39
Daphní-Kirche 87, 149
Dekoúlos Michelís, Geórgios 183
delisch-attischer Seebund 15
Delphi 42, 87, 149
Diadochen 16
Dimitsána 81
Diokletian 81, 135, 173
– Preisedikt des 135
Dionysos 41, 44, 178
Dioskuren 9, 36 f., 41 f., 44 f., 69, *3*
– Tempel 69
Dipoinos 39
Dodekáorton 83, 96, 134, 189, 192
Doppelkönigtum 12 f., 16
Dorer 11, 13, 157
– dorische Einwanderer 65
– dorische Wanderung (auch Invasion) 11, 65, 68, 157, 172
Dorykleidas 39
Drusus 180

Drýalos 188 f., 191
– Ágios Andréas-Kirche 188
– Ágios Geórgios-Kirche 188, 191
– Taxiarchen-Kirche 188

Elafónisos, Insel 154 f.
Elis 15
Élos (auch Hélos) 177
Epameinondas 47 f., 177
Eparchie von Griechenland 176
Epheben 16, 35, 38, 69
Ephorat 12
Ephoren 12 f., 15, 34
– Ephorenliste 12
Epidauros (Argolis) 152
Epídauros Limerá (auch Alt-Monemvasía) 132, 139, 152 f.
– Akropolis 153
– Aphrodite-Heiligtum 153
– Artemis Limnátis-Heiligtum 153
– Asklepios-Heiligtum 153
– Athena-Tempel 153
– „Teich der Inó" 153
Epigonos 40
Epirus 140, 198
– Despotat von Epirus 140
Erdbeben 16, 177
Érimos 189 f.
– Agía Varvára-Kirche 189
Eroten 45
Erzengel 172, 184, 187 f., 197
– Erzengel-Verehrung 172, 187, 197
Étis 153 f.
Eudomonojánni, Familie 158, 160
Europa 45
Eurotas 9, 37, 47, 68 f., 73, 132
– Eurotas-Tal 9, 11, 16, 47, 68 f., 106, 130
Eurotas (König v. Sparta) 9
Eurykles 158, 179 f.
Eurypontiden 12

Farakló 153
Feierlichkeiten 38, 180, 198
Flaminius, Titus 177, 180
Flomochóri 199, *81, 82*
Florenz 77
– Platonische Akademie 77
– Universität 77
Fokalotó 190
– Vlacherna-Kirche 190
Fortuna 180

Fragoúlia 188
– Ágios Pétros-Kirche 188
Franken 8, 71 f., 74, 107, 173 f.
– Frankenherrschaft 72, 136

Galerius 81
Ganymed 44
Gardenítsa 191, 194
– Ágios Sotír-Kirche 191, 194
Genua 174
Georgítsi 46 f.
Gerakáris, Lyberákis 174
Geraki 7, 68 ff., 72, 132 ff., 139 f., *16, 17, 47–49*
– Agía Kateríni-Kapelle 136
– Agía Paraskeví-Kirche 136, *17*
– Ágii Theódori-Kirche 136
– Ágios Athanásios-Kirche 135
– Ágios Dimítrios-Kirche 136
– Ágios Geórgios-Kirche 137
– Ágios Ioánnis-Basilika 134
– Ágios Nikólaos-Kirche 135
– Ágios Sóson-Kirche 134 f., *49*
– Akropolis 132
– Evangelístria-Kirche 134, *47*
– Festung (auch Frankenburg) 72, 133, 135 f., 138, 174, *48*
– Johannes-Chrysóstomos-Kirche 135
– Prophet Elias-Kapelle 138
– Zoodóchos-Pigí-Kirche 136
Germanicus 180
Gerusía (auch Rat der Alten) 12 f., 34
Gheronthrai: siehe Geraki
Gitiádas 36, 39
Glaréntza 77
Glésou (Glésos) 184
– Taxiarchen-Kirche 185
Goethe 79
– „Faust" 79
Goldbullen (a. Chrysobullen) 87, 93, 141, 152
Gorgo 42
– Gorgohaupt 42, 45
Gorgoneion 41, 45, *2*
Goritsá 68
Goten 33
– Gotensturm 173
Griechischer Staat 158, 175 f.
Grigorákis, Kapetanákis (auch Tzanetákis) 175, 196
– Burg 177, 181 f., 196
– Familie 177, 179, 181 f.

„Große Rhetra“ 12
Grotten (Höhlen) 159 f.
– von Dirós 184 ff., *83, 84*
Guy de Nivelet 133, 137
– Familie de Nivelet 138
Gymnopaidía 35
Gythion 67, 132, 153, 155, 171 f., 175 ff., 180 f., 183, 196, *70, 72*
– Ágii Pántes-Kapelle 178
– Ágios Geórgios-Kirche 178
– Akropolis 178 f.
– antiker Markt 178
– Aphrodite Migonites-Heiligtum 178 f.
– Aphrodite Migonites-Kult 178
– Asklepios-Tempel 180
– Athena-Tempel 179
– „Kaisárion“ 178 ff.
– Kaiserkult 180
– Migónion 178 f.
– Museum 179 f.
– Paleópolis 176, 178 f.
– „Pelekitó“ 178
– Theater 178, *72*

Hades 42, 172, 198
Hansen, Theophil 39
Heeresversammlung (s. auch Apella) 12
Hektor 157
Helena 9, 11, 41 f., 44, 68, 157, 177, 179
– Dendrítis 11
Helena (byzant. Kaiserin) 112
Helios: siehe Sonnengott
Hellenismus 40
Hellespont 16
Hélos 177, 180
Heloten 12 ff., 38, 43, 177
Herakles 37, 40, 177, 198
Hermes 44
– Propylaios 44
Hermesstele 44
Herodot 156 f.
Heruler 33
Hesiod 155
Hierákion: siehe Geraki
Hierax 133
Hölderlin 79
– „Hyperion“ 79
Homer 42, 154, 177, 179, 182, 190
Hómoioi 11
Horen 155
Humanismus, byzantinischer 76

Hyakinthien 66 f.
Hyákinthos 65
– Grab 66

Ibrahim Pascha 79, 187
Ikarios 47
Ilias 67, 157, 179, 182, 190
Inó 153
– Inó-Kult 153
Ionische Inseln (Eftánisa) 155
Iphigenie 38
Ippóla 190 f.
Isaákios II. Ángelos 142
Isabella von Lusignan 85, 94
Isthmos (korinthischer) 15
Italien 77, 110, 174, 188, 197
– Humanisten 77
Ithaka 47

Jéphyra 139, 141
Jerolimín (Jeroliménas) 184, 194, 199
Johanniterritter 75
Josaph: siehe Johannes VI. Kantakouzenós

Kainípolis 195 f., 198
Kalamáta 46, 71, 171, 175
Kalávrita 77
Kallithéa: siehe Zaraphóna
Kalloní 191
– Ágii Asómati-Kirche 191
Kalogoniá: siehe „Phoibaion“
Kamáres 182
Kantakouzenós, Familie 94
Kantakouzenós, Dimítrios 74
Kantakouzenós, Johannes VI. 74, 108
Kantakouzenós, Manuel 74, 85, 94, 108, 112
Kantakouzenós, Matthäos 74
Kap Grosso 193
Kap Matapás (auch Taínaron) 171, 194, 197
Kap Tigáni 173, 190, 195, *23*
– Basilika 173
– Festung 190
Kapetanákis, Familie 184
Kapetanía 181, 196
Kapetánii 175, 196
Kapodístrias 176
Kardiános, Michael 187
Karyai 48
– Artemis-Altar 48
– Artemis-Heiligtum 48
– Muttergottes-Kirche 48

Karyátia 48
Karyatiden 40, 48
Kastor (s. auch Dioskuren) 9, 36
Kastóri 46 f.
Keádas 46
Kelephá, Festung 174, 182
Kelmós: siehe Chelmós
Kérberos 198
Kéria 187, 193
– Ágios Ioánnis-Kirche 187, 193, *25*
Kipoúla 190 f.
Kirchenstaat 141
Kítta 190 ff.
– Sergios u. Bakchos-Kirche („Tourlotí") 190, 192
Kláráki 40
Kleinasien 67, 72, 139
Kleomenes III., König v. Sparta 44 f., 48
„kléros" 11
Klytemnaistra 9, 41 f.
Knechte: siehe Sklaven
Kolokotrónis 175
Kolonisation 14
Konidítsa 47
Konon 157, 172
Konstantinopel 8, 72, 74, 76 f., 83 f., 91 f., 98, 112, 129, 133 f., 139 f., 142, 158, 173
– Agía Sophia 112
– Chora-Kirche 84, 92, 95
– „En Anapló"-Kirche 142
– Euphemia-Kirche 83
– Fall (1453) 95, 141
– Panagía Perívleptos-Kirche 94
– Patriarch von 87, 158
– Porphyrogénnetos-Palast 110
– Vlachernai-Kirche 100
– Wandmalereien 83
Konstantínos XII. Dragázes 77, 84, 98, 112
Korinth 77, 140
Koróni 76
Korsika 174
Kótronas 199 f.
Koúmaro 177 f.
Koúnos 187, 193
– Ágios Ioánnis-Kirche 187, 193
Kourkoúla 152
Kranáe, Insel 176 f., 179
– Grigorákis (Tzanetákis)-Turm 179, 196, *71*
Kreta 39, 45, 80, 153 f., 158 f., 172, 174
– Kretischer Krieg 174
Kreter 39, 139, 157
Kreuzfahrer (Kreuzritter) 8, 72
– Kreuzritterburg 131
Kreuzzug, 4. 72
„Kritios-Knabe" 43
Kroisos 67
Krokeaí 177, 180
Kuppelgräber 47, 67, 154
Kypárissos 173, 195 f.
– Ágios Charálambos-Kirche 195
– Ágios Pétros-Basilika 195
– Basilika 173
– Koímesis tís Panagías-Kirche 195
– Monastírion-Basilika 195
Kyprianós 91, 93
„Kytherodíkes" 157
Kýtheros 156
Kythira 144, 155 ff., 172, 177, *66–69*
– Agía Eléssa-Kloster 160
– Agía Móni-Kloster 169
– Agía Pelagía (Ort) 155
– Agía Sophía-Kapelle u. Grotte 169
– Ágios Athanásios Voúrgou 159
– Ágios Athanásios Mylopotámou 160
– Ágios Dimítrios Voúrgou 159
– Ágios Dimítrios Poúrko 159
– Ágios Dimítrios Kambiánika 159 f.
– Ágios Dimítrios (Stadt u. Burg) 158
– Ágios Geórgios toú Vounoú 169
– Ágios Ioánnis Chrysóstomos 159
– Ágios Ioánnis toú Gremnoú 159
– Ágios Kosmás-Kirche 158
– Ágios Nikólaos (Ort) 169
– Ágios Phílippos 159
– Aliziánika 160
– Aphrodite-Heiligtum 156
– Aphrodite-Tempel 158
– Avlémon (Avlémonas) 157 f., 169; Zitadelle 169
– Bistum 158
– Chóra 157, 159, *66;* Festung 159, *67;* Museum 159
– Grotte 159 f.
– Kakí Langáda (Schlucht) 159 f.
– Kambiánika 159
– Kapsáli (mit Kastell) 155, 159, *67*
– Kastrí 157 f.
– Kastrisiánika 160
– „Kolónes" 158
– Méssa Voúrgo 159
– Metamorfóseos-Kirche 160
– Mitáta 169

- Mylopótamos 160, 169, *69*; Kastell 160, 169, *68*
- Myrtidíon-Kloster 160
- Myrtidiótissa-Kirche 160
- Palaiópolis 158
- Paleochóra 158, 160
- Paliokastrí (Paliókastro) 158
- Phoinikoús 158
- „Phorphyrís" und „Porphyroússa" 157
- Potamós 160
- Poúrko 159
- Skándeia 157 f.
- „Vígles" 158

Ládas 47
Lágia 199, *79*
Lakedaimon (König v. Sparta) 9, 65
Lakedaimonía 16
Lakedaimonien 9, 80, 87
- Metropolit von 80, 87
Lakedaimonier 9, 12, 33, 157
- „Bund der Lakedaimonier" 173
Lakon 180
Lakonischer Sattel: siehe Chelmós
Lambárdis, Ananías 81
Langada-Paß 46
Larýssion 177 f.
Las (Stadt) 172, 180 ff.; (Heros) 181
Láskaris 101
- Familie 101 f., 104
- Haus 101 f., 104
Lateiner 8, 33, 72, 74, 152, 158, 173
lateinisches Kaiserreich 72
Leda 9, 42
Leleger 9
Lelex 9, 68
Leonidaion 33
Leonidas 15, 43, *4*
Leonídion 133
Leonteus 40
Lesbos 45
Leto 35
Leuke 152
Leuktra 16, 48
Leuktron, Burg 173
Levantehandel 140
Libyen 157
Likínios, Andréas 145
Liméni 175, 182 f.
Limnaion 37
Livia 180
Longaníkos 46
Loukás von Sougdäa 84
Ludwig 33
Lykóphron 157
Lykurg 12

Mäander 67
Magnesia 67
Magoúla 45
Makedón, Basíleios I. 195
Makedonen (Makedonier) 16, 47, 157, 172
Malastesta, Kleopatra (Kleopa) 109, 112
Malatesta, Sigismondo-Pandolfo 78
Maléas, Kap 144, 154 f.
- Halbinsel 154
Malewó 133, 138
Malvasier-Wein 140, 152
Malvoisie: siehe Monemvasia
Mani (maniotische Halbinsel) 8, 16, 72, 171 ff., *20–26*, *73–85*
- Äußere Mani (Éxo Mani) 171, 182
- Bischofssitz 173, 192 f.
- Burg Groß Maina 72, 133, 140, 173, 190, 199
- Burg Maines 190
- Innere Mani (Méssa Mani) 171, 182 f., 184, 191
- Wohntürme (Geschlechtertürme) 8, 183, 196 f., 199, *26*, *71*, *73*, *79*, *85*
Manioten 8, 79, 173 ff.
Marasiatis 192
Marathon 15
Marathonísi 176, 179
Marmaras, Nikitas 189
Marmári (auch Marinári) 197
Mastor 157
Matthäos 80 ff.
Maurikios 139
Mavromichális, Petrobey 79, 175 f., 183
- Familie 176, 183 f.
- Familiensitz 183
Mavropappás, Léon 94
- Familie 94
Mavrovoúni 180, 196
Medici 174
- Cosimo de Medici 77
Médiki 174
Medusa: siehe Gorgo
megalithisch 173, 195, *75*
Megara 15
Menelaion 65, 68, *9*

Menelaion 65, 68, *9*
Menelaos 9, 11, 41, 68, 154
Mésapos 190 f., *24*
Mésse 172, 190 f.
Messenien 11, 14 ff., 46, 175, 187
Messenier 12
messenischer Krieg, 1.: 11, 14 f., 65
messenischer Krieg, 2.: 14 f., 46
messenischer Krieg, 3.: 16
Methóni 76
Milolángado, Schlucht von 182
Minos 139
Minyer 176
Mittelalter 7, 102, 139, 183
Mittelmeer 139, 158
Moláoi 152
- Chalásmata 152
- Paliópyrgos (Zitadelle) 152
Monemvasia 7, 70, 72, 75, 79, 102, 112, 130, 133, 138, 139 ff., 152, 158, 173 f., 177, 179, *18, 19, 50–64*
- Agía Anna-Kirche 145
- Agía Sophía-Kirche 87, 112, 148 f., *58–63*
- Ágios Andréas-Kirche 145
- Ágios Nikólaos-Kirche 145, *19*
- Ágios Pétros-Kirche (Moschee) 144
- Christós Elkómenos-Kirche 142 ff., *50*
- Diavatiká 151
- Festung 72, 148, 174
- Oberstadt 141, 144, 147 ff., *56*
- Panagía Chryssaphiótissa-Kirche 145 f., *55*
- Panagía Myrtidiótissa-Kirche 144 f., *64*
- Stellákis-Haus 147
- Unterstadt 141 ff., 148, *52–54*
Moréas 72, 181
- Despotat von Moréas 74, 76 f., 133, 140
Morosini, Francesco 79, 181 f.
Mosaikfußböden 16, 179, 198, *1*
Moschópoulos, Nikiphóros 73, 77, 80, 84
Muttergottes 82
- Afendikó 89
- Kyriótissa 82
- Nikopoiós 82
- Odigítria 89, 91
- Pantánassa 98
- Platytéra 100, 130, 137, 194
- Vlacherniótissa 92, 100, 130
- Zoodóchos Pigí 92
Mykenai 67
- Atreusgrab 67
Mylaoi 152
Mysethrás: siehe Mystras
Mystras 7, 33, 71 ff., 133, 138, 140, 150, 174, *12–15, 32–46*
- Afendikó (Odigítria)-Kirche 80, 86 f., 89 ff., 99 f., *33, 36*
- Agía Kyriakí-Kapelle 102
- Agía Sophía-Kirche 85 f., 91, 94, 107 f., 110, 112 ff., *14, 39, 40*
- Ágii Theódori-Kirche 86 ff., *33, 38*
- Ágios Christóphoros-Kapelle 101
- Ágios Geórgios-Kapelle 101, *45*
- Ágios Nikólaos-Kirche 105, 110 f.
- Ái-Giannákis-Kapelle 102
- Bazar 107
- Bibliothek 73
- Bischofspalast (siehe Museum) 81, 84
- Brunnen 71, 102, *46*
- Burg (Festung) 33, 71 ff., 78 f., 130, 173 f.
- Demeter-Heiligtum 94
- Despoten-Paläste 107 ff., *12, 13, 40, 41*
- Diavatiká 71, 102
- Evangelístria-Kirche 85 f., 129, *34*
- Gelehrtenschule (auch Philosophenschule) 73
- Häuser 71, 73, 102 ff.
- Haupttor 102
- Hl. Katharina-Kapelle 94 f.
- Kantakouzenós-Palast 109
- Kapellen 71, 101
- Marmára-Tor 101 f., 104
- Metropolis (Ágios Dimítrios) 73, 77, 79 ff., 84, 89, 91, 101, 104
- Monemvasia-Tor 85, 107
- Moschee 107
- Museum 81, 84 f.
- Nauplia-Tor 110
- Oberstadt 71, 79, 99, 102, 105, 107 ff., *12–14, 39–41, 43*
- Paläste 71, 102, *42*
- Palaiologen-Palast 108, *13, 41*
- Palast-Kapelle 110
- Palatáki 105, 111
- Pantánassa-Kirche 80 f., 85, 89, 91, 94, 98 ff., 103, *15, 32, 37*
- Perívleptos-Kirche 74, 85, 93 ff., 100 f., 103, 110, 129, *35*
- Taxiárchen-Kapelle 102
- Unterstadt 71, 79 ff., 99, 102
- Vrontóchion-Kloster 77, 85 ff., 89, 93
- Zoodótes-Kloster 74, 112 ff.

Nabis 172 f., 177
Nauplion (Nauplia) 76, 140, 176
- Ágios Spyrídon-Kirche 176
Navarresen 74
Neápolis 153 f., 155, *65*
Neilos 84
Neuilly, Jean de 181
Nikaia 72, 77
Nikias 157
- Nikias-Frieden 157
Níkon Metanoeíte 35, 173
- Kirche des Níkon 35
Nómia 190
Normannen 140
Nymphen 48

Odyssee 154 f.
Odysseus 47, 154
Oítylon (Ítylon) 171 f., 174, 182 f., *21*
- Ágios Sotír-Kirche 183
- Dekoúlou-Kloster 183
Olymp 76
Olympia 47
Omphalos 42
Onougnáthos: siehe Elafónisos, Insel
Orakelstätte 172, 198
Orestes 38, 178
Orlandos, Anastasios 103 ff.
Orloff 175
- Orloffscher Aufstand 69, 79, 175
Orpheus 44 f.
Orthía, Göttin 37, 43, 68
Ósios Loukás-Kirche 87, 149
Otto (König) 33, 79, 196

Pachómios 73, 77, 86 f., 92
paidonómos 12
Palaiologen 133
- Familie 74
- Andronikos II. Palaiologos 69, 80, 86, 141, 149, 152
- Dimítrios Palaiologos 77
- Johannes V. Palaiologos 74
- Johannes VIII. Palaiologos 75 f.
- Konstantinos Palaiologos: siehe Konstantinos XII. Dragázes
- Manuel II. Palaiologos 75 f., 89, 112
- Michael VIII. Palaiologos 72
- Michael IX. Palaiologos 80
- Theódoros I. Palaiologos 74 f., 92
- Theódoros II. Palaiologos 75, 77, 109, 112
Paleókastro 154
Paliopýrgi 67
Páliros 197
panhellenische Symmachie 48
Páris 44, 157, 177, 179
Parnon 7, 13, 34, 69, 106, 132
- Parnon-Halbinsel 153, 155
„Parthenon"-Zeit 40
Pascha von Moréas 77
Passavás 173, 180 ff.
- Burg 173, 180 f.
Pausanias (antiker Autor) 9, 16, 34 ff., 38 f., 46, 66 ff., 132, 139, 152 f., 154 f., 172, 176 f., 181, 190 f., 193, 195, 197 f., 199
Pausanias (spartanischer König) 15, 37
Pavlopétri, Insel 154
Peiríthoos 198
Pelagonia, Schlacht von 72, 133
Pellána 47
Pellanís 47
Peloponnesischer Bund 15
Peloponnesischer Krieg 16, 154, 157, 172, 177
Penelope 47
Periöken 11, 15 f., 46, 154, 157
- Periöken-Städte 16, 46 f., 172
Persephone 198
Perser 15
- Perserkriege 35
Perseus 37
Pest 35
Petrína 47
Phaneroméni-Kloster 188
Pharis: siehe Paliopýrgi
Pharnabazos 157
phidítia: siehe Syssitien
Philipp II. von Makedonien 16
Phönikier 156 ff., 172, 176 f.
Phoibaion 69
Phoibe 69
Phrangópoulos, Johannes 98
- Familie 101, 103
- Haus 101 ff.
Phylen 13
Pikouliánika 102
Piräus 33, 155
Piraten 160, 169, 190
Piraterie 175, 183
Platää 15, 37
Platon 76 f.
Plethon, Geórgios Gemistós 76 ff.
Plutarch 38

Pollux: siehe Dioskuren
Polydeukes 9, 36, 69
Polyklet 43
Porphyrogénnetos, Konstantínos VII. 190, 195
Porto Kájo 174, 197, 199
– Festung 174
Porto Stérnes 197
– Asomáton-Kapelle 197 f.
– Poseidon-Heiligtum 197 f.
Poseidon 197 f.
– Heiligtum 197 f.
– Kult 198
Potnia Theron 37
Praxiteles 44
Priamos 67
Psamathoús 199
Psychopompeíon: siehe Orakelstätte
Ptolemäus III. Euergetes 44
Pýrgos Diroú 184 ff., 187 f., 191, *20*
– Ágios Ioánnis-Kirche 184, *20*
– Höhlen von Dirós 184 ff., *83, 84*
– Schlacht von Dirós 175, 187
Pýrrichos 200

Ravenna 93
Regensburg 8
„Reicher Stil" 42
Rhodos 75
Rimini 78
– San Francesco-Kirche 78
Rom 16
– Römer 16, 154, 157 f., 172 f., 177 f., 179, 182
Romanós 190

San Gimignano 8, 197
Sappho 45
Satyrn 155
Schlacht von Makryplági 72 f.
Schliemann, Heinrich 68
Selinítsa 178
Sellasía 16, 47 f., 172
– Ágios Konstantínos-Hügel 47
– Akropolis 47
Serbítsa 111
Síde 154
Sizilien 140
Skála 177
Sklaven 11, 14
– Sklavenhandel 169, 183
Skoutári 181 f.
– Ágios Ioánnis Chrysóstomos-Kirche 182
– Grigorákis-Turm 182
Skrípou 87
– Ágios Nikólaos-Kirche 87
Skyllis 39
Slawen 16, 139
– Slaweneinfälle 16, 152, 173
– Slawenmissionar 35
Sonnengott 45, *1*
Sparta 7, 9 ff., 33 ff., 37 f., 40, 44 ff., 65 ff., 73, 79 f., 132, 139, 152, 157 f., 172, 176 f., 178 f., 198, *1–8, 27, 28*
– Agora 34
– Akropolis 7, 16, 33, 43
– Artemis-Orthía-Heiligtum 16, 37 f., 40, 43
– Athena-Heiligtum 36
– „Chorós" 35
– Hl. Nikon-Kirche 35
– Kynósura 11
– Límnai 11
– Mesóa 11
– Museum 39 ff., 47, 67, *1–8, 27*
– „Persische Säulenhalle" 35
– Pitáne 11
– Skiás 35
– Theater 35 f., *28*
– Thermen 16
– Villen 16, 45
Sparta (Königin von Sparta) 9
Spartaner 11 ff., 33 ff., 38, 46, 67, 157, 172, 177
Stavrí 192
– Episkopí-Kirche 192 f.
Stephanópoli 174
Strabon 47, 154, 158
„Strenger Stil" 43
Syssitien 12

Taínaron (Kap) 171 f., 194 f., 197 f.
– Taínaron-Höhle 198
– Taínaron-Stadt 198
Tarent 15
Tauris 38
Taygéte 9
Taýgetos 7, 9, 13, 33 f., 46, 71, 130 ff., 138, 171, 183, *9*
Teuthrone 199
Thebaner 48, 177
Theben 16
„Themen" 158, 173

– Thema Peloponnes 173
Theodóritos: siehe Theódoros I. Palaiologos
Theogonie 155
Theokles 39
Therapne: siehe Menelaion
Thermopylen 15, 43
Theseus 198
Thessaloníki 81, 91, 134
– Sophienkirche 134
Thiväos, Panajótis 94
Thukydides 9, 46, 153, 157
Thyrídes-Halbinsel 193 f.
Tiberius 178
Tiryns 153
Tocco, Theodóra 112
Tolmides 172, 177
Toskana 174, 197
Triantafylliá 184
– Ágios Pétros-Kirche 185
– Theotókos-Kirche 185
Trínissa (Trínassos) 180
– Kastell 180
Trípolis (Arkadien) 37, 47, 69
Trípolis, (Lakonien) 47, 154
Triton 45
Troja 157
Trojanischer Krieg 9
Trýpi 46 f.
Tsákones 133
Tsímova: siehe Areópolis
Tsópakas 189
– Trissákia-Kirche 189, *22*
Türken 69, 72, 74 f., 77, 79, 81, 141 f., 144, 152, 158, 174 f., 178, 181 f., 199
– Türkenherrschaft 81
– türkisch-venezianischer Krieg 174
Tyndareos 9, 36, 42, 47

Unionskonzil von Ferrara 77
Unionskonzil von Florenz 77

Vámvakas 188 f.
– Ágii Theódori-Kirche 188
Vaphio 67
– Kuppelgrab 67, *11*
Vathí 197
Váthia 194, 196 f., 198, *26*
Vátika 153 f.
Venedig 77, 144, 158 f.
– Bibliothek 77
– Markuslöwe 144, 160
Venezianer 8, 72, 74, 78 f., 141 f., 143 f., 146, 150, 158, 169, 174 f., 181 f., 199
– venezianische Periode, 1.: 142, 150
– venezianische Periode, 2.: 146, 174
Venieri, Marco 158
– Familie 158
Vérga 187
Vígles 138
Villehardouin, Familie 144
– Geoffrey I. de Villehardouin 72, 133
– Geoffrey II. de Villehardouin 72
– Guillaume de Villehardouin 71 f., 130, 173, 190, 199
– Wilhelm II. de Villehardouin 72, 140
Voiátischer Golf 153 f.

Weihgeschenke (Weihgaben) 37 f., 40, 43, 45, 67 f., 198
Westgoten 16
Wittelsbacher 33
Wrontamás 139

Zaraphóna 68, 70
Zarnáta, Festung 174
Zéphyros 155
Zeus 9, 42, 45, 65, 178
– Adler des Zeus 42
– Altar 178
– Chthónios 198
– Terástios 178
Zypern 156

Ausgewählte Literatur

ANTIKE QUELLEN:

Homer, Ilias/Odysse. Übers. von Thassilo von Scheffer. Leipzig, 1938.

Pausanias, Beschreibung Griechenlands. Übers. u. hrsg. von Ernst Meyer. Zürich, 1954.

Plutarch, Große Griechen und Römer. Übers. von K. Ziegler und W. Wuhrmann. Zürich, 1954–1960.

Strabon, Erdbeschreibung. Übers. von Dr. A. Forbiger. 2. Aufl. Berlin (1903).

Thukydides, Geschichte des peloponnesischen Krieges. Übers. von G. P. Landmann. Zürich, 1960.

ZUR SPARTANISCHEN GESCHICHTE UND KUNST:

Bengtson, Hermann, Griechische Geschichte (Handbuch der Altertumswissenschaften). 2. Aufl. München, 1960.

Kirsten, E. und Kraiker, W., Griechenlandkunde. Ein Führer zu klassischen Stätten. 5. Aufl. Heidelberg, 1967.

Melas, Evi (Hrsg.), Tempel und Stätten der Götter Griechenlands. Köln, 1970.

Steinhauer, Georg, Führer durch das Museum von Sparta. Apollon-Edition, Athen. (Mit ausführlichen Literaturangaben zur lakonischen Kunst.)

Weber, Carl W., Die Spartaner. Enthüllung einer Legende. 1. Aufl. Düsseldorf und Wien, 1977.

ZUR BYZANTINISCHEN GESCHICHTE UND KUNST:

Byzantinische Geschichtsschreiber, Bd. IX. Die Kreuzfahrer erobern Konstantinopel. Hrsg. von E. v. Ivánka. 1. Aufl. Graz, 1958.

Geschichtsschreiber der deutschen Vorzeit, Bd. 101. Die Geschichte der Eroberung von Konstantinopel. Hrsg. von Karl Langosch. 3. Aufl. Köln–Graz, 1956.

Grabar, André, Byzanz. Die byzantinische Kunst des Mittelalters (Kunst der Welt). 1. Aufl. Baden-Baden, 1964.

Haussig, Hans-Wilhelm, Kulturgeschichte von Byzanz. 2. Aufl. Stuttgart, 1966.

Die Kreuzzüge in Augenzeugenberichten. Hrsg. von R. Pernoud. 3. Aufl. München, 1971.

Melas, Evi (Hrsg.), Alte Kirchen und Klöster Griechenlands. Köln, 1972.

Ostrogorsky, Georg, Geschichte des byzantinischen Staates (Byz. Handb. im Rahmen d. Handbuchs der Altertumswissenschaften). 3. Aufl. München, 1963.

Rice, David T., Byzantinische Kunst. München 1964.

Rice, David T., Byzantinische Malerei. Die letzte Phase. Frankfurt am Main, 1968.

Volbach, W. F. und Lafontaine-Dosogne, J., Byzanz und der christliche Osten (Propyläen-Kunstgeschichte Bd. 3). Berlin, 1968.

Wulff, Otto, Altchristliche und byzantinische Kunst (Handbuch der Kunstwissenschaft). 2 Bde. Berlin, 1914.

ZU DEN RUINENSTÄDTEN UND LANDSCHAFTEN:

Chatzidakis, Manolis, Mistra. Die mittelalterliche Stadt und die Burg. Athen, 1981.

Eliopoulou-Rogan, Dora, Mani. History and Monuments. Athen, 1973.

Etzeoglou, Rodonike, Mystras. Byzantinische Hauptstadt. Apollon-Edition, Athen.

Fermor, Patrick L., Mani. München, 1958.

Georgiades, Nikos, Mystras. Athen, 1970.

Klaus, Rainer W. und Steinmüller, Ulrich, Monemvasia. Geschichte und Stadtbeschreibung. Athen, 1980.

Löhneysen, Wolfgang Freiherr von: Mistra. Griechenlands Schicksal im Mittelalter. München, 1977.

Paradissis, Alexander, Fortresses and Castles of Greece, Volume II. Athen–Thessaloniki, 1974.

Plehn, Chlodwig, Kreuzritterburgen auf dem Peloponnes. München–Zürich.

Ranke, Leopold von, Studien und Portraits zur italienischen Geschichte. Wiesbaden–Berlin, 1957.
Runciman, Steven, Mistra. Byzantine Capital of the Peloponnese. London, 1980.

REISEFÜHRER:

Ekschmitt, Werner, Fahrten auf dem Peloponnes. Berlin, 1979.
Griechenland (Les Guides Bleus). Paris, 1971.
Griechenland (Reiseführer Efstathiadis). Athen, 1979.
Jongh, Brian de, Griechenland. 2. Aufl. München, 1976.
Melas, Evi (Hrsg.), Die griechischen Inseln. Köln, 1976.
Peterich, Eckart und Rast, Josef, Griechenland. Ein kleiner Führer. Olten–Freiburg, 1956.
Pückler-Muskau, Fürst Hermann von, Südöstlicher Bildersaal. Griechische Leiden. Nach Originalausg. von 1840 hrsg. von K. G. Just. Stuttgart, 1968.
Speich, Richard, Südgriechenland II. Peloponnes. Kunst- und Reiseführer. Stuttgart–Berlin–Köln–Mainz, 1980.

Fotonachweis

Die Zahlen geben die Abbildungsnummern wieder.

Griechische Zentrale für Fremdenverkehr, München: 32, 51. – Foto Fritz Prenzel, Gröbenzell / München: 33, 37, 40, 43, 61, 83, 84. – Die übrigen Aufnahmen stammen von der Autorin Eleftheria Wollny-Pópota, Engelskirchen.

Skizzen und Risse im Text

Die Zahlen bezeichnen die Seiten.

W. Ekschmitt, Fahrten auf dem Peloponnes – Ins unbekannte Griechenland (Safari bei Ullstein), Berlin 1979: 136, 137. – N. Georgiades, Mystras, Athen 1970: 88, 90, 95, 98, 111, 112. – Huber & Oberländer, Ing.-Büro für Karthographie, München: 34, 35, 36, 37, 39, 78, 80, 107, 131, 142, 147, 156, 170, 186; sowie die Karte am Vorsatz. – R. W. Klaus/U. Steinmüller, Monemvasía, Athen 1980: 141, 143, 145, 146, 148. – Lakonikai Spoudai (Annuaire de l'Association d'Études Laconiques) Bd. II, Athen 1975: 69, 103, 104, 105, 108, 109, 110. – Pausanias, Ellados Periegesis (Korinthiaka kai Lakonika), hrsg. von Nik. D. Papachadjis, Athen 1976: 178. – Propyläen-Kunstgeschichte, Bd. 1, Berlin 1967: 66. – Die Stiche stellte die Autorin Eleftheria Wollny-Pópota zur Verfügung.

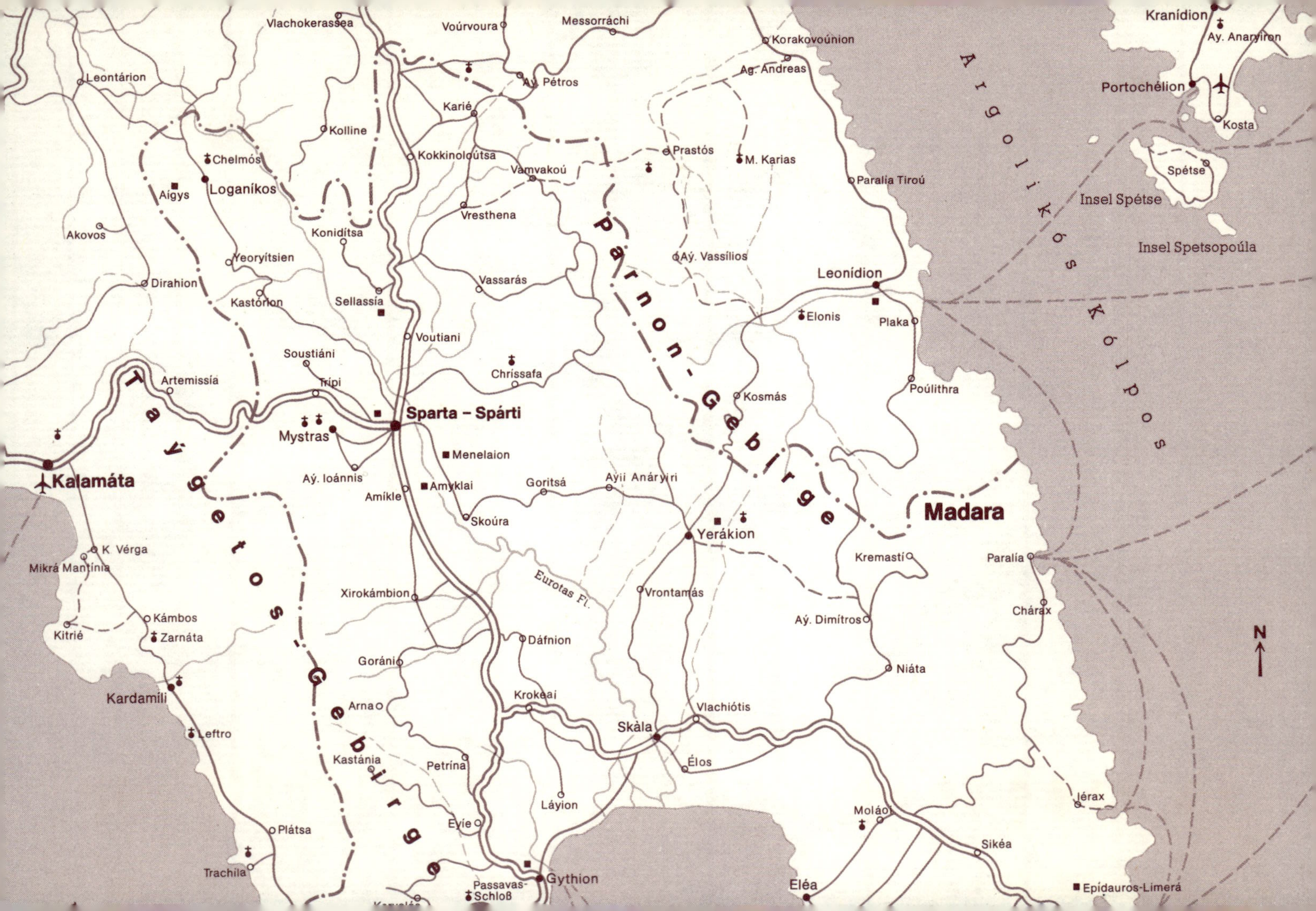
Argolikós Kólpos
Kranídion
Ay. Anaryíron
Portochélion
Kosta
Spétse
Insel Spétse
Insel Spetsopoúla
Korakovoúnion
Ag. Andreas
Paralia Tiroú
Leonídion
Elonis
Plaka
Poúlithra
Madara
Paralía
Chárax
Íerax
Epídauros-Limerá
Sikéa
Moláoi
Eléa
Niáta
Ay. Dimítros
Kremastí
Parnon-Gebirge
Kosmás
Yerákion
Vrontamás
Vlachiótis
Skàla
Élos
Krokeai
Láyion
Gythion
Passavas-Schloß
Eyíe
Petrína
Kastánia
Arna
Gorání
Dáfnion
Eurotas Fl.
Xirokámbion
Ayii Anáryiri
Goritsá
Skoúra
Amyklai
Amíkle
Menelaion
Sparta – Spárti
Mystras
Ay. Ioánnis
Chríssafa
Vassarás
Voutiani
Trípi
Soustiáni
Sellassía
Konidítsa
Kastórion
Yeoryítsien
Vresthena
Vamvakoú
Prastós
M. Karias
Ay. Vassílios
Messorráchi
Voúrvoura
Ay. Pétros
Karié
Kokkinoloútsa
Vlachokerassea
Kolline
Leontárion
Chelmós
Loganíkos
Aígys
Akovos
Dirahion
Artemissía
Kalamáta
Taýgetos-Gebirge
K. Vérga
Mikrá Mantínia
Kámbos
Zarnáta
Kitrié
Kardamíli
Leftro
Plátsa
Trachila
N